德州学院学术著作出版基金资助

山东省本科高校教学改革研究项目“地方本科院校行政管理专业德才兼备的智慧型人才培养模式研究”（项目批准号：2015M037）系列成果

山东省教育科学“十一五”规划课题“农村城市化过程中的教育改革对策研究”（项目批准号：2010GG135）研究成果

教育与思想政治教育

Jiaoyu yu Sixiangzhengzhi Jiaoyu

赵环秀 著

中国社会科学出版社

图书在版编目(CIP)数据

教育与思想政治教育/赵环秀著.—北京:中国社会科学出版社,2016.11

ISBN 978－7－5161－8562－9

Ⅰ.①教… Ⅱ.①赵… Ⅲ.①思想政治教育—研究—中国 Ⅳ.①D64

中国版本图书馆CIP数据核字(2016)第157869号

出版人 赵剑英
选题策划 罗 莉
责任编辑 刘 艳
责任校对 陈 晨
责任印制 戴 宽

出 版 中国社会科学出版社
社 址 北京鼓楼西大街甲158号
邮 编 100720
网 址 http://www.csspw.cn
发行部 010－84083685
门市部 010－84029450
经 销 新华书店及其他书店

印刷装订 三河市君旺印务有限公司
版 次 2016年11月第1版
印 次 2016年11月第1次印刷

开 本 710×1000 1/16
印 张 13.75
插 页 2
字 数 213千字
定 价 52.00元

目　录

引 言

教育一词，从我们出生时起就对我们起着潜移默化的作用：从一开始不会说话时所进行的肢体模仿到第一次声带振动所发出的单音节词语，从妈妈对于可以做什么、不可以做什么的叮嘱到第一次做错事受到的批评，从老师们对于加减乘除的启蒙到文法数理的皮毛，直到从象牙塔中走出到社会上摸爬滚打。我们在接受着来自不同人群的各式各样的教育，也受不同教育的影响而展示出不同教育的结果。

思想政治教育，正是对这些参差不齐的教育成果的一次大的洗礼。思想政治教育本身，可大可小，往小了说，是我们中学时代的思想政治课上所学到的一些基础理论；往大了说，是我们在社会这个大课堂中学到的一些为人处世的道德准则。思想政治教育是我们整个社会的舵手，虽不能产生向前行进的动力，但却能为我们指明方向，有时候方向比努力更重要。而我们往往只注重一些具体的技能教育，从而忽视思想政治教育的作用，或者是带着一种功利性的态度去进行思想政治教育，而不能全面地去运用。

我们对于教育与思想政治教育的忽视，在很大程度上是因为我们对于思想政治教育具体为何物缺乏了解，对思想政治教育的作用不甚关注，所以不能真正运用这一思想武器去解决我们在社会方面遇到的一些问题。而本书正是从教育与思想政治教育的基本概念出发，从其客体、本体、责任等方面去剖析何为教育与思想政治教育，并且在论证方面从不同的角度选取真实的案例来做出阐述，给读者形成具象思维的同时，也能充分认识到教育与思想政治教育在学习以及生产生活中的巨大作用。

士不可以不弘毅。笔者身为教育与思想政治教育的客体的同时也是思想政治教育的主体，作为一名传道授业的施教者，深感自己所处时代之下思想政治教育的重要性，也深知自己身上背负的责任之巨，然力有未逮，于此书之刊印为我们的思想政治教育奉上自己的微薄之力。

第一章　教育与思想政治教育的本体展现

从孔夫子时期提出的教育思想一直不断发展，而到了马克思主义在中国传播，中国共产党开始在中国大地产生，我们的教育体系才演变出了思想政治教育的脉络。

现阶段，对于思想政治教育的研究无论是国内还是国际都有很大的发展，研究成果也颇丰。但是，思想政治教育却并没有受到太多的重视，这可能要归结于我们对思想政治教育的推广力度不够，而这一力度的缺乏也是因为这一教育的功能还没有被挖掘，而功能的不全面是由于我们的研究不深入。我们要想将思想政治教育研究透彻，那么思想政治教育的本体研究就是我们避不过去的研究重点。思想政治教育的本体展现，可以分为思想政治教育的本体论、思想政治教育的价值论和思想政治教育的责任论三个方面。而且这三方面互为起承、互为依托，有助于我们对思想政治教育的本体展现有一个更好的把握。

本章的三节内容，亦是根据这样的脉络和逻辑而划分，首先介绍了思想政治教育的本体论，其次是对价值论和责任论的阐释，希望能为读者理解何为思想政治教育做一个比较清晰的铺垫。

第一节　教育与思想政治教育的本体论

思想政治教育是指以思想政治为内容的教育活动，而思想政治教育学正是研究该种活动的学科。一般来说，本体论要探讨“到底是什么”的问题，那么就思想政治教育而言，其首先是一种教育活动，并以思想政治为教育内容表明出它的特性。不仅教育是一种活动，思考也是一种活动，进而形成思想，“思想活动”是我们时常说起的词汇，可见思想也是一种活动，政治更是一种活动。该三种活动各自具有怎样的特性，它们之间是何种联系，在思想政治教育学的范围内，教育活动如何统领思想活动与政治活动，便是我们首先所要面对的问题，我们将之称为思想政治教育的可行性与必为性。

一 思想政治教育的可行性与必为性

说明教育活动如何统领思想活动与政治活动，是本章所要谈及的重点问题。而要说清该问题，则必须要首先探讨前置的两方面问题，即该三种活动各自具有怎样的特性，它们之间具有何种联系。人时时刻刻都在思考，并能形成各自的思想，进而具备各自的人生观、价值观、社会观，这是人本身所具有的特性。人的思想活动得以发生，或者是基于人与人之间进行沟通，或者是基于人对自身进行反思。不容置疑的是，人对自身进行反思，所反思的正是自己此前所面对的人与人之间的关系问题。所以完全可以说，人对自身进行反思实际上仍然基于人与人之间所进行的沟通。在人与人之间进行沟通时，如果所面临的问题涉及国家体制抑或各种制度，则人与人之间所进行的活动就是政治活动；如果所面临的问题涉及施教与受教，则人与人之间所进行的活动就是教育活动。亚里士多德曾说，人天生就是政治动物；孔子曾说，三人行，必有我师焉。可见，人时时处处都会进行政治活动与教育活动。心理学与行为科学都已揭示出，政治活动与教育活动以思想活动为前提，人的行为若是不受思想的支配，人将失去作为人所特有的本性。教育学亦揭示出，教育活动能够起到统领以及引领人们如何进行各种活动的作用，教育活动若是起不到该种作用，教育活动便不复存在。开展思想政治教育活动的目的正是利用教育活动对人们的思想进行导引，使人们对政治活动产生正确的认识，进而做出适当的政治活动。概而言之，思想政治教育正是以该三种活动为内容的活动。它以思想活动为前提，以教育活动为统领，以导引政治活动为目的。

接下来所要面对的问题便是教育活动能否导引政治活动。从最宽泛的角度说，教育不仅仅局限于教室课堂内的教课授课与听课习课活动，甚至还包括说教，凡是能够起到启发作用，授人以一种新的认识，所进行的施教与受教，都可以称之为教育。比如说，马丁·路德·金所做的《我有一个梦想》（*I Have a Dream*）之类的讲演，那何尝不是一种教育呢？在马丁·路德·金的演说中，我们所看到的正是教育活动对政治活动的导引，同时教育活动对政治活动进行导引，首先要以导引思想活动为前提，即改变人们所抱持的旧认识，使人们产生一种新认识。

教育活动能否导引思想活动？教育活动能否改变人们所抱持的旧认识，使人们产生一种新认识？帕斯卡尔曾说，人就是会思考的芦苇。人的思想具有飘忽不定的特性。“无论对于个人还是对于群体成长的阶段同时也是危机阶段。”[①] 正是基于此，人才有接受教育的可能性。所谓的思想无非就是人做出某些事情的指针。人在无所适从时，往往需要别人对其进行思想引导。对犯罪分子进行再次社会化教育为我们从反面提供了论据。

此前两方面问题都是从受教者的角度论及的。从受教育者的角度来看，我们所看到的正是思想政治教育的可行性问题。而从施教者的角度来看，我们又能发现哪些问题呢？在人的社会化过程中，教育所起到的作用不容小觑。完全可以说，正是因为有了教育，人才能够得以社会化。正是这样，“教育万能论”才得以大行其道。然而，我们又不能否认，即使是在教育得以顺利开展的情况下，依然会有人不能被社会化，甚至是出现反社会化的倾向。有鉴于比种现象的发生，“教育万能论”备受质疑。我们只能说，教育不是万能的，但离开教育又是万万不能的。这恰似一种修正主义，暂且不管该种修正主义的论调是否合理，它已揭示出一个问题，教育具有一定的必为性。思想政治教育作为教育的一种，理所当然具有必为性。它具有何种必为

① ［日］青井和夫：《社会学原理》，刘振英译，华夏出版社2002年版，第204页。

性？施教者必须要对受教者进行思想政治方面的教育吗？

人所做出的极端的反社会行为往往就是犯罪行为。犯罪分子之所以会做出犯罪行为，尤其是在故意犯罪的情况下，其中一方面原因便是犯罪分子所持的世界观、人生观、价值观、政治观、道德观与大众所持的诸种观念格格不入，犯罪分子对社会主义、人民民主专政、党的基本路线、依法治国、形势政策、集体主义、社会公德、家庭美德等的认识与社会大众对此的认识相背离。在大多数犯罪分子并不能受到死刑惩罚的情况下，如何让犯罪分子得以社会化？惩罚理论中有一种理论被称为复归论。复归论主张，再社会化是一种强制的教化过程。监禁犯罪分子等于再给他们一次机会，让监狱机关去帮助罪犯改变原有的价值观、生活方式和行为方式，克服反常的道德性格和反社会的心理定向。① 监狱机关到底是如何开展此种工作的，无非是对罪犯进行教育，对其进行思想政治方面的教育，最起码要让罪犯正确地理解并认同人民民主专政、党的基本路线、依法治国，让他们成为合格的社会主义国家公民。在此极端情形下，我们完全可以看到，思想政治教育实有必为性。即使是在一般情况下，我们也完全可以看到思想政治教育的必为性。比如说，在法制教育的过程中，如何防止犯罪现象的出现，如何预防犯罪行为，毫无疑问，首先便要对受教者进行法制教育，让他们正确地理解并认同人民民主专政、党的基本路线与依法治国。

二　思想政治教育的抽象性与具体性

在上文中，我们已经提出思想政治教育活动的主体，即施教者与受教者。也仅仅只是提出两种主体，而没有具体论述这两种主体包括哪些人。为什么没有展开？是因为这两种主体具体包括哪些人，并非思想政治教育学本体论所探讨的问题，而是思想政治教育责任论所探讨的问题。那么，思想政治教育学本体论到底探讨哪些问题？在思想政治教育学本体论的范围内，施教者与受教者到底是什么？思想政治

① 张文显：《二十世纪西方法哲学思潮研究》，法律出版社 2006 年版，第 409 页。

教育学本体论与思想政治教育责任论之间又到底是何种关系？

思想政治教育本体论所谈及的问题仅仅在于说明思想政治教育活动到底是一种什么样的活动，对该种活动做出一般性、基础性的探讨。开展思想政治教育活动具有何种意义是思想政治教育价值论所要探讨的问题。如何开展思想政治教育活动则属于思想政治教育责任论所要探讨的问题。思想政治教育价值论旨在探讨思想政治教育的意义和作用。思想政治教育责任论旨在探讨谁有责任推动以及开展思想政治教育，如果推动以及开展不力，则要承担何种责任。此两者与思想政治教育本体论所要谈及的问题截然不同。当然，思想政治教育本体论为思想政治教育价值论和思想政治教育责任论奠定了理论基础，同时在此基础上，也为它们各自廓清自己的论及范围奠定基础。需要说明的是，在上文中所谈及的思想政治教育的必为性似是思想政治教育价值论所要谈及的问题，实则不然。

思想政治教育作为一种活动，与其他活动一样，它也需要开展该种活动的理由。思想政治教育的必为性正是思想政治教育作为一种活动得以开展的理由。只有当它具备了必为性时，它才有得以开展的可能。若是连必为性都不存在，思想政治教育便无从开展。思想政治教育价值论所要谈及的问题都是思想政治教育得以开展之后所面临的问题，即思想政治教育得以开展之后，思想政治教育能够带来哪些价值。所以说，思想政治教育的必为性与思想政治教育价值论之间存在先后问题。思想政治教育的必为性处在思想政治教育活动得以开展之前，它要为思想政治教育活动得以开展探寻理由；而思想政治教育价值论处在思想政治教育活动得以开展之后，它要为思想政治教育活动从价值方面做出总结，使思想政治教育活动成为有价值之活动。思想政治教育本体论赋予思想政治教育活动一种前置性的抽象性；思想政治教育价值论与思想政治教育责任论赋予思想政治教育活动一种后置性的具体性。

鉴于思想政治教育本体论所具有的抽象性，在思想政治教育本体论的范围内，施教者与受教者到底是什么？简而言之，无非就是思想政治教育活动的主体。所有教育活动的主体统统都包括施教者与受教者。思想政治教育作为一种教育活动，在活动主体上，与其他教育类型并无差异。它所不同于其他教育类型的地方，恰恰是在其教育内容上。当然，教育内容对教育活动的主体必然会有所限定。在思想政治教育本体论的论域内，只有对受教者实施了思想政治方面的教育的施教者才是“思想政治教育活动的施教者”；只有受到思想政治方面的教育的受教者才是“思想政治教育活动的受教者”。教育作为一种一般意义上的活动所具有的活动主体，与思想政治教育作为一种特殊活动所具有的活动主体之间是属种关系。思想政治教育作为一种教育活动，所具有的特殊教育内容，恰恰赋予思想政治教育活动主体一种“种属”之“属”性，该种“属”性又是思想政治教育活动的特性。

在思想政治教育学本体论的论域内，活动主体仅仅限于施教者与受教者。那么，施教者到底包括哪些人？受教者又包括哪些人？一般来说，施教者包括政府、学校、教师、父母等；受教者包括工人、农民、学生、子女等。在语义分析的视野之内，说政府是思想政治教育活动的施教者，无非是在说政府承担着实施思想政治教育活动的责任；说教师是思想政治教育活动的施教者，无非是在说教师承担着实施思想政治教育活动的责任；说工人是思想政治教育活动的受教者，无非是在说工人承担着接受思想政治教育的责任；说学生是思想政治教育活动的受教者，无非是在说学生承担着接受思想政治教育的责任。思想政治教育活动的施教者与受教者化为具体的人，责任概念在其中起到了至关重要的作用。思想政治教育责任论所要探讨的问题正是，在思想政治教育活动中，谁承担着施教责任，谁承担着受教责任。思想政治教育本体论仅仅交代出思想政治教育活动的两种主体，而思想政治教育责任论则要交代出思想政治教育活动中的具体的人。

在思想政治教育本体论的视野内，往往会出现“思想政治教育施教者无限论”与“思想政治教育受教者无限论”。这两种无限论是指既然只要是对受教者实施了思想政治方面的教育的施教者就是“思想政治教育活动的施教者”，只要是受到思想政治方面的教育的受教者就是“思想政治教育活动的受教者”，那么人人都会与别人谈及思想、政治方面的事情，人人都会成为思想政治教育活动的施教者抑或是受教者。以上两种无限论往往会导致一种空洞，只说“人人都是”，却又说不出“到底谁是”，最终流为一种概念游戏。而思想政治教育责任论正可以将思想政治教育本体论化为具体，使得思想政治教育本体论得以摆脱概念游戏的流弊。在思想政治教育责任论的论域内，谁承担着责任谁就是思想政治教育活动的主体，承担着何种责任便会成为何种主体。以责任以及责任种类来限定无限论，无限论便会转化成为有限论。“到底谁是”思想政治教育活动的主体，那就要以“谁承担着”思想政治教育责任为判断标准。某某人群“到底是不是”思想政治教育活动的主体，那就要看他们“到底有没有承担着”思想政治教育责任。某某人群“到底是何种”思想政治教育活动的主体，那就要看他们“到底承担着何种”思想政治教育责任，即是施教责任还是受教责任。

在思想政治教育本体论的论域内，施教者与受教者是一对对立的范畴。在思想政治教育责任论将思想政治教育本体论化为具体时，各种责任的承担者便会进入思想政治教育本体论前置设定的角色。比如说，政府与公民之间存在思想政治教育方面的施教与受教关系时，他们同时会成为本体论意义上的思想政治教育活动的主体，在责任论的论域内，政府就是思想政治教育活动的施教者，公民就是思想政治教育活动的受教者。以施教者与受教者这对对立范畴为模式，思想政治教育责任论将思想政治教育本体论限定在特定意义的论域内，使得施教者与受教者脱掉本体论所给他们带来的外衣，进而得以展现其多彩面貌。说某某人“到底是不是”思想政治教育活动的主体，那就要看他在思想政治教育活动中有没有对立的范畴。说某某人“到底是何种”思想政治教育活动的主体，那就要看在思想政治教育活动中他的对立范畴对他做出何种限定。比如说，某主体在学校时，在思想政治教育活动中，他的对立范畴是教师，是施教者，那么他就是学生，就是受教者。当他回到家中时，他的对立范畴是子女，是受教者，那么他就是父母，是施教者。可见，思想政治教育本体论赋予思想政治教育活动的主体一种角色，而思想政治教育责任论为各种角色找到具体的责任人。

三　思想政治教育本体论与思想政治教育内容

上文所探讨的是思想政治教育如何作为一种教育活动，以及该种活动具有何种主体。接下来，便要探讨思想政治教育本体论与思想政治教育内容方面的问题。一般来说，思想政治本是思想政治教育所特有的内容。思想政治到底具有何种内容，具体所指是什么？在思想政治教育活动中，施教者所传授的与受教者所接受的到底是何种内容，是何种意义上的思想政治？

人在社会化的过程中，必须要凭借某些知识、经验与思想。从知识社会学的角度说，所谓的知识是指做出某事所要凭借的理由或者是标准，是“如何去做”的一套理论；所谓的经验是指一贯以来一直如此做而积累下来的一系列行为标准或模式；所谓的思想是指为了做某事而进行思考时所获得的众多想法，其中包括做或者是不做，以及如何做等内容，与实际上所做出的行为之间，或者是如出一辙，或者是不可同日而语。不能否认，思想政治教育活动中的“思想政治”包括某些精英思想，比如说毛泽东思想、邓小平理论、“三个代表”重要思想、科学发展观，等等。而思想政治教育活动所面对的受教者本身也会具有自身的一定的思想。对受教者进行思想政治方面的教育，多多少少是在向其教授精英思想。受教者或者认同并接受，或者不认同并接受。之所以出现此种情况，是因为受教者所抱持的普通民众思想与精英思想之间存有抵牾。在思想政治教育活动中，精英思想已经经受过检验，其正确性与引导性不容置疑。在普通民众思想与精英思想之间存有抵牾的情况下，做出改变的只能是普通民众思想。然而，若想改变普通民众的思想谈何容易。普通民众的思想或者是来源于自身的经验或者是来源于对间接经验的习得。不管是前者还是后者，都会经受过抱持者的多次试错。当以教育进行引导时，精英思想能否经受住普通民众对其进行试错便是至关重要的。假如在经过多次试错之后，精英思想还能够经受住检验，民众才会对之抱持肯定的态度。

在试错过程中，刚刚习得来的精英思想，对于普通民众来说尚且处在知识的位置。多次试错并对之肯定之后，精英思想就会化为普通民众的经验。自此普通民众便会以精英思想为自己的行动准则或标准。普通民众习得精英思想，又经过实践检验将之转变为经验，再将其融为自己的思想，转变所需时间越来越短，而习得的效果却越来越强。当然，在民众为自己的行为找到一种新的标准这一过程中，所发生改变的不仅仅是民众，还有精英思想本身：精英思想悄然蜕变慢慢脱下标志着“精英”的外衣而化进普通民众思想中，成为普通民众思想的一部分。而此结果正是开展思想政治教育活动所想要达到的理想结果。

个人的知识、经验、思想与精英思想融合为一之后，人在做出某些事情时，绝不是拿着什么标准挂在嘴角夸夸其谈。挂在嘴角夸夸其谈的往往只是圭臬。无须再做过多思考，便能做出某些事情，而且还要保证该事情的做出具有某些合理性，所凭借的是什么？或许只是一种视角。如果所凭借的不仅仅是一种视角的话，在做出某些事情之前，难道还要翻阅典籍，寻找行为依据吗？更何况视角是一种利器，是一种在短时间内进行思考便能得出正确结论的法宝。视角的存在为人们在短时间内进行思考便能得出正确结论提供了某种便利性和便捷性。完全可以说，人做出某些行为每时每刻都依赖于自己所抱持的某种视角。“不想做坏事与不会做之间有霄壤之别。”① 人人经过思想政治教育之后，都能抱持某种思想政治方面的视角来观照各自的生活和关切周围世界，便是思想政治教育活动的重要任务，不仅仅使人们“不会做坏事”，更使人们“不想做坏事”，使“常人有能力不想自己所不愿想的事”②，则是思想政治教育的理想目标。

思想政治教育的内容如何具有某种特性？以《红楼梦》为讨论文本来说明。因为再也没有哪一本著作能像《红楼梦》一样既广受喜爱又备受质疑。《红楼梦》本身的命运又恰恰与各种意识形态之间存在着甚是微妙的联系。古时文本的今时阅读本身就存在一项古时文

---

① ［法］蒙田：《蒙田随笔精选》，潘丽珍等译，译林出版社 2005 年版，第 59 页。

② ［法］帕斯卡尔：《思想录》，何兆武译，商务印书馆 1985 年版，第 124 页。

本被赋予的思想政治教育内容的变迁问题。在《红楼梦》刚刚问世的清代，它就遭到来自“正统性的叙事结构”论者的非议。“尽管从没有人对这部小说的文学价值提出过质疑，但是自它问世之日起，喜爱它和诋毁它的人就一直在争论：《红楼梦》所描写的世界是表现了创造精神的纯净呢，还是表现了放荡和淫乱。”[①]《红楼梦》文本所宣扬的思想内容与当时统治阶级所抱持的意识形态出现抵牾。毕竟清代时作为统治阶级的儒家学者们认为：“古代圣贤创造了礼，而现实社会的混乱，是因为人们不了解礼，不能以礼规范自己的行为造成的。所以，儒者的主要任务在于研究并解释圣贤留传下来的礼，恢复其本来面目，用以指导现世的人们。”[②] 然而没过多久，《红楼梦》对儒家伦理的挑战却又成为诸多学者所津津乐道的话题。可见，文学文本往往会被某种意识形态所支配，而为某种意识形态服务。后来又有人要淡化《红楼梦》所具有的阶级斗争的色彩，提出：“《红楼梦》这部小说主要是描写一个理想世界的兴起、发展及其最后的幻灭。但这个理想世界自始就和现实世界是分不开的：大观园的干净本来就建筑在会芳园肮脏的基础之上；并且大观园在其整个发展和破败的过程中，它也无时不在承受着园中一切肮脏力量的冲击。干净既从肮脏而来，最后又无可奈何地要回到肮脏中去。由《红楼梦》的命运，我们可以看到思想政治教育内容具有非常强的方向性，其方向性就体现在对其载体所进行的褒贬中。国家政治意识形态正是凭借思想政治教育内容的方向性，而引导人们对某些事物的认识。方向性之所以能够成为思想政治教育内容的特性，是因为国家政治意识形态要将一切事物为我所用。

在国家政治意识形态要将一切事物为我所用的过程中，国家政治意识形态也承担着某些风险。国家政治意识形态若是推行不力，其就会遭到其他政治意识形态的颠覆。革命者会利用《红楼梦》，反革命

---

① ［美］艾梅兰：《竞争的话语：明清小说中的正统性、本真性及所生成之意义》，罗琳译，江苏人民出版社 2005 年版，第 199 页。

② ［美］D. 布迪、C. 莫里斯：《中华帝国的法律》，朱勇译，江苏人民出版社 2004 年版，第 12 页。

者同样会利用《红楼梦》。《红楼梦》成为了一种工具性的存在。各种意识形态会在争夺工具的过程中赋予工具各种意识形态色彩，在工具的身上贴上标签。各种意识形态之间进行竞争，到最终只有一种意识形态取得胜利。当该种意识形态取得胜利之后，该种意识形态便会赋予该种意识形态之下的各种事物一种非常强的标识性。凭借着各种事物所具有的标识性，又凭借着思想政治教育内容所特有的方向性，该种意识形态便有可能成为被人们广为认识并接受的意识形态。如何让人们认识并接受该种意识形态，对人们进行思想政治教育便是一条重要途径。

总而言之，思想政治教育学本体论所要探讨的问题，无非包括三方面：第一，思想政治教育是一种教育活动；第二，思想政治教育作为一种教育活动所具有的活动者；第三，思想政治作为思想政治教育的内容。廓清思想政治教育学本体论所要探讨的问题，仅仅是探讨思想政治教育学范畴问题的起步阶段。以此为基础，思想政治教育学范畴问题才能够得以扩展。

第二节　教育与思想政治教育的价值论

思想政治教育是指以思想政治为教育内容的教育活动。而一般意义上的价值论所要提出和回答的问题是，世界的存在及其意识对于人的意义如何。[①] 思想政治教育价值论所提出和回答的问题正是，思想政治教育的存在及其意识对于人具有何种意义。价值一词主要是表达人类生活中一种普遍的关系，就是客体的存在、属性和变化对于主体人的意义。[②] 在思想政治教育价值论的论域内，客体自然是思想政治教育，然而主体却不然。前文已述及，思想政治教育作为教育的一种同样有施教方和受教方。思想政治教育活动的开展，其意义并不仅仅体现在施教方或受教方一方的身上，而是共同作用于该两者。本书何

① 李德顺：《价值论》（第二版），中国人民大学出版社 2007 年版，第 6 页。

② 同上书，第 8 页。

以称之为“新探”，正是因为我们不仅仅在施教方或受教方一方的身上探寻思想政治教育活动的意义，而是从双方的身上来探讨并且将双方置于同等重要的位置，而以往的著作往往只是在施教方或受教方一方的身上来探寻思想政治教育活动的意义，① 或者是强调其中的一方而不重视另一方，或者是在双方并举中非要显示出某种偏颇性。另外，在以往的著作中还存在概念混乱的问题，比如说，将意义与目的混为一谈，将意义与功能不做任何区分。② 但是从严格的意义上来看，意义、目的和功能三者有着截然不同的所指。将概念区分开来，是我们进行“新探”首先所必须要做的。

一　目的论、功能论与价值论辨析

与意义一词相比，目的具有一定的静态性，直指结果，而不看重过程，所以极易流为一种结果论。关键问题是，我们不得不追问，只要能够达到一定的目的，在过程中采取任何方式，都是值得我们追求的吗？结果的合法性与合理性能够掩盖过程的非法性与不合理性吗？思想政治教育以思想政治为教育内容，为了让受教方接受施教方的关于政治方面的思想，施教方若是采取压制的方式，可能只会适得其反，毕竟对思想上征服更难于对行为的驯服。在人的社会化过程中，时常出现外在行为发生变化的情况，比如说，接受新事物、改掉恶习等。若是想要改变思想深处的认识极有可能引发一场革命，就像马克思主义进入中国并被大家认可之后所引起的一系列翻天覆地的变化。过程的非法性与不合理性只会使当前的所作所为与我们所预设的目的背道而驰：以压制的方式，让受教方接受施教方关于政治方面的思想，非但不能让受教方接受施教方的思想，反而会引起受教方的

① 张耀灿、陈万柏主编：《思想政治教育学原理》，高等教育出版社 2001 年版，第四章；陈万柏、张耀灿主编：《思想政治教育学原理》（第二版），高等教育出版社 2007 年版，第七章。

② 张耀灿、陈万柏主编：《思想政治教育学原理》，高等教育出版社 2001 年版，第四章、第七章；陈万柏、张耀灿主编：《思想政治教育学原理》（第二版），高等教育出版社 2007 年版，第三章、第四章。

反抗。

另外，在达不到目的的情况下，一种活动是否还具有什么意义？在结果论看来，既然达不到目的，一种活动就再也没有任何意义，因为它不承认预定目标之外的意外收获，就像在没有到达山顶之前，从不会为了路边的风景而驻足。同样，在思想政治教育活动中，若是不能达到传播思想的目的，也就否定了教育活动同时也是一种让知识得以积累的活动。由此可见，如果仅仅是探讨思想政治教育的目的，所得到的认识不可避免是极其片面的。

而从价值论的角度探讨思想政治教育，所得到的认识就会具有一定的全面性。首先，价值是对主客体相互关系的一种主体性描述，它代表着客体主体化过程的性质和程度，即客体的存在、属性和合乎规律的变化与主体尺度相一致、相符合或相接近的性质和程度。① 价值一词具有一定的动态性，但它又不仅仅是看重过程，而是既看重过程又看重结果。价值一词首先揭示出来的是，它的出现源自主体对客体的认识，同时主体对客体的认识会随着客体的变化而随之发生相应的变化。主体与客体同时在变化，主体所得到的认识就只能是阶段性的，主体对客体的认识永远处在过程之中。在思想政治教育活动中，作为客体的思想政治教育活动，其内容一直处在变化之中，比如说，作为其重要组成部分的意识形态——马克思主义的中国化从毛泽东思想开始，后来又逐渐发展出了邓小平理论、“三个代表”重要思想和科学发展观。若是忽视思想政治教育活动的内容所发生的变化，思想政治教育活动就会失却其意义的载体。失却载体之后，谈何意义呢？忽视它的变化，便会失却它的载体，失却它的哪一部分演变，便会失却它的哪一部分载体。对过程的关注，实际上就是在关注阶段性的目的。可见，思想政治教育价值论较思想政治教育目的论更具有全面性。

与意义一词相比，功能具有一定的功利性，直指作用，而不看重其本身，极易流为一种工具论。在思想政治教育活动中，若是只注重

① 李德顺：《价值论》（第二版），中国人民大学出版社 2007 年版，第 79 页。

思想政治教育的作用，而忽略思想政治教育本身的价值，极易导致一种对思想政治教育价值理解的片面性。思想政治教育活动的开展本身具有两方面价值：实质方面和形式方面。实质方面旨在解释思想政治教育活动的开展能够推动人们对国家意识形态的某种理解和认可。形式方面旨在解释思想政治教育活动本身所采取的形式是可欲的，是值得追求的，比如说，高校教师在讲解科学发展观的时候采取一种生动的讲解方式，本身就是值得高校教师追求的。若是忽略掉思想政治教育活动本身，也就忽略掉了思想政治教育的形式价值，对思想政治教育价值论的理解只能走向片面性，以价值论取代功能论便可以避免这种情况的发生。首先，价值论将价值分为两方面，不仅重视思想政治教育的实质价值方面，也重视它的形式价值方面，这本身就具有一定的全面性。同时，将功能论定义为思想政治教育的形式价值方面，更能加深我们对思想政治教育功能论的理解，能够起到补偏救弊的效果。

在思想政治教育活动中，能否一味地追求其功利性，在思想政治教育功能论论者看来是可行的，但在思想政治教育价值论论者看来却是不可行的。无论是功能论论者还是价值论论者，都不可避免地要解决三方面的问题：第一方面，便是思想政治教育活动的开展是否具有意义；第二方面，在承认思想政治教育的开展具有一定意义的前提下，追问其具有多大的意义；第三方面，在出现意义分类以及大小轻重意义取舍的情况下，该做出怎样的选择。功能论论者和价值论论者在前两个方面上还有达成一致意见的可能，主要分歧出现在对第三方面问题的解答上。功能论论者往往会以照顾最大多数人的最大幸福作为意义分类以及大小轻重意义取舍的标准。然而，正如有的学者所指出的那样，它却忽略了少数人的幸福，而且它并不能彻头彻尾地解释清楚幸福何以最大化。[①] 而价值论论者正可以摒弃功能论论者给出的一些标准，重视每个人的每一种幸福。功能论论者往往要将幸福做数量化处理，若是不能做数量化处理的话，又何以谈及最大化呢？而价

① 张文显：《二十世纪西方法哲学思潮研究》，法律出版社 2006 年版，第 59 页。

值论论者首先否定对幸福做数量化处理，只在必要的时候对幸福进行意义说明，让每一种幸福的意义都能彰显出来，然后让每个人根据自己的需求进行选择，尊重每个人而不忽视任何人。

从功能论的角度看，思想政治教育活动就像是一台机器。只要施教者把想要传播的思想放入这一台机器中，只要按照事先规制好的程序走下去，便能产生理想的效果，受教者便能很好地理解施教者的意图，这样机械主义论便浮出水面。其中不难看出，施教者非常依赖这一台机器，其实这一台机器仅能体现出思想政治教育活动的形式价值，而忽视了它的实质价值。即使是在其看重的形式价值中，也存在着一定的问题，功能论论者往往会抱持着一种理想主义情怀，同时将思想政治教育活动做了简单化处理。按照一定的数理逻辑，在这一台机器中产生着功能论论者想要的结果，将产生结果的过程做客观化处理，排除人为的主观因素，本身便具有一定的片面性，而其结果不可避免地具有一定的片面性，其结果的可信度就会大打折扣。而价值论遵循人们追寻事物价值的基本规律，注重客体的客观存在性，但也高举人在认识活动中的主动性，将人视为第一位的，充分认识到了客体的复杂性，不对客体做简单化处理，这本身就是一种追求全面性的情怀。

思想政治教育价值论摒弃了思想政治教育目的论和思想政治教育功能论的弊端，同时又保留了它们的长处。不能否认的是，尽管思想政治教育目的论和思想政治教育功能论都具有一定的片面性，但它们对思想政治教育的目的与功能都具有一定的认识，其中的某些认识说其是真知灼见也不为过。只有保留并汲取它们的长处，而不是简单地将它们一概否定掉，才可以避免使思想政治教育价值论流为假大空之论。在做出前提性的概念辨析之后，我们开始探讨思想政治教育价值论的内容。作为一种教育活动，思想政治教育同样包括施教方与受教方两方，而其特色之处便是它的教育内容，当它的教育内容被施教者传播给受教者之后，施教者和受教者各自能够体认到思想政治教育的哪些意义，便是我们所说的思想政治教育价值论的主要内容。我们不妨先来探讨一下思想政治教育对于施教者来说具有怎样的意义。

二 通过思想政治教育的社会控制

思想政治教育的施教者并不等同于思想政治教育的发动者。施教者与发动者并不属于同一位阶，相对而言，施教者属于下位阶概念，而发动者则属于上位阶概念。若是没有发动者的发动，便没有施教者的施教。在更多的情况下，施教者仅仅是以开展思想政治教育活动作为自己的职责。同时，发动者又往往属于抽象性、集体性的概念，比如说，可以是政党（包括执政党和非执政党），也可以是国家（在当今的政党政治中，执政党首先要组织国家，执政党与国家在思想政治教育的某些方面上往往会发生重叠），在一般情况下，它往往会是国家。而大学教师等施教者则往往属于具体性、个体性的概念大学教师。发动者何以发动一种以思想政治为内容的教育活动？思想政治教育活动对于它的发动者来说具有怎样的意义？这都是思想政治教育价值论不得不回答的问题。若要回答这些问题，我们不得不先问一问作为思想政治教育活动发动者的国家何以存在，很显然它发挥着一些对于人类社会的组织和维持来说不可缺少的作用。它若是不能发挥至关重要的作用，对于人类社会来说，它就没有必要再存在。说起国家的功能，可谓五花八门。但无论如何也不容疏漏的，是对内的解决纷争和维持社会秩序及对外的防御外敌，这被称为国家最低限度的两大功能。这种回答看似是功能论的腔调，而实际上却是从发生学的角度上点明了国家何以存在的理由。

我们不禁要问，国家通过什么样的方式来维持社会秩序？维持社会秩序既需要对人们的外在行为予以一定程度的规制，又需要对人们的思想认识予以一定程度的引导。前一方面主要体现在法律上，而后一方面主要体现在教育上。作为教育的一部分，思想政治教育由于其自身内容的特定性便在维持社会秩序上发挥着特殊的功能。以引导政治方面的思想走向为主要内容的思想政治教育，首先让受教者认识国家意识形态，进而对国家意识形态产生正确的理解，进而认可国家意识形态。反过来讲，若是不能对国家意识形态产生正确的理解，颠覆国家政权的事就有可能发生。“新马克思主义者，特别是阿尔都塞和普兰查斯等人强调，统治的意识形态在限定人们的行为方面发挥着重要作用。如果统治阶级能在传播它的意识形态方面获得成功，那么，每个人关于正确与错误、理性与非理性的选择甚至审美判断等日常的思想观念，都会被统治阶级的思想媒介提供的意识形态同化。”① 另外，公民与公民之间往往需要对国家意识形态有共同的理解，进而使他们产生相同的信仰。信仰相同的人聚集在一起往往极易达致一种和谐状态。公民与公民之间的信仰若是存在极大的差异，社会秩序便会存在隐患。法律调整人们的外在行为，而信仰正可以调整人们的心理秩序。法律对人们外在行为的调整有时候会借用国家的强制力量，而信仰对人们的内心秩序的调整往往需要沟通，教育便是沟通的一种方式。国家开展思想政治教育活动，无非就是想要通过思想政治教育活动进行社会控制。通过法律形式表现出来的社会控制更具有刚性，往往会出现在某种事件发生之后，具有一定的事后性；而通过思想政治教育形式表现出来的社会控制更具有柔性，往往会起到防患于未然的效果，具有一定的预防性。

通过思想政治教育的社会控制，何以能起到维持社会秩序的功能，思想政治教育是如何发挥功能的，可以分为两方面来探讨：第一方面就是前面说的，由施教者对受教者进行一定程度的思想政治方面的引导；第二方面是思想政治教育本身对于受教者来说是理想的。施教与受教往往发生在受教者可以接受施教者的施教内容的情况下。当受教者不接受施教者的施教内容时，施教者会引导受教者接受。当受教者强烈不接受施教者的施教内容，或者受教者根本不认可施教者的施教内容，甚者受教者认为施教者的施教会给其带来一定的害处时，施教者与受教者之间的关系就会变得极其紧张。

上述第一方面的达成仅能体现思想政治教育价值论的实质价值，而不能体现思想政治教育价值论的形式价值。而第二方面正好是针对思想政治教育价值论的形式价值的。第二方面要求关于思想政治教育的内容，施教者与受教者之间必须存在一定程度的可沟通性。若是强

① 张文显：《二十世纪西方法哲学思潮研究》，法律出版社2006年版，第160页。

制受教者接受施教者的施教，教育则会流为一种暴政。其实，“在我们的日常生活和道德实践中，不是森严普效的道德律令、规条，而是一个个具体的、活灵活现的道德感动，在引导、激发着我们去做好人、做好事，引导我们走向人性和生命的完善和圆满”[①]。关于“什么是道德感动？我们在日常生活中经常被某些事件、被某些人的行为所感动，这几乎是个不争的事实。但严格说来，并非所有的感动都是道德感动。这里我们至少可以区分出道德感动与美学感动。但无论是道德感动还是美学感动，都无疑是一种价值感动，是一种由‘好东西’所激发的感动。应该说，这种感动的存在就是价值本身存在的见证”[②]。要想让思想政治教育变成受教者眼中的“好东西”，不仅仅需要施教者创造出更为生动的施教方式，也需要作为思想政治教育发动者的国家改进思想政治教育的内容，只有双管齐下才能达到预期的效果。思想政治教育本身的形式价值若是被忽略掉，施教者只是板着脸宣读国家政策，受教者眼中的思想政治教育依然是那样的枯燥，那么思想政治教育活动的开展便会失去意义。

思想政治教育活动的开展能否实现它的发动者预先设定的目标以及若是能的话是在何种程度上能够实现，思想政治教育活动对于维持社会秩序来说能否具有意义以及具有何种程度的意义，往往也会取决于思想政治教育活动能否得以顺利开展以及开展的程度如何。在思想政治教育活动中，若是想实现它的社会控制的功能，莫过于让受教方对国家意识形态产生一定的价值意识，让他们自身的价值意识与国家意识形态所强调的意识形态相符合。“所谓价值意识，是对应客体价值的主体方面的因素，是个人或群体具有的、明示或暗示的价值判断体系。”[③] 公民具有自身的价值判断体系，有些部分是能够被国家意识形态认可的，而有些部分是不能被国家意识形态认可的。对于后一部分，公民能否继续抱持，国家能否允许公民继续抱持，国家若是不允许公民继续抱持，国家该做出哪些行为让公民抛弃旧有的与国家的

---

① 王庆节：《道德感动与伦理意识的起点》，《哲学研究》2010 年第 10 期。

② 同上。

③ ［日］青井和夫：《社会学原理》，刘振英译，华夏出版社 2002 年版，第 70 页。

意识形态不符合的价值判断体系，这些都是思想政治教育所要解决的问题。若是明令禁止，若是不能从根部消除掉，国家的介入只能让公民对国家产生异感，极易导致一种公民口头上敷衍国家意识形态而在内心里却坚持自己的信仰的状态。若是存在一种众多公民普遍对国家产生异感的状态，既有的社会控制体制就会面临失效的危险，进而国家政权就极易遭到颠覆。维护国家政权本身是开展思想政治教育活动所要达致的首要任务，也可以说是开展思想政治教育活动所要达致的作为发动者的国家预先设定的目标。通过思想政治教育的社会控制，一方面给出一些价值判断标准，而另一方面却是要维护国家政权。通过思想政治教育的社会控制，其方式便是在施教者与受教者之间传播一些价值判断标准，其所要达到的目标便是维护国家政权。

三　通过思想政治教育的人的社会化

探讨完思想政治教育对于施教者来说具有怎样的意义，接下来我们再来探讨思想政治教育对于受教者来说具有怎样的意义。从最广义的意义上来说，与作为思想政治教育活动发动者的国家相对，所有公民都是受教者，他们每时每刻都在接受思想政治方面的教育，在承认思想政治教育活动可以通过多种方式来开展的前提之下，他们受教育或者是通过在课堂聆听施教者的讲解等直接的方式，或者是通过观看电视时看到与国家意识形态相关的电视栏目等间接的方式。我们不禁要问，思想政治教育对于人的一生来说具有怎样的意义？我们不能否认，人每时每刻都有可能做出与国家意识形态所强调的价值意识相悖的行为，同时我们也不能否认，某些人会因为同时在接受国家意识形态所强调的价值意识而在行为上发生转变，让自己的行为更倾向于国家意识形态所强调的价值意识。人总是在一次又一次地犯错以及一次又一次地纠错的过程中成长。每一次犯错都会导致自己在一定程度上脱离社会大众，每一次纠错又会让自己在一定程度上亲近社会大众。脱离社会大众与亲近社会大众的行为，在社会学与法学的意义上，我们可以将之归为人的社会化问题。借用社会学与法学上的概念，下面我们来探讨一下思想政治教育在人类社会化的过程中起到了哪些作用。

明确地说，人的社会化就是指，“人出生以后，通过积累与他人的互动，接收各种各样的他人对自己的角色期望，从而形成自我。即，在与众多人的接触中形成‘自我—他我关系’的复合体，不仅内化来自父母、朋友等‘重要他人’的角色期望，而且，经过综合与一般化的过程，朝着作为‘一般化他人’的‘一般社会’对自己的期望，即内化‘社会规范’的方向发展，从而形成具有社会性自我的人”①。它可以通过很多种方式来实现，比如说父母对子女的培养，再比如说学校对学生的教育。它可以体现在细微处，比如说，父母与子女之间的一声称呼。而“称呼不是为了唤起对方的注意，不是为了联络，而是对相互之间的关系及其隐含的规范的一次重申和确认。因此，作为社会行动，称呼既是对自我的一次提醒，也是对对方的一次提醒和主张，因此是一次不自觉的对双方的规训；而在社会层面，每一次称呼既是对双方亲属关系的一个表达，也是对两者关系的一次塑造，是对双方行为伦理边界的一个重申，甚至是重新界定”②。它也可以体现在大的方面，比如说学校对学生进行的爱国主义教育，学校内的一堂以爱国为内容的课或许可以使学生们树立起正确的国家观、社会观和公民观，或许可以使学生改变旧有的不为国家意识形态所认可的国家观、社会观和公民观。若是做一种功能方面的考量，可以想见，小学校内的一堂以爱国为内容的课或许可以减少若干颠覆国家政权的行为，若是计算其成本的话，等学生成年后做出一定的颠覆国家政权的行为，再从法律或国家强制力上想办法规制，那付出的社会控制的成本肯定要高于一堂课所付出的成本。

人的社会化包括很多方面，也就是说人需要在很多方面让自己社会化。不能使自己社会化的人无法得到社会大众的认可，也就失掉了人的社会性，进而极有可能让自己沦为仅仅是生物学上的存在。同样，也就失掉了人的一部分社会性，其人格就会不完善。人需要给出

① ［日］青井和夫：《社会学原理》，刘振英译，华夏出版社 2002 年版，第 61 页。

② 苏力：《纲常、礼仪、称呼与秩序建构》，《中国法学》2007 年第 5 期。

自己一种经济方面的定位，需要给出自己一种政治上的身份，又需要给出自己一种文化上的角色，同时也需要社会给人一种经济方面的定位、政治上的身份和文化上的角色。只有当这两种角色合二为一之后，人的社会化才算是达致了一种理想的状态。政治身份的获得属于人的社会化的一部分内容。然而，关于政治上的身份，不管是自己给出的，还是社会给出的，都会涉及思想政治，既会涉及自己所认可的与政治相关的价值意识，也会涉及社会大众所认可的与政治相关的价值意识。可以说，人在政治方面的社会化天然地与思想政治难分难解。既然与思想政治难分难解，那就与思想政治教育难分难解，因为人的与政治相关的思想会来自于他所受到的教育。基于此，我们完全可以说，人的社会化与思想政治教育有着莫大的关系，尤其是人在政治方面的社会化。

在人的社会化的过程中，人依然需要自我认定。从范畴的相对性上来说，自我认定与社会认可相对。若只是从目的论或功能论的角度上来说，自我认定与社会认可似是只能取其一，在更多情况下会有人肯定社会认可，认为人只有成为社会性的人才是真正意义上的人。然而，正如前文所述，目的论和功能论本身各有其片面性。若从价值论的角度上来看，我们应当采取自我认定与社会认可并重的观点，因为自我认定与社会认可本身就是人的社会化之问题的两个方面，若是将其拆开，舍其一，取其一，所得到的认识都无疑具有片面性。当然，我们不能否认目的论论者与功能论论者在该问题上的真知灼见，但我们需要对他们的认识做出修正。自我认定本身内含着社会认可，因为人天然地具有某种身份，比如说，自从出生那一刻起便会成为一国公民，这一公民身份的认定所凭借的是什么，毫无疑问是社会的给予；而人何以自我认定自己的公民身份，毫无疑问是凭借着日常习得的关于公民身份的知识，而这种知识可能会来自于与思想政治教育有关的施教。另外，社会认可本身内含着自我认定。社会认可将会对什么进行认可，毫无疑问必定是认可某公民对自我的认定。为了更加清晰地交代问题，我们可以从汉语语法的角度做一下说明。社会认可是一主谓短语，其中，社会是主语，认可是谓语，被省略掉的宾语是自我认定。那么，社会凭借着什么对公民的自我认定进行认可呢？或者是凭借着公序良俗，或者是凭借着约定俗成，或者是凭借着国家意识形态，等等。从一般意义上来说，公序良俗源自最为广大的人民群众的共同认识，有的时候也会与传统相关；约定俗成源自特定的公民相互之间对某件事达成的协议或久而久之形成的某种习惯，只在双方或几方当事人之间有效，效力范围自然非常有限；而国家意识形态则来自于政党或国家对其某种统治或治理观念意识的认可，与公序良俗和约定俗成相比自然具有更加强大的力量，公民与公民之间对国家意识形态达成一致看法，与他们曾经共同接受过相同或相似的思想政治教育或是与思想政治相关的教育有关。由此可见，自我认定和社会认可都与思想政治教育有着密切的关系。基于此，我们甚至可以说，人的社会化何以可行，思想政治教育在其中发挥着无可替代的作用，思想政治教育对于人的社会化来说具有无可替代的重要意义。

在人的社会化的过程中，人往往会做出失范行为，比如说，犯罪行为。人何以出现失范行为，我们同样也可以从思想政治教育上找到答案。他们之所以做出失范行为，其中一个较为重要的原因便是，他们对政治的思考与国家意识形态所强调的某些观念出现偏差，国家意识形态并没有在他们的身上得以内化，并没有内化为他们思想深处的某种观念，自我认定并没有获得社会的认可，思想政治教育在他们的身上并没有起到它应该起到的作用，对于他们来说，思想政治教育对于他们的社会化毫无意义，或是鲜有意义。当然，我们不能否认还有另外一种情况，“在这个变化多端的世界中，我们好像只是这种变化的载体，而不是其原创者。因此，我们对自己的行为的控制至多只是一种中间阶段的控制，而不是根本的控制。虽然我们的行为可以来自我们的意志的内容，但后者可能是来自一些我们根本无法选择或抵制的东西。或者，即使我们能够选择性地接受或者抵制一些东西，但我们无法抵制所有的东西，因为我们只能按照一些东西来接受或者抵制其他东西”①。我们依然要追问，我们怎样按照一些东西来接受或者抵

① 徐向东：《自我决定与道德责任》，《哲学研究》2010年第6期。

制其他东西呢？这大概源自我们对诸多事物的选择，甚至可以说，一种不被社会认可的行为也会出自我们自身做出的选择，比如说，为什么犯罪，完全是因为在犯罪与不犯罪之间进行选择时，更倾向于选择前者。如果我们认定一种失范行为是不恰当的，那么我们以后该如何规避这种行为呢？最为直接的方式便是做出与上一次不一样的选择，改变我们的思想。“我们的性格确实受到了遗传因素、成长环境和过去经验的影响。即使我们能够反思性地修改我们的性格的一部分，我们仍可发现，这种修改的根据部分地来自我们的反思，部分地却来自我们对某些价值观念和生活理想的进一步认识。”① 何以改变我们的思想，何以对某些价值观念和生活理想做进一步的认识，思想政治教育在其中发挥着重要的作用。我们承认思想政治教育对于我们的价值观具有引导作用。“价值引导是合理的，不过它不是价值教与学的唯一手段。它必须由许多其他方法来加以补充。其主要局限性在于价值指导的环境几乎总是人为地与现实生活割裂开来。这种局限性有时被夸大：一段时间的逃避现实美其名曰是为了反省。但就我们所知，局限性是存在的：在教室、在礼拜场所、在会议中心，我们时常盲目追随理论和极端的理想，而忘记了现实生活的本来面目。我们需要不断地在反省和吸收、指导和‘从生活中学’之间进行调整。”② 从人的社会化上来说，再次改变我们的思想，再次对某些价值观念和生活理想做进一步的认识，可以称之为人的再社会化。失范行为的出现表明人的社会化出了问题，若要防止失范行为的再次出现，人的再次社会化承担着重要的任务。对于人的社会化来说，思想政治教育发挥着重要作用；而对于人的再社会化来说，思想政治教育依然发挥着重要作用。纵然我们可以指责思想政治教育本身出现了某种问题，但我们又不能放弃在思想政治教育本身上诊治思想政治教育问题的进路，就如同人的社会化上出现了问题，我们就要在人的社会化上解决问题，纵然人的社会化可以重新来过，思想政治教育同样也可以修正后再次进行。

---

① 徐向东：《自我决定与道德责任》，《哲学研究》2010 年第 6 期。

② ［加］克里夫·贝克：《学会过美好生活——人的价值世界》，詹万生等译，中央编译出版社 1997 年版，第 212 页。

第三节　教育与思想政治教育的责任论

从语义分析的角度来说，责任一词在汉语中具有两种意思：一种意思是指分内应做的事；另一种意思是指因为没有做好分内的事而应当承担的过失。相对而言，前一种意思上的责任更多的是指责任人以一种积极的姿态从事自己必须要履行的职责，而后一种意思上的责任更多的是指因为没有履行自己必须履行的职责而被追究之后在某种情势之下不得不做出的对前一种责任的弥补。最起码从责任的来源上讲，前一种意思上的责任是一种积极形态的，可以称作积极形态的责任；而后一种意思上的责任是责任的责任，具有一定的消极性，因此是一种消极形态的责任。与之相对应，思想政治教育责任也具有两种意思：一种是指责任人以一种积极的姿态履行自己必须要履行的思想政治教育的职责；另一种则是指因为没有履行自己必须履行的思想政治教育的职责而被追究之后在某种情势之下不得不做出的对前一种责任的弥补。后一种意义上的思想政治教育责任起始于对前一种思想政治教育的不尽职。

做出这样的区分自然具有非常重要的意义，因为我们通过对思想政治教育责任进行分析可以重新构建出一种新式的思想政治教育学体系，至少可以说，我们可以从一种新的角度阐释思想政治教育学的体系问题。作为一种积极形态的责任，我们有必要探讨谁是思想政治教育的主体，他们何以成为思想政治教育的主体，他们应该怎样进行思想政治教育才是适当的，包括采取什么样的方法以及遵循什么样的规律等问题；作为一种积极形态的责任，我们有必要探讨思想政治教育的主体有没有履行职责，何以判断他们有没有履行职责，如果他们没有履行职责那该怎么办等问题。如此一来，我们可以对思想政治教育的主体做一番重新探讨，把一部分问题放在作为一种积极形态的责任中，把一部分问题放在作为一种消极形态的责任中。

另外，思想政治教育责任论能够涵盖思想政治教育运行论。作为一种教育活动，思想政治教育的开展起始于它的原始发动机制。在确定了谁是主体、谁是客体以及教育内容的前提下，思想政治教育活动要在一定的环境下，按照它本身所特有的规律开展起来，它的开展以及对开展的程度的监督和评估，在传统的意义上被归于思想政治教育运行论所要探讨的内容。我们承认这样做具有一定的意义，同时也不得不承认这样做具有一定的局限性，其局限性表现在，它具有一定的片面性。它之所以具有一定的片面性，那是因为它将思想政治教育进行分割，将本来具有整体性的思想政治教育分割成主体部分、客体部分、内容部分、原则部分、环境部分、规律部分、评估部分、领导与管理部分等等，对其中的一部分进行分析，再对另外的一些组成部分进行分析，所能得出的结论只能是片段性的，而片段与片段相加所得出的结论往往无法等同于整体。当然，尽管这样做缺乏整合性，我们也不得不承认这样做在另一面上具有一定的意义，它对整体性的思想政治教育进行分割，对每一部分所得出的结论都具有一定的深度，其深度大概会比对思想政治教育做整体性的研究所得出的结论更深。以思想政治教育责任论取代思想政治教育运行论首先有必要做一番扬弃，我们保留思想政治教育运行论本身所具有的意义，同时要让思想政治教育责任论发挥补偏救弊的作用。

一 作为一种积极形态的责任

从一种积极形态的责任的角度来发问，首先便要问及谁承担着思想政治教育的责任。而要想弄清楚谁承担着思想政治教育的责任，首先便要问及谁是思想政治教育活动的最初的发动者。追溯思想政治教育的历史，我们发现思想政治教育活动与革命斗争运动相伴相随，比如说，中国思想政治教育的开展便发轫于中国共产党的创立初期。革命斗争运动的开展往往开始于观念上的斗争，只有在观念上征服更多人才能得到更多人对一种政权的拥护和支持。由此可以看出，思想政治教育活动的最初的发动者便是革命斗争中的政权势力，一般情况下会是政党。我们完全可以说，政党天然地承担着思想政治教育责任，思想政治教育的诞生本来就是政党想要取得革命斗争的胜利而采取的策略，本来就是政党承担着思想政治教育积极责任的表现。同时，作为思想政治教育活动的最初的发动者，政党仅仅具有作为一种积极形态的思想政治教育的责任，因为政党若是在思想政治教育活动中没能很好地履行自己的职责，再去追究自己的责任只能是枉然之举，因为丢掉政权之后再对未来政权的图景进行描绘只能流为一种毫无意义的幻想。

然而，政党只是一个抽象性的概念，是一种群体。在具体的思想政治教育实践中，群体意义上的政党无法具体地从事思想政治教育，而必须将思想政治教育的责任委派给具体的个人来实施。政党把思想政治教育的责任委派给某人，某人便会成为政党的代言人，成为思想政治教育具体的主体。在具体的思想政治教育活动中，政党的代言人便会成为思想政治教育活动的实践者。当然，政党也可以将思想政治教育的责任委派给其他群体，比如说，委派给思想政治教育领导小组之类。但是，具体的工作要由具体的人来做，具体的责任要由具体的人来承担，更何况任何群体本来就都是一种由具体的个人组成的群体。“从社会行动发展为互动，需要具有一方的社会行动触发另一方的社会行动这样的作用与反作用关系。”① 在其中发挥具体作用的只能是具体的人。而无论承担着思想政治教育责任的群体是大是小，他们都会将思想政治教育的责任委派给具体的人。我们大概可以从中看出两条规律：第一，除了作为思想政治教育活动的最初发动者的政党之外，其他思想政治教育责任人对思想政治教育责任的承担来源于委派，简单来说，除了最高责任者之外，低一级的责任者的责任皆来源于上一级责任者的委派，低一级与高一级的说法仅仅具有相对性；第二，从概念上来说，责任的承担者可以是群体，也可以是个体，但在具体的思想政治教育实践中，责任的承担者一般情况下会是具体的个人。

有鉴于以上发现，我们完全可以说，单从思想政治教育责任的委派关系中，便可以衍生出多种思想政治教育的主体。需要说明的是，我们往往会把从事思想政治教育的所有人都称为思想政治教育的主

① ［日］青井和夫：《社会学原理》，刘振英译，华夏出版社 2002 年版，第 60 页。

体。该主体之所以具有多样性，根源于思想政治教育责任的委派性，即它可以一级一级地委派下去，而且在委派的过程中，上一级责任者与下一级责任者都既可以是群体，又可以是具体的个人。多样性就意味着复杂性。然而，若想让人们接受复杂的事物那最好是把复杂的事物简单化。思想政治教育主体的简单化主要表现在，在责任的末端，我们往往只会发现具体的个人。比如说，一般认为媒体承担着思想政治教育的责任，媒体有很多种，电视台便是其中之一，电视台承担着思想政治教育的责任，而电视台又会把具体的责任委派给具体的电视栏目。比如说，一般认为学校承担着思想政治教育的责任，学校有很多种，大学便是其中之一，大学承担着思想政治教育的责任，而大学又会把具体的责任委派给具体的科系，科系又会把具体的责任委派给具体的教师。再比如说，一般认为家庭承担着思想政治教育的责任，在家庭内父母分担着具体的责任，当孩子在家庭内接受教育时往往只会关注自己的父母。由此也可以看出，责任由高到低进行委派的过程实际上也是责任由抽象到具体的化解过程。

思想政治教育责任的委派实际上就是圈定谁是思想政治教育的主体。主体的圈定往往会与客体的需求有关。比如说，当人们以国家公民的身份出现在选举活动中时，他们首先需要了解自己具有哪些权益，可以采取怎样的方式参与选举，国家或政党便承担着对国家公民进行思想政治教育的责任。另外，特定的主体往往会对客体的需求做一番改变。比如说，当人们以观众的身份坐在电视机前的时候，他们往往会通过电视媒体的播送获取自己需要的信息。信息本身便有许多种，有些信息有利于国家统一，有些信息则不利于国家统一。有的观众需要获取有利于国家统一的信息，而有的观众则乐于获取不利于国家统一的信息。如何让乐于获取不利于国家统一的信息的观众转变观念，电视台承担着对他们进行思想政治教育的责任。圈定思想政治教育的主体实际上就是让圈定的主体面对特定的思想政治教育的客体，根据客体之不同而承担某种责任。

既然思想政治教育的主体具有一定的层级性，与此相适应，思想政治教育的客体就不可避免地也具有一定的层级性，那么高层级的思想政治教育的主体需要对己身之下的多少层级的客体承担起思想政治教育的责任，低层级的客体需要接受多少层高层级的思想政治教育主体对他们进行思想政治教育，往往取决于思想政治教育的内容和思想政治教育的方式或手段。先从思想政治教育的内容上来看，尽管在责任分担上思想政治教育的主体具有一定的层级性，但各层级的思想政治教育主体都会选定一些共同的思想政治教育内容。比如说，国家或政党会通过思想政治教育的方式引领国家公民维护国家统一，家庭内的父母也会通过思想政治教育的方式引领自己的子女维护国家统一。其实，“当一种政策图景被广泛地接受并获得支持，其通常与成功的政策垄断结合在一起”①。我们不难发现，人们往往会从各种层级的思想政治教育主体那里获得相同的思想政治教育内容，在接受各种层级的思想政治教育主体的教育时，人们往往具有多种身份角色。就像上面所举的例子，人们既是国家公民又是家庭内的子女。

另外，在思想政治教育上，采用现代高科技，便可以突破思想政治教育主体对思想政治教育客体的圈定。“人并不是因为明智而采纳了新的行为规则；实际上，人恰恰是因为遵循了新的行为规则而变得明智起来。”② 比如说，电视媒体往往无法圈定自己的观众，而只能尽可能地锁定更多的收视人群。作为电视观众要不要收看某电视频道的电视栏目取决于自己的选择。完全可以说，任何一家电视媒体的电视观众都可以是一种无限的存在，因为他们的电视栏目可以被无数的电视观众收看到，只要能在技术上有所突破便可以。据此，我们不难看出，高层级的思想政治教育的主体需要对己身之下的无数层级的客体承担起思想政治教育的责任；低层级的客体可以接受到无数层高层级的思想政治教育主体对他们进行的思想政治教育。思想政治教育的主体具有一定的无限延伸性，同时思想政治教育的客体也具有一定的

---

① ［美］詹姆斯·L. 特鲁、布赖恩·D. 琼斯、弗兰克·R. 鲍姆加特纳：《间断——平衡理论：解读美国政策制定中的变迁和稳定性》，载包罗·A. 萨巴蒂尔编《政策过程理论》，彭宗超、钟开斌等译，生活·读书·新知三联书店 2004 年版，第 132 页。

② ［英］弗里德尼希·冯·哈耶克：《法律、立法与自由》，邓正来等译，中国大百科全书出版社 2000 年版，第 511 页。

无限延伸性，其中的施教与受教完全就是一个错综复杂的网络，在该网络中，主体承担着对无数客体进行施教的责任，而客体则可以从无数施教方那里获得受教。思想政治教育的主体和客体都具有的层级性往往会趋于瓦解。比如说，山东人既可以选择收看山东电视台的电视节目，也可以选择收看中央电视台的电视节目。观众在选择电视节目的时候，完全会忽视掉中央电视台与山东电视台在层级上的区分。思想政治教育的主体和客体都具有的层级性在某些情况下仅仅具有形式上的意义。

责任本身不仅仅是意味着一种委派关系，它还意味着特定的主体必须做出特定的行为，既与思想政治教育的客体相关，也与思想政治教育的内容相关。比如说，监狱机关对在押犯人承担着思想政治教育的责任，学校团委对学生团员承担着思想政治教育的责任。有政权的地方就会有思想政治教育，政权的性质体现在政治体制上，政治体制的性质体现在国家机关的设立上。每一种国家机关的设立，都意味着它要承担着一定的责任，履行一种职责。国家机关与国家机关之不同，往往表现在角色分工之不同上。角色分工之不同，往往表现在工作内容之不同上，同时也会表现在行政相对方之不同上。如果我们承认任何一种国家机关都承担着与自己的角色分工相适应的开展思想政治教育的责任，那么我们就不得不承认，责任还意味着特定的主体必须做出既与思想政治教育的客体相关也与思想政治教育的内容相关的特定的行为。然而，在国家政治体制中，因为思想政治教育客体的特定性，又因为思想政治教育内容的特定性，思想政治教育的主体和客体都具有的层级性往往不能被瓦解。比如说，就一般情况来说，下一级国家机关的工作人员不能在上一级国家机关中像他之前所做的那样去从事那些思想政治教育工作，当然，这是在否定特殊情况的存在的前提下。而且，各机关之间存在一定的壁垒。比如说，监狱内的工作人员不能进入学校对学生进行如同对在押犯人所进行的那样一种思想政治教育。

在思想政治教育责任的委派中，高层级与低层级之间除了具有委派关系之外，往往还存在领导与被领导、管理与被管理的关系。在低层级，具体由谁来担负具体的思想政治教育责任，往往由高层级来决定。当然，思想政治教育具体的践行者必须具有一定的素质，具有一定的从事思想政治教育工作的能力，比如要具有相关的思想素质、政治素质以及教育能力等。被选定的以及被拟定的将来的思想政治教育具体的践行者是否具备这样的素质和能力，高层级必须担负起一定的责任，该责任是不容推卸的，是一种积极形态的责任。与此相对应，被选定的以及被拟定的将来的思想政治教育具体的践行者如实上报自己的情况，客观地说明自己具备什么样的素质以及具有哪些能力，也是一种积极形态的责任。当选定之后，当被选定的思想政治教育具体的践行者进入工作状态之后，高层级便要承担起对他们进行领导、管理以及考核的责任，该种责任也是一种积极形态的责任。毫无疑问，思想政治教育具体的践行者承担着服从领导、服从管理、接受考核的责任，该种责任也是一种积极形态的责任。

二　作为一种消极形态的责任

作为一种消极形态的责任，起始于对前一种责任的不尽职，实际上是通过一定的机制来达到纠错的目的。首当其冲需要回答的问题便是，何以不尽职，这就涉及思想政治教育的评估。能否通过评估，往往是承担起一种消极形态的责任的起始。如果能够通过评估，作为一种消极形态的责任便不会发生；如果通不过评估，作为一种消极形态的责任便随即发生。思想政治教育的评估所涉及的问题包括由谁来进行评估、评估的标准是什么。由谁来进行评估，依然是责任委派链条上的问题，按照作为一种积极形态的责任得以产生的委派关系，对低层级的思想政治教育者进行评估，往往会由对低层级的思想政治教育者具有直系产生作用的高层级来进行，实际上也就是低层级的思想政治教育者的领导者和管理者。

我们不能否认，有的时候责任链条会发生联动作用。非直系的高层级能否对非直系的低层级进行评估，即能否进行越级评估，把问题反过来，实际上就是，非直系的低层级是否对非直系的高层级负有责任。在思想政治教育价值论的论域内，非直系的低层级对非直系的高层级负有责任是有一定价值的。比如说，为了在民众中间保持一种爱国主义的情绪，我们通过以往接受过的思想政治教育得知，爱自己所在的城市，爱自己所在的省份与爱自己的祖国之间具有一种微妙的关系，似乎是爱自己所在的城市必然地能够达致爱自己的祖国，爱自己的祖国往往会表现在爱自己所在的城市上。既然非直系的低层级对非直系的高层级负有责任是有一定价值的，那么非直系的高层级对非直系的低层级进行评估往往也会具有一定的价值。另外，现代科学技术的导入使得思想政治教育的主体和客体都呈现出层级性逐渐瓦解的趋势，借助于IT网络人人都可以对身边发生的事件进行监督。在IT网上，“受众对于事件、问题及其重要性的认知常常受到传媒影响。某一问题/事件越是被媒体优先提及或者作为‘大事’加以突出，受众也越容易把它当成‘大事’对待，越容易成为公众讨论的焦点，媒体的强调与受众的重视程度成正比”[①]。只要把某事放入到网络中，只要能够形成网络热议，天南海北的人都可以参与评估，思想政治教育责任委派关系链条趋于瓦解，仅仅在有的时候还具有一些形式上的意义。尽管思想政治教育责任委派关系的链条在某些情况下会趋于瓦解，但鉴于责任链条会发生联动作用，我们依然不能小视责任委派关系链条的存在，尤其是它的存在方式——连锁反应。有鉴于此，低层级的思想政治教育责任的承担者出现不尽职的问题，高层级的思想政治教育责任的承担者也难辞其咎。

高层级的思想政治教育责任承担者如何评估低层级的思想政治教育责任承担者是否认真履行了职责，往往可以从以下几方面着手进行：看低层级的思想政治教育责任承担者是否具有从事思想政治教育的素质和能力，可以考察他们所进行的思想政治教育的内容是否合理，可以考察他们所采用的思想政治教育的方式方法是否得当，可以考察他们是否遵从思想政治教育活动的规律等方面。先看第一方面，在低层级的单位中，由谁来承担思想政治教育的责任，往往是由高层级来决定，高层级一般情况下会对被拟定的人选做一番考察，看他们

① 吴元元：《信息能力与压力型立法》，《中国社会科学》2010年第1期。

是否具有从事思想政治教育的素质和能力。当低层级的思想政治教育责任承担者出现问题时，我们一般情况下会基于以下三个问题展开讨论：他们是否果真具有从事思想政治教育的素质和能力？出现问题之前是否果真具有？出现问题时是否果真具有？若是对第一个问题展开考察，无疑是对他们是否具有从事思想政治教育的素质和能力重新进行考察。如果他们的确具有从事思想政治教育的素质和能力，我们会把出错的原因归咎于其他方面。如果他们根本不具有从事思想政治教育的素质和能力，而且是在出现问题之前他们就根本不具有从事思想政治教育的素质和能力，那么承担消极形态的责任的就不仅仅是低层级的思想政治教育责任承担者，他们的直系评估机构也难辞其咎。

另外，考察低层级的思想政治教育责任承担者所进行的思想政治教育的内容是否合理。一般来说，思想政治教育的内容会涉及世界观、人生观、价值观、政治观、道德观、法制观，等等。不容否认的是，思想政治教育往往会与言论自由结合在一起。言论自由不仅仅是指言论与不言论的自由，还包括这样言论与那样言论的自由。思想政治教育责任的承担者在履行职责的时候，应当以言论的方式表达自己所要讲授的思想政治教育内容。对于他们来说，言论自由主要体现在可以这样言论也可以那样言论上，主要涉及言论的内容。施教者不可能完完全全照本宣科，总有些讲授内容需要解释。若是一味地照本宣科，就会面临失掉受教者的危险。所以说，思想政治教育责任的承担者也需要有一定的言论自由，在具体的思想政治教育实践过程中，他们总要做出各种表达。施教者施教的目的就是让受教者得到受教。当受教者受教后做出违法行为甚至是犯罪行为的时候，施教者应否承担一定的责任，他们之前的施教行为应否受到谴责，也在消极形态的责任的讨论范围之内。如果施教者的施教与受教者做出违法行为甚至是犯罪行为之间有必然的联系，那么施教者的施教就会被认定为恶意教唆。如何确定施教者的施教与受教者做出违法行为甚至是犯罪行为之间有必然的联系，便是其中最为关键的问题。一般来说，表达是一种指向他人传达某种主张或观点的行为，不仅包括言论和出版，而且包括展示符号、示威、音乐、表演，等等。表达行为可以区分为两大类：第一类，通过指出行为的适当理由而推动他人活动；第二类，以威胁、命令、提供具体的活动手段等方式来推动他人做出一定行为。美国学者斯坎琳认为，我们所要干预或限制的应该是第二类行为，因为只有第二类行为才能被合理地认定为犯罪。仅仅向自主的成年人提供劝说性行动理由并不构成犯罪。不论犯罪的要件如何，犯罪必须是表达劝说性的行为理由以外的行为。根据从别人的思想表达中获得的理由而行动的人，是按照他已经相信的而且已经制定的行为之充分理由行动的。因此，别人的思想表达对他的行动所起的作用已由行为者自己的判断所取代。行为者应对自己的行为承担全部责任而不能推卸责任，否则就是否认他作为有理性的、自主的行为者的地位。① 需要说明的是，在某种情况下，第一类行为也能被合理地认定为犯罪，或者是被合理地认为不适当。“如果占统治地位的社会思想，是在一个范围广泛且受过不同训练的社会科学家之间经过充分的相互作用和商议的结果，而不是一小撮权威人物谋划的结果，那么它的危险性会较小。”② 如果把它反过来呢？更何况，“统治者总存在对手：与之竞争的国家或本国内部的潜在统治者。后者相当于一个垄断者的潜在竞争对手。哪里不存在势均力敌的替代者，哪里现存的统治者就好似一个暴君、一个独裁者或一个专制君主。替代者越是势均力敌，统治者所拥有的自由度就越低，选民所保留的收入增长的份额也越大”③。可见，第一类行为能否被合理地认定为犯罪，或者能否被合理地认为不适当，那要看具体的语境和具体情况。

随后，考察低层级的思想政治教育责任承担者所采用的思想政治教育的方式方法是否得当。一般来说，思想政治教育的方式方法会有这样一些种类：理论教育法、榜样教育法、形象教育法、心理咨询

---

① 张文显：《二十世纪西方法哲学思潮研究》，法律出版社 2006 年版，第 478—481 页。

② 林毅夫：《关于制度变迁的经济学理论：诱致性变迁与强制性变迁》，载［美］R. 科斯、A. 阿尔钦、D. 诺思《财产权利与制度变迁——产权学派与新制度学派译文集》，刘守英等译，上海三联书店、上海人民出版社 1994 年版，第 400 页。

③ ［美］道格拉斯·C. 诺思：《经济史中的结构与变迁》，陈郁等译，上海三联书店、上海人民出版社 1994 年版，第 27 页。

法，等等。到底采用哪种方式方法，那要看遇上什么样的受教者以及施教者与受教者当前处于什么样的境况中。施教者与受教者当前处于什么样的境况，往往会决定施教者采取什么样的方式方法开展思想政治教育。我们必须承认，经济环境、政治环境、文化环境等社会大环境都会对思想政治教育的开展产生一定的影响，家庭环境、学校环境、社区环境等具体的场域小环境也会对思想政治教育的开展产生一定的影响。不容否认的是，好的环境未必能产生好的教育效果，那也要看施教者将要讲授怎样的内容，他们的施教在当时能够引起什么样的后果。美国学者霍姆斯曾经提出过“明显的当前危险论”。该理论认为，讲演人的讲演能否被合理地认定为犯罪，或者能否被合理地认为不适当，问题在于使用的语言是否处于这种情况和具有这样一种性质，即它们将造成一种明显的当前危险，将带来相关部门有权制止的实质性罪恶。当然，这是一个可此可彼和程度如何的问题。非言辞本身，而是说话时的情况，决定了讲演人的讲演能否被合理地认定为犯罪，或者能否被合理地认为不适当。危险必须是明显的、即刻的、具有实质性罪恶的。严重危害社会的行为必须确实是步步紧逼，情况必须严重到这样一种程度，如果继续行使言论自由便没有避免损害的机会。[①] 由此可以看出，在环境较好的地方，施教者可以任意地拓展自己的言论自由的宽度和深度进行施教，只因其施教的时间、地点和方式，即讲演时的具体环境，决定了施教者的讲演能否被合理地认定为犯罪，或者是能否被合理地认为不适当，决定了他们是否要承担起消极形态的责任。

当然，还要考察低层级的思想政治教育责任承担者是否遵从思想政治教育活动的规律。思想政治教育活动的规律既包括人的思想品德形成和发展的规律，也包括思想政治教育过程的规律。规律往往是不容易被打破的东西。若是打破规律，思想政治教育还能否开展起来将会成为疑问。施教者打破旧有的规律来给受教者施教，受教者能否接

---

① 张文显：《二十世纪西方法哲学思潮研究》，法律出版社 2006 年版，第 475—478 页。

受也将成为疑问。打破规律往往会遭遇被规律打败的危险。打破规律后，思想政治教育责任的承担者大概会失掉自己的身份，不是因为高层级对他们的行为进行否定，而是因为旧有的规律获得了大多数人的认可，大多数人会对打破规律的人进行一番彻头彻尾的否定。作为思想政治教育活动的规律，人的思想品德形成和发展的规律本来就属于人类社会的基本规律。若是将它打破，必然导致一种无可救药的混乱。正如美国学者卢曼所言："人的体验与行动在总是存在大于现实发生的可能性这个意义上具有'复杂性'，而且在受环境性诸条件左右未必按我们的期望发生的意义上存在'不确定性'。并且在出现与他人的互动时，这种复杂性和不确定性都会成倍地增长，因而，对如此发生的'双重不确定性'，一方面必须建立'预期（期望）的预期（期望）'来对应，同时，必须力求'复杂性的缩减'。这里所谓'预期的预期'，不仅是表示为了解决问题对他人行动的预期，而且也是表示必须预期他人对自己的预期的语汇。由于这个过程作为相互'预期的预期……'无限延续，社会体系为了稳定人们所遵循的客观且有效的预期，必须使双方的预期形成'当为'或'规范'，由双方共同遵循，即通过努力形成规范，以消除或减少预期落空的危险性。因为使预期规范化才是能够预防他人预期的最好方法。"① 人的思想品德形成和发展的规律本身寓含着一种预期。若是连这样的一种预期都无法实现，那么思想政治教育责任的承担者也就无法开展思想政治教育活动，与思想政治教育活动相关的所有一切都将化为乌有。

① ［日］青井和夫：《社会学原理》，刘振英译，华夏出版社 2002 年版，第 70—71 页。

第二章　教育与思想政治教育的客体：本体层面的理论

当我们从本体论的角度分析了教育与思想政治教育的本体内涵之后，我们需要对它的客体有一个客观的评价，这同样是从本体层面去做出分析。

教育与思想政治教育的客体，是一个复杂而又多变的存在。就像我们都会成为它的主体一样，我们也都不可避免地成为思想政治教育的客体。并且我们自身所具有的多变性，对于如何理解客体、如何发掘客体造成了一定的困惑。

本章将从一些具体事例出发，尽量在对教育与思想政治教育的客体做出学术性阐述的同时，将这一客体理论的论述做到通俗易懂。

第一节　思想政治教育客体结构分析

随着改革的深入和开放的发展，我国的政治、经济、文化和社会都发生了非常巨大的变化，思想政治教育客体也随着时代的变化而越来越多样化、复杂化。特别是在社会主义和谐社会建设过程中，思想政治教育客体已经不能单纯以阶级、阶层、党派、信仰、年龄、身份、学历、知识结构和财富多少来进行清晰的划分和界定；但又必须联系这些因素来加以界定。由于利益结构、社会分层、文化媒体、信息结构的复杂化和多样化，思想政治教育客体的人格结构、意识结构和社会结构也随之改变，思想政治教育客体的结构层次也越来越多样化、复杂化，思想政治教育客体的特性也变得越来越复杂，这一问题主要表现在以下几个方面：第一，从思想政治教育客体的社会结构看，思想政治教育客体的范围越来越广泛；第二，从思想政治教育客体的意识结构看，思想政治教育客体的主体性意识越来越强；第三，从思想政治教育客体的人格结构看，思想政治教育客体的自我教育能力越来越强，自我教育方式越来越多样化，情商对思想政治客体的作用越来越大，等等。随着思想政治客体特性的变化，思想政治教育客体教育和转化的方式应必须及时调整和改革。一方面要注意思想政治教育客体的教育与转化目标及内容的调整，另一方面要认真关注影响思想政治教育客体的教育与转化的各种因素的相关变化，同时要及时调整和创新对思想政治教育客体的教育与转化的途径和方法。

一 思想政治教育客体

（一）思想政治教育客体与思想政治教育对象

目前学术界对思想政治教育客体的研究，存在着思想政治教育客体与思想政治教育对象混用的现象。从学科体系的角度来说，思想政治教育客体与思想政治教育对象不是同一概念，是有区别的。

思想政治教育对象是一个运行论概念，它存在于思想政治教育过程之中。目前最为普遍也最为流行的是张耀灿和陈万柏的观点："思想政治教育的对象是人。进行思想政治教育就是要培养人们具有正确的世界观、人生观、价值观。""思想政治教育对象就是指思想政治教育活动所作用的对象，思想政治教育者施加教育影响的对象，也就是受教育者。"① 思想政治教育对象是在教育过程中与教育者、教育内容相对应的概念。

思想政治教育客体则是一个本体论概念，是将思想政治教育提升到哲学层次加以研究时运用的概念。如祖嘉合的观点：思想政治教育客体，是思想政治教育主体认识和施加可控性影响的对象，是"生

① 张耀灿、陈万柏主编：《思想政治教育学原理》，高等教育出版社2007年版，第159页。

活在一定社会关系中与思想政治教育主体构成工作关系的人，是思想政治教育的接受者和受动者，是思想政治教育主体的作用对象”①。在本体论之下，思想政治教育包括主体、客体和内容。

从马克思主义哲学的角度讲，“客体”和“对象”的意义大体相当，而且两词有时候也可以通用，并且我们从上面两个概念的内涵也可以看出尽管叙述不尽相同，但其实质却没有差别：都是接受教育的人。为此，在本章中，将思想政治教育客体与思想政治教育对象两个概念都作为思想政治教育客体加以研究。

（二）思想政治教育客体的界定

目前，学术界对思想政治教育客体的研究还不够成熟，对思想政治教育客体的认识也各执一词，难以统一，比较有代表性的观点有以下几种：

第一，受教育者为客体。受教育者客体论是我国传统思想政治教育发展过程中持续时间最长、影响最大、目前还有广阔市场的一种观点。持这种观点的代表人物有王黎静、刘仲玺、田曼珍、张迪、卢岚等学者。王黎静在《关于思想政治教育客体的再认识》一文中认为：“什么是思想政治教育客体呢？我们知道，任何一项工作都有工作对象，工作对象即工作客体。人是思想政治教育的工作对象，所以，人就是思想政治教育的客体。”② 刘仲玺也在《辩证地认识共青团工作中的主客体》一文中指出：“当我们在对团员和青年进行思想政治教育时，团员和青年是客体，能否正确地认识客体，关系到工作的成功与否。”③ 田曼珍和白凯认为：“思想教育的客体，是指思想教育工作的对象，就是被教育者。可以说，在中国共产党领导下，一切人和一切团体都属于‘思想教育的客体’范畴。”④ 张迪认为：“思想政治

① 祖嘉合：《思想政治教育方法教程》，北京大学出版社 2004 年版，第 83 页。

② 王黎静：《关于思想政治教育客体的再认识》，《佳木斯大学社会科学学报》2001 年第 3 期。

③ 刘仲玺：《辩证地认识共青团工作中的主客体》，《中国青年政治学院学报》1985 年第 3 期。

④ 田曼珍、白凯：《思想教育系统工程学》，人民出版社 1989 年版，第 121—122 页。

教育的主体就是从事思想政治教育的教师和人员……思想政治教育的客体就是指接受思想政治教育的对象或人。”[①] 卢岚和徐志远在《思想政治教育客体：思想政治教育学的重要范畴》一文中指出，“思想政治教育客体就是思想政治教育主体认识和施加可控性影响的对象。换言之，思想政治教育客体是思想政治教育的接受者和受动者，它与思想政治教育主体相对应，是思想政治教育主体的作用对象”[②]。

这种观点的不足之处在于把学生放在从属地位，视为被动的接受者，容易导致“教师中心论”，过多地突出了教师的主导地位而忽视了学生在学习过程中的能动性，忽视了学生在教育过程中认识提高的自主性和选择性，使课堂教学成为教师一人的舞台，使教和学在某种程度上相脱离，甚至有可能产生逆反效应，从而影响教育效果。

第二，教育者和受教育者同为客体。这种观点认识到了学生在整个教育过程中的重要作用，注重从学生的实际水平、发展需要、基本特点和亲身体验出发开展教育，在理论上和实践上有了明显的进步。

持这种观点的代表人物是陈秉公和李江凌两位学者。陈秉公认为，教育者与受教育者之间互为主客体。从实施过程方面看，教育者是施教的主体，受教育者是受教的客体。从受教育过程方面看，受教育者是接受的主体，教育者是接受的客体。双方间的作用和影响是双向的，分别构成互为客体指向的两个认识活动循环圈。[③] 李江凌认为，在思想政治教育活动中，在教育者与受教育者的关系上坚持互为主客体原则，就是要改变传统思想政治教育活动中片面以教育者为主体、以受教育者为客体的原则，代之以主体互换，使教育者与受教育者互为主客体，把思想政治工作的对象既作为客体、作为受教育者，同时又作为主体和教育者。[④]

这种观点的局限性在于：其一，教师与学生在教育过程中的特定

---

① 张迪：《双向互动的主体客体关系》，《云南财贸学院学报》2002 年第 1 期。

② 卢岚、徐志远：《思想政治教育客体：思想政治教育学的重要范畴》，《武汉理工大学学报》2006 年第 4 期。

③ 陈秉公：《思想政治教育学原理》，高等教育出版社 2006 年版，第 97 页。

④ 李江凌：《平等式思想政治教育的方法论原则》，《思想政治研究》2006 年第 9 期。

阶段互为主客体，而不是整个过程的主客体；其二，即使在学的过程中学生是主体，学生“所指向的对象”也并非教师，就是说，教师并不是学生学习的客体，受教育者在自我学习中，显然只能把自身作为客体。

第三，教育内容为客体。华中师范大学的万美容教授认为：“作为客体的道德教育内容，能够在多大程度上被转化到主体的道德品质结构中去，一定取决于某种作用机制。这种机制就是‘接受’，正是有了道德接受机制这个中介，才使得反映客观社会道德关系、道德要求的社会道德准则、规范能为学生所认识与理解、吸纳与接受，而这些规范、准则也只有在被作为道德行为主体的学生接受后才能真正地转化为道德品质，实现‘他律’向‘自律’转化。”[①] 由此可见，她把教师和学生当作主体，把“道德教育内容”当作客体。

这种观点的不足之处在于把思想政治教育内容当成了思想政治教育客体。万美容教授认为思想政治教育是教育内容内化为受教育者的道德品质的过程，即使在这一过程中受教育者是一个自我教育的主体，通过把道德规范内化实现自身道德品质的提高，这一过程改变的是自身的原有的思想状态，而不是教育内容本身，因此，教育内容仍不是教育客体。

第四，以受教育者的思想品德以及思想品德结构与水平为客体。北京大学马克思主义学院的张建桥认为，客体应该是指受教育者的思想道德和精神状态，而不应笼统、抽象地指受教育者这个人。否则，就把客体不切实际地夸大了，把主体认识、改造和作用的对象扩大了，把实践活动最终指向的范围扩大了。[②]湖南师范大学的王敏教授认为，接受客体是外部世界中那些客观存在并被设定为同接受主体相关联而被纳入思想政治教育接受系统结构、同接受主体一起发生了接

---

① 万美容：《论主体道德教育模式的基本特征》，《学校党建与思想教育》2001 年第 10 期。

② 张建桥：《论思想政治教育客体含义的科学化》，《郑州航空工业管理学院学报》2004 年第 5 期。

受上的功能关系的思想政治教育信息，包括事物、事件和现象。①

以思想政治道德水平作为客体，从表面上看符合思想政治教育的规律，但实际上却更加抽象，因为人的思想水平只能通过社会实践表现出来而不能量化和测评。强调以思想品德状况作为思想政治教育客体，有可能使具体的对象抽象化，从而使思想政治教育丧失评价的客观手段和具体标准，因为以目前的技术水平而言，人的主观意识是无法科学预测和评价的。

第五，多客体说。著名的思想教育家陈秉公教授认为，所谓思想政治教育工作客体，是指在思想政治教育工作过程中教育主体的行为对象，包括这一过程中的全部要素：教育者、受教育者、教育环境、教育目的、教育内容、教育手段和教育活动②。祖国华在《试论大学生思想政治教育的主体、客体与载体》一文中提出，大学生思想政治教育的客体有三种基本类型，即自然形式的客体、社会形式的客体和精神形式的客体。大学生思想政治教育自然形式的客体就是指高校的校园环境以及周边环境。高校思想政治教育社会形式的客体是指对象化了的现实和社会结构，如高校的管理制度、收费制度，当今社会的经济制度、政治制度等。思想政治教育精神形式的客体是指思想政治教育实践活动的精神对象，大学理念、大学精神以及这些精神客体的“物化”形式——校训、校歌等。③

这种观点的不足之处就是泛客体化，在这种观点看来，除教育主体以外的所有一切都成了教育客体，甚至包括与思想政治教育过程无法直接联系的社会经济制度、政治制度。而实际上，教育环境、教育手段是教育过程中独立存在的要素，而大学理念、大学精神则是教育内容的组成部分。

综合上述五种观点的长处和不足，我们可以试着对思想政治教育

---

① 王敏：《思想政治教育接受论》，湖北人民出版社 2002 年版，第 132 页。

② 陈秉公：《21 世纪思想政治教育工作创新理论体系》，吉林教育出版社 2000 年版，第 235 页。

③ 祖国华：《试论大学生思想政治教育的主体、客体与载体》，《现代教育科学》2005 年第 6 期。

客体做出如下界定：思想政治教育客体就是思想政治教育主体在思想政治教育活动中认识和施加可控性影响的对象。具体地说，思想政治教育客体是指在思想政治教育过程中接受教育和影响的人。当然，这里的人绝不仅仅是指作为个体存在的自然人，它还包括由人组成的各种群体和社会组织。

二 思想政治教育客体结构分析

思想政治教育客体是指在思想政治教育过程中接受教育和影响的人，这是我国传统思想政治教育研究领域中持续时间最长、影响最大、目前有广阔市场的一种观点。目前比较权威的思想政治教育教材中采用的都是这种观点。如张耀灿和陈万柏主编的《思想政治教育学原理》、苏振芳主编的《思想政治教育学》、陈秉公主编的《思想政治教育学原理》都认为思想政治教育的对象是人。进行思想政治教育就是要培养人们具有正确的世界观、人生观、价值观。然而，他们的著作中也存在一个共同的问题：只注重教育客体的整体性，而忽视教育客体的个体性和层次性。由于受教者仅仅被当作被动的客体，因此思想政治教育活动便被视为生产标准化“产品”的过程。这种过程只重视社会需要和社会价值，如世界观、人生观、价值观的教育和思想、政治、道德教育，而轻视个体需要和个体价值，忽视受教者的认知特点、身心发展需求和思想道德形成的基本规律，轻视行为规范养成教育、心理素质培养、现代人格品质和良好个性的培育，不能把思想政治教育与解决受教者所关心的实际问题紧密结合起来，导致自身缺乏针对性、实效性和感染力、吸引力。

毛泽东同志在《反对党八股》中曾经说过：“做宣传工作的人，对于自己的宣传客体没有调查，没有研究，没有分析，乱讲一顿，是万万不行的。”① 因此，正确全面地分析和认识教育客体，了解和掌握教育客体的各方面状况，是思想政治教育的基本前提。随着和谐社会建设理念的提出和科学发展观的贯彻落实，以人为本的教育理念也

① 《毛泽东选集》第1卷，人民出版社1996年版，第836页。

越来越被思想政治教育领域所重视。以人为本的教育理念要求教育主体树立平等意识，将教育客体视为与自我完全平等的主体；树立民主意识，倾听教育客体的呼声和建议；树立服务意识，满足教育客体合理的需求；树立责任意识，积极推进教育客体的全面发展，实现教育客体内部结构的优化。教育客体内部结构和谐与否，也会直接影响到教育的实效。目前，由于社会发展的失衡，教育客体的人格特征、阶层分化和意识趋向越来越复杂，为思想政治教育实效性的取得设置了许多障碍。因此，分析和研究教育客体的人格特征、阶层分化和意识趋向已经成为做好思想政治教育工作的必然要求。

（一）思想政治教育客体的人格结构

人格也称个性，这个概念源于希腊语 Persona，原来主要是指演员在舞台上戴的面具，类似于中国京剧中的脸谱，后来心理学借用这个术语用来说明在人生舞台上的角色区分和转换。“人格”一词在生活中有多种含义。有道德意义上的人格，它是指一个人的品德和操守；有法律意义上的人格，它是指享有法律地位的人；有文学意义上的人格，它是指人物心理的独特性和典型性；有社会学意义上的人格，它是指一个人与其他人加以区分所依据的姓名、性别、年龄、肖像、性格、名誉等各种特征的总和；有心理学意义上的人格，它是指构成一个人的思想、情感及行为的特有统合模式，这个独特模式包含了一个人区别于他人的、稳定而统一的心理品质。在思想政治教育研究领域中，作为思想政治教育客体的人格因素一般选取思想政治教育相关的年龄、性别、性格三种因素为研究对象。对于思想政治教育客体而言，同样的教育主体、教育内容和教育介质会由于思想政治教育客体的年龄、性别、性格的不同而产生千差万别的结果。因此，要想切实做到思想政治教育的“以人为本”，就必须注意这三种人格因素的变化。

1. 思想政治教育客体的年龄结构

思想政治教育客体是人，而人在不同的年龄阶段上对思想政治教育主体、内容和介体的态度是不同的，思想政治教育的结果也是不同的。传统思想政治教育研究往往把青少年、大学生、军队和党政干部作为思想政治教育的重点课题，而忽略了老人等其他客体，随着和谐社会建设和社会主义核心价值体系建设的深入，全体社会成员都已经成为思想政治教育客体，因此，有必要研究、分析和关注思想政治教育客体在各个年龄阶段上的特征。

（1）童年阶段。

这个阶段大约从出生到 13 岁，是人的思想道德品质形成的基础时期。俗语说“三岁看大，七岁看老”，虽然过于绝对，但我们从中可以看出人们对于童年期教育作用的重视。在这个阶段，儿童的心理处于由本我向自我的转化时期，在生理和心理方面都有明显发展。第二信号系统的条件反射已趋于完整，“自己”或“我”的概念初步形成。在这个时期的思想政治教育应侧重三个方面：第一，伦理道德规范教育和行为训练，使他们初步懂得其中的善恶、是非标准和界限，并养成良好的行为习惯；第二，培养儿童的社会角色观念和学会履行社会角色义务（如家庭亲友角色、师生角色、同学角色等），为今后认同社会角色，成为责任公民打下基础；第三，培养儿童参与一般生理需要以外的其他社会活动的兴趣，使其人格需要向较高层次升华，避免固着在低级层次。

这一时期儿童接受思想道德教育的方式主要有三种：第一，行为模仿。他们把父母、教师及其他人的行为作为模仿对象，特别是影视作品中的卡通人物更是孩子模仿的对象。第二，接受指导。主要是父母和教师关于行为规范的解释和训练，他们也可以从中获得某些理性认识。第三，角色认同。儿童将某个人看作理想人格模式，主动向这个人学习。这一时期儿童的思想道德养成是潜移默化的，如果父母是粗暴的，子女则可能是粗暴的；父母是和善的，子女则可能是和善的。目前，80 后、90 后的某些青年之所以出现暴力、自私、不负责任等不良倾向是与改革开放初期成年人的行为方式、思想状态和《奥特曼》《灌篮高手》《蜡笔小新》《樱桃小丸子》《猫和老鼠》等文化垃圾的影响分不开的。思想道德品质是一个阶段性的连续发展过程，童年期是人的思想道德品质发展的基础。童年期形成的伦理道德、是非观念、善恶标准、情感认识、行为方式等思想道德品质，对成年期的影响是巨大的，甚至是不可逆转的，如果发生偏差，或者疏漏，则是难以弥补的。

（2）青春阶段。

这个阶段大约在13—30岁，这个阶段是人的思想道德品质走向成熟的重要阶段。青年期是思想道德品质迅速发展的时期。

青春期的年轻人具有以下特点：第一，身体急剧成长和变化、性走向成熟。第二，情感丰富、强烈，但不稳定。第三，逻辑思维迅速发展，但有时带有主观性和片面性。第四，自我意识增强，关心自己的未来，有能力进行自我教育。第五，富于理想，对未来充满希望，基本上是个理想主义者。

在这一阶段，青年在心理和思想发展上必须完成三项任务：第一，了解和发展自己，做好“自我角色认同”。在青春期阶段内，自我角色认同处在将定而未定阶段，据此，可以说青春期是实现角色认同和顺应的又一次机会。因此，无论在童年期心理和思想存在多少问题和困惑，只要抓住青春期角色认同的机会努力改正和完善，就会取得令人满意的结果。如果再与这一机会失之交臂，角色认同就会成为终生的困难。第二，形成正确的价值观念。在青春期必须形成积极正确的价值观念，对是非、善恶、美丑有正确的判断，提高分析、判断能力。第三，形成正确的人生理想（社会理想、职业理想、道德理想和生活理想），提高自律性。青春期开始形成明确的人生理想，对自己的认识和评价也变得比较具体和深刻，自律的能力有很大提高。剖析古今中外的杰出人物，可以看到他们在青年时代都胸怀远大理想，具有自我分析和自我评价的能力，而且都有过自觉的自我教育和自我修养的实践。他们不断发现自己人格素质和行为上的优点和缺点，然后进行自我约束和调整，使自己的人格和思想趋向优秀。

青年接受思想道德教育的方式与儿童相比有了很大的变化，接受指导、角色认同仍然起着重要作用，但随着独立意识的增强，青年的思辨能力、求异心理和创新意识越来越强，社会现实、文化环境所起的作用越来越大，因此，对青年进行思想政治教育的手段和方式必须有所调整和改变，不能仅仅采取理论灌输的方式，而应当把报纸、杂志、广播、影视、网络等大众媒体充分利用起来。

（3）成年期阶段。

这个阶段大约在30—60岁。在这个时期，人的生理和心理已经完全成熟，思想品质和社会角色也基本定型，人的社会化过程已基本完成，其思想品质和行为方式具有相当的稳定性，在一般情况下，不容易发生显著的质的改变。这一时期人的思想政治教育主要以社会变革、意外事件引起的人格心理和思想观念的变化为主要内容，主要包括三个方面：第一，社会变革导致的变化，如战争、灾难等；第二，个人承担的社会角色的变化，如提升、降职等；第三，个人所遇到的特殊事件，如下岗、失业、离婚、破产等。这些变化都可能在人的心理和思想道德观念上产生重要影响，从而改变已成定式的思想认识和行为方式。正因为有上述变化的可能，一个成年人要想立足于社会并成为一个成功者，必须积极主动地参加社会继续教育，不断地发展和完善自己的人格，实现永无止境的“继续社会化”。

由于成年人的生理和心理已经完全成熟，思想政治教育的难度也相应增加，除教育客体的自我教育以外，社会环境、法律制度和大众媒体成了对成年人进行教育的主要途径。

（4）老年期阶段。

这个阶段是指退休以后的岁月。在这一阶段，随着社会角色的丧失，人的生理器官及其机能逐步走向衰退，老年性疾病增加，从心理上看，容易产生孤独、自卑、多疑、任性等情感。这一时期思想政治教育的主要任务是引导人们学会从以前的地位、权力等核心角色进入新的社会角色。例如，参加街道活动、教育青年、照看孙儿，在同辈人交往中获得快乐。我国有句俗话“活到老，学到老”，在这个阶段里，为了适应角色，使自己和亲友获得幸福，必须通过自我教育和学习，改变自己的思想、心理和行为方式。

总之，人是分阶段向前发展的，每个年龄阶段都有其特殊的矛盾、任务和发展内容。思想政治教育工作者，只有对此有深入的了解，才能从实际出发，有针对性地做好工作。

2．思想政治教育客体的性别结构

早在19世纪末，人们就已注意到男女两性在生理和心理上的明显差异，到20世纪20年代，美国心理学家桑代克通过研究进一步证实了男女两性在诸如语言表达、短时记忆、空间知觉、推理分析等方面存在差异的事实。在婴儿期，女婴发声多，笑得多，睡觉多，对面部刺激的反应也比较丰富；男婴则爱吵闹、易激怒。在少年时期，男孩独立性强、思想爱偏激、逆反心理强；女孩则依赖性强、思想较保守、顺从心理强。山东大学的孙国翠等学者对大学生思想状况的性别差异进行了研究，研究表明，男女大学生在政治思想、政治信仰、价值观念、道德观念等方面都存在差异。男大学生的政治视野更加开阔，对传统的怀疑态度更强烈，对政治经济形势的关注程度更高，对未来社会发展的预期更乐观，对承担社会责任的主动性更高，社会责任感表现更强。而女生更注重传统和尊严，女生对生命的热爱程度更高，对理想的追求和憧憬比男生更强烈，对自身素质提高的要求更明显，更注重从自我做起，在政治信仰的选择上更容易受到他人的影响，表现出一定的盲目性。

心理学研究表明，性别差异对人的思想政治状况有着重大影响。傅安球在《青年性别差异心理学》中指出，男性和女性在动机、兴趣、情感、意志、性格等方面存在明显差异。男性的成就动机要高于女性，兴趣较女性更广泛，社交面更广，性格上倾向于独立、外倾型，而女性多属于顺从、内向型，因而更易受暗示，依赖性较强。男女在个性特征上的性别差异也十分明显，男性情绪稳定性、主动性和独立性强、责任心和意志力强，敢于向权威挑战，适应力强；而女性富有激情和幻想、有更强的忍耐力，但女性相对是弱者，健康和安全、自信和自尊的压力要高于男性。这些研究结果进一步证实了因性别所导致的各方面差异确实存在，从而使我们不难得出这样的推论：由性别差异所引起的个性特征、人格、道德判断标准等方面的差别，会直接导致男女之间的思想差异，因而我们把性别本身的差异作为影响思想政治教育客体的思想差异的重要因素。

3．思想政治教育客体的性格结构

中国有句俗话“脾气难改性难移”，这里的脾气和性都是指人的性格。性格是指表现在人对现实的态度和相应的行为方式中的比较稳定的具有核心意义的个性心理特征。正是因为每个人的性格左右着人的不同行为方式并且又极难改变，我们才有必要研究思想政治教育客体的性格结构，依据教育客体的性格差异，把握教育客体不同的性格特征，有针对性地做好思想政治教育工作。

第一，对理智型客体的教育引导。理智型客体一般对问题的观察比较敏锐，分析较细致，独立判断能力较强，想象力比较丰富；思想具有主动、活跃、灵活的特点；处理问题时，能使用理智的尺度来权衡轻重、利弊，善于支配和控制自己的行为。这类人的不足之处是比较固执，一旦形成自己的信念，说服改变较难。对这类教育客体进行思想教育时不能简单地说教和批评，必须发挥科学知识的力量，用丰富的知识和经验去启发诱导。在教育方式上，应采取点拨的方法，不宜讲得过多过碎。在处理问题时，要把问题找准，要耐心等待，不能企图通过一两次谈话就能打通他们的思想，解开他们的思想疙瘩。

第二，对意志型客体的教育引导。意志型客体有明确的行为目的性、组织性和纪律性，自觉控制能力强；但也有的表现出害怕困难、放松自己、优柔寡断等。对意志坚强、吃苦性强，具有韧劲的客体，在教育过程中要指导他们订立目标和计划，引导他们调节目标，把握方向；对于具有易于动摇性格特征的客体，应多加鼓励和引导，帮助其克服自卑感、坚定自信心。

第三，对情绪型客体的教育引导。情绪型客体常表现出情绪体验深刻、自尊心强、举止易受情绪左右的特点。据此，在思想工作中，一要以诚相待，特别尊重他们的自尊心，当他们发生过失时，要确实从关心他们的立场出发，既严肃批评他们的错误，又要体谅他们的难处。二要以“冷”对热。对“火暴性子”“点火就着”的客体，要有足够的耐心，当他们出现消极情绪时，尽量不要“热处理”，最好“冷处理”，即让其冷静下来后再慢慢地疏导。三要多个别开导，少当众指责。情绪型客体自尊心强，对待这样的客体一般不要当众指责，多个别批评或劝导，要及时指出，不要一味迁就。

第四，对外倾型客体的教育引导。外倾型客体一般比较耿直、脾气暴躁、热情、善于交际。在针对这类客体进行思想工作时要做到三点。首先，要做到不嫌弃。这种类型的客体性格开朗，说话好“放炮”，发起火来，不分场合，不管对什么人，只要火气来了，都可能说出一些难听的话或伤感情的话。因此，在教育中要正确对待，注意保护其积极性；同时，教育他们学会控制自己，做到既敢于大胆发表自己的意见，又注意说话的分寸和语言表达的准确度，以免伤人害己。其次，要用其长。这种类型的客体兴趣广泛，平时爱说爱笑，反应机敏，一般都有一定的组织能力和特长，要引导其发挥长处，不断进步。最后，要巧引导。要善于培养他们养成言行一致、遵守纪律的习惯，把散漫的习惯以及无谓的争辩引导到有益的方面。

第五，对内倾型客体的教育引导。内倾型客体一般具有沉静、缓慢、顺应困难、不善于交际的特点，有的还有少言寡语、性格孤僻、敏感多疑、挫折感强、虚荣心、嫉妒心、报复心比较重，对他人有强烈的戒备心理，处处提防别人等极端表现。在针对这类客体做思想工作时应做到如下几点：一要多了解。这种类型的客体虽然不爱言语，不善于表现自己，心里的事，不轻易表露，但在内心世界里矛盾甚多，冲突也很激烈。因此，对他们要特别加以留心，从多方面了解他们，如从他们的同学、班干部和知心朋友中进行细致了解，以便及时发现思想疙瘩，及时做好教育疏导工作，不要视而不见。二要多交流，多鼓励。他们比较爱思考，对问题常能深思熟虑。因此，在日常生活和学习中，要十分注意征求他们的意见。对具有建设性的意见，应及时采纳，并给予鼓励。三要注意环境的影响。对内倾型性格较严重的客体，可以把他们调到比较活跃的环境，要教育周围成员，不要反复说他们不爱听的话，反复开一些他们极不情愿听的玩笑，尤其是不要侮辱他们的人格，通过成员间的相互关爱潜移默化地陶冶他们的性格。四要多引导。这种类型的人一般情况下不容易发火，但一旦愤怒，就有出现严重后果的可能。因此，思想工作者在对待这类客体时不要采用过于激进的方式，批评教育时要循循善诱，要充分考虑到学生的切身感受。

（二）思想政治教育客体的群体结构

思想政治教育的客体是人，但不仅仅是一个个的个体，还包括有共同地位、共同身份、共同利益诉求、共同思想追求或共同生活方式的众多个体所组成的群体。由于不同群体的共同诉求点不同，对他们的思想政治教育也各不相同。目前，社会上作为思想政治教育客体的重点群体有以下几个：

1. 政党组织

对于政党组织而言，其在思想政治教育过程中的身份具有双重性：一方面在对全社会、对党的下级组织、对党的个体成员的教育过程中，它是教育主体，是教育内容的组织者和教育行动的实施者；另一方面，在国家对政党的教育过程中它又是教育客体，是被教育者。当前，对政党的教育特别是对党员的教育是一个重点，执政党的执政理念、执政能力和执政水平直接关系到中华民族的前途和命运。

2. 政府官员

政府官员包括行政首长和政府各部门的国家公务员，有些国家公务员的身份也有双重性，但主要是思想政治教育客体。对政府官员的教育是思想政治教育工作的关键，党的执政理念、执政水平都要通过这一群体得以实现，对这一群体的教育主要以法治思想、民主观念、廉洁公正为内容。

3. 军队

军队是国家安全的保障，军人的思想政治教育是国家安全的基础，我们党和国家对军队的思想政治教育一直是中国军队的重要特色，目前对军队的思想政治教育是思想政治教育领域最成功的范例。目前，对军队的思想政治教育主要是消除社会上的自由主义、利己主义、享乐主义、拜金主义、官僚主义等非无产阶级思想对军队的影响。

4. 知识分子

目前，国内学术界一般认为，知识分子是具有较高文化水平的，主要以创造、积累、传播、管理及应用科学文化知识为职业的脑力劳动者，分布在科学研究、教育、工程技术、文化艺术、医疗卫生等领域。知识分子是在改革开放以后分化最严重、思想最复杂、对社会影响最大、教育难度最大的一个群体。知识分子本身既是思想政治教育的主体，又是思想政治教育的客体。这种双重身份和知识分子职业复杂、身份复杂、利益层次复杂、社会地位复杂、思想境界复杂的特点结合在一起，使其成为社会最为特殊、最难教育和管理的一个群体。如果说军队是国家安全系统的硬件的话，知识分子就是国家安全机器的软件，是国家发展的潜力。因此，对知识分子的思想政治教育是目前思想政治教育的重中之重。目前，对知识分子的教育主要是政治信仰教育、社会理想教育和爱国主义教育。

5. 企业家

企业家群体是在改革开放以后迅速发展并逐步独立、强大起来的一个特殊群体。这一群体是改革开放以来最大的一个既得利益集团，对社会的安定、民族的振兴和国家的发展起着至关重要的作用。由于这一群体在经济实力、社会地位、人际关系、媒体影响、消费导向、社会关系诸方面都处于强势，因此，对这一群体进行思想政治教育的难度仅次于知识分子群体。对这一群体的教育主要以科学发展观、社会责任意识、和谐社会理论为主。

6. 学生

学生是目前我国最稳定、最庞大的有组织的群体，2007 年我国在校生 2.3056 亿，幼儿园在园人数 2349 万。对于这一群体的教育是有组织、有计划、有目的的系统教育，是全面的教育。对这一群体的思想政治教育应注重新形势对思想政治教育的需要，做到针对性、现实性与未来社会需要的有机结合。

7. 工人

工人阶级作为我国的领导阶级是我国改革开放以来落差较大的一个群体，随着国有企业的改制，工人的利益受到一定程度的影响，而工会组织的削弱使工人阶级的组织性有所降低。政治、经济、文化地位的变化导致有些工人存在失落和消极情绪。目前，对工人阶级的教育应侧重科学发展观、党的路线方针政策和法律意识、团队意识的教育和引导方面。

8. 农民

农民是我国目前人数最多的一个群体，由于生产承包责任制的实行，农村社会组织处于瘫痪状态，因此，农民也是目前最为松散的群体。这一群体存在的主要问题是法律意识、政治意识比较淡薄。尽管从“胡温新政”以来农民的政治意识有所增强，但与时代的发展要求仍相差甚远。因此，当前对农民的思想政治教育应当以法律意识、政治意识为重点。

9. 网民

依据百度百科的定义，网民是指半年内使用过互联网的6周岁及以上中国公民。2009年7月16日，CNNIC（中国互联网络信息中心）发布了《第24次中国互联网络发展状况统计报告》，报告显示，2009年上半年我国网民规模已达3.38亿，继续领跑全球互联网；其中，使用手机上网的网民也已达到1.55亿，约占我国网民总数的一半（46%）。据了解，我国网民的学历结构正逐渐向总体居民的学历结构趋近，体现出互联网大众化的趋势。目前，高中学历的网民比例最大，占到39%。同时，中国网民中女性比例上升到46.4%，比2007年底上升了3.6个百分点，中国网民正逐渐走向性别均衡。报告显示，网络新闻使用率达到81.5%，用户规模达到2.06亿人，网络新闻阅读率比2007年12月增加了8.8个百分点，在网络应用中排名跃居第二位。

10. 宗教团体

目前，我国的宗教团体数量越来越多，主要有中国佛教协会、中国道教协会、中国伊斯兰教协会、中国天主教爱国会、中国天主教主教团、中国基督教三自爱国运动委员会和中国基督教协会。

（三）思想政治教育客体的意识结构

1. 思想政治教育客体意识的层次结构

（1）教育客体意识层次结构的心理学分析。

在心理学中，人的意识分为无意识、非自觉意识和自觉意识三个层次。其中，无意识是深层结构，非自觉意识是中层结构，自觉意识是表层结构。

无意识是以原始意象形式存在的，它一方面指原始人类的“集体表象”，另一方面指个体童年时期形成的个体意象。无意识是人类意识的深层动力和依据，人的意向活动和认知活动都以无意识为原始动力，直接影响着人的原始思维逻辑，即是非分析的形式逻辑即综合逻辑，直觉想象和创造性思维就是依据这种逻辑。无意识积聚的原始意象凝结成为原始范畴，它是人类的意识活动的“先验范畴”。康德提出人类的认识结果不是客观的再现，而是由“先验范畴”统合经验材料的产物。在人的思想教育过程中，这种无意识状态下产生的“先验范畴”有着至关重要的作用，我国80后和90后的童年时期是在《奥特曼》等情节简单重复、暴力倾向严重的动漫电视剧陪伴下度过的，在这代人的思想教育过程中，童年时形成的“先验范畴”和经验式思维逻辑一直制约着这代人，导致部分80后和90后的青年思维简单、感情冷漠。

非自觉意识是无意识的合法表现形式，它把无意识中积聚的原始欲望部分地转化为现实的情感意志，把无意识的直觉想象力完全或部分地转化成为现实的直觉想象活动。因此，非自觉意识是自由的意识、创造的意识。但在接受自觉意识引导之前，这种意识又是非理性的。在思想教育过程中有许多现象可以说明这一点。比如，3岁儿童进入超市看到自己喜欢的东西就会毫无顾忌地拿取，看到自己讨厌的东西又会随心所欲地毁坏。这些行为就是在原始欲望转化成的非自觉意识指导下做出的。

自觉意识是非自觉意识的反思形式，是非自觉意识在社会环境的影响和社会公众的认可和选择过程中形成的，具有自觉性。人类从最初的羞耻感、美丑观到现在的道德、纪律、宗教、法律，都是非自觉意识发展成为自觉意识的结果。

在意识结构中，无意识、非自觉意识与自觉意识的关系是辩证的：一方面，非自觉意识是由无意识中突发出来的，自觉意识又是对非自觉意识反思的产物。另一方面，自觉意识又以一定的现实性为依据，抑制着非自觉意识的冲动，以保持人类意识的相对稳定性，使其成为现实性与可能性的统一体。在当前的思想教育过程中，人们忽视了无意识层次和非自觉意识层次思想教育的关注和引导，致使从小学开始的思想教育受到“先验范畴”、“先验情感”和原始逻辑的制约，教育成本大为增加，教育效果大为降低。

（2）教育客体意识层次结构的社会学分析。

一般来说，人们习惯于将意识系统解释为三个层次：哲学层次是第一个层次，也即世界观系统层次，认为意识是物质在人脑中的能动反映，是人脑的机能，这是最高层次；社会科学层次，即各种重要的观念系统层次，如政治观、经济观、人生观、道德观、教育观、审美观、科学观等，这是第二个层次；社会生活层次，即社会现实生活中运用的是非、善恶、美丑等观念，属于第三个层次。总之，思想意识是具有明显层次性的网状结构。思想意识的层次性是客观存在的，它的存在导致了思想政治教育的层次性，思想政治教育工作必须分层次进行，根据教育客体的知识、智力、思想、心理等确定教育内容，防止“一刀切”、“一锅煮”的简单化方法。

2. 思想政治教育客体意识的意识形态结构

马克思主义认为，社会意识形态是与一定社会的经济和政治直接相联系的道德、哲学、艺术、宗教、政治、法律思想等各种社会观念的总和。意识形态的各种形式起源于以生产劳动为基础的社会物质生活，它们相互联系、相互制约，构成意识形态的有机整体，并随着经济基础的变化而变化。意识形态是上层建筑的组成部分，也是一定的社会存在的反映，随社会存在的变化而或迟或早地发生变化。社会意识形态对社会存在有相对独立性，并对社会存在有巨大反作用。

随着改革开放的不断深化，我国的政治、经济、文化和社会都发生了很大的变化，这些社会存在的变化必将导致社会意识形态的变化，思想政治教育的目的就是有计划、有目的地教育和引导思想政治教育客体在思想领域向有利于社会发展前进方向的方面变化。但由于社会存在的先行性和思想政治教育客体的主体性和能动性，思想政治教育必须研究思想政治教育客体的意识形态状况。

（1）道德思想。

30 多年来的改革开放，使我国的社会经济、政治、文化发生了巨大的变化，也使我国的道德结构变得异常复杂。目前，在人们的头脑中既有五六十年代提倡的以雷锋精神为代表的共产主义道德，又有以“诚实劳动、奉献社会，我为人人、人人为我”为内容、以集体主义为核心的社会主义道德；既存在“人不为己，天诛地灭”、“学而优则仕”、官官相护、官本位等封建阶级道德，也存在以拜金主义、利己主义为根本原则的资产阶级道德。这种道德层次的复杂性决定着社会主义核心价值体系建设任务的艰巨性，也向思想政治教育工作提出了巨大的挑战。

（2）哲学思想。

目前，哲学不是所有中国人共同关注的，而只是一部分知识分子和政治精英们讨论的问题，但是这并没有影响所有的中国人都运用哲学，因为马克思主义认为，哲学既是世界观的学说，又是方法论的学说。尽管大多数思想政治教育客体没有精力、没有能力、没有时间研究世界观和辩证法，但所有的人都在运用方法论。就方法论层面而言，中国的哲学结构不容乐观：尽管马克思主义哲学作为官方哲学占据着主流地位，但现实生活中实用主义和功利主义却充斥于社会生活和人们思想的各个方面，如20世纪90年代初，社会上就出现了“笑贫不笑娼，笑贫不笑偷，笑贫不笑贪，笑贫不笑抢”的顺口溜，李宗吾讽刺权术的著作《厚黑学》成为显学，因供不应求而多次增印，到21世纪初，版本达200多个。而儒家哲学也在各大媒体大兴其时，隐然有取代马克思主义成为主流哲学思想的态势。在这种社会哲学架构下，思想政治教育要想巩固马克思主义哲学的地位，重新用马克思主义哲学武装人们的头脑，其难度可想而知。

（3）艺术思想。

艺术是用形象来反映现实但比现实有典型性的社会意识形态，包括文学、绘画、雕塑、建筑、音乐、舞蹈、戏剧、电影、曲艺、工艺等。而广义的艺术还应当包括艺术传播形式，如广播、电视、报纸、杂志、因特网，等等。就目前我国的艺术思想结构而言可以说是一个乱极而治的转折时期。自20世纪90年代开始我国的艺术思想开始出现乱象：戏剧、电影不再反映现实，转而乱搞历史；电视不再教育儿童，小孩因受《奥特曼》《灌篮高手》《蜡笔小新》《樱桃小丸子》，再加上《猫和老鼠》的影响，思维僵化、色情暴力、混淆是非，大人是受上百集的韩流袭击；至于网络更是成了网游、网恋、色情、诈骗的大染缸；与此相呼应，文学、绘画、雕塑等也开始大搞眼球经济和美女效应。文艺思想结构的混乱导致黄、赌、毒、黑等丑恶现象死灰复燃。幸运的是，党的领导集体已经意识到这一问题的严重性，自2003年开始，反映社会生活和主流意识的文艺作品开始出现，《延安颂》《乡村爱情》《亮剑》《士兵突击》《恰同学少年》相继推出并受到各个层次特别是青少年和大学生的喜爱，终于改变了颓废文化占主流的文艺思想结构。但目前，人们的艺术思想结构仍然极其复杂，思想政治教育在文艺思想方面仍然任重道远。

（4）宗教思想。

据国务院新闻办公室1997年10月16日对我国的宗教现状做出的说明透露，“中国现有各种宗教信徒1亿多人，宗教活动场所约8.5万余处，宗教教职人员约30万人，宗教团体3000多个”。

从这一官方文件中可以看出：第一，我国宗教结构复杂，有佛教、道教、伊斯兰教、天主教、基督教新教等几大教派。第二，教民众多，各种宗教信徒1亿多人。第三，政府扶持，增长迅速，“80年代以来，中国基督教每年恢复、新建教堂约600所；到1996年底，累计印刷发行《圣经》1800多万册，并受到多种免税优惠”①。第四，自由、平等，不受限制。

实际上，我国的宗教状况远比国务院新闻办公室的分析复杂得多，因为许多少数民族都有自己的原始宗教，如西南少数民族信仰的种类繁多的原始宗教、东北少数民族信仰的萨满教、西北俄罗斯民族信仰的东正教等。除了这些正常的宗教以外，从90年代开始还出现了“法轮功”等邪教组织，封建迷信再次盛行。至今，在中国城市街头的不少地方，人们能够看到神汉、卦师，身穿“道袍”或“袈

① 国务院新闻办公室：《中国的宗教信仰自由状况》（http：//www.people.com.cn/GB/channel1/10/20000910/226202.html）。

裟”，手持罗盘卦书，大模大样地公开看相、看风水，许多城市还有“算卦街”与“占卜巷”一类的市场，连北大、清华都有算命的卦摊，互联网上就更不乏西方的星相、中国的占卜及风水、解梦、测字等神仙大师，甚至有些领导干部的办公楼和办公室都要看风水。当前宗教结构和信仰的混乱凸显出在社会转型期的中国．社会上的现象使很多人心理不平衡，从而导致信仰危机和功利主义的泛滥，这一现状已经严重影响到党的执政基础，成为思想政治教育的当务之急。

（5）政治思想。

所谓的政治思想，就是社会成员在政治思考中所形成的观点、想法和见解的总称，它是人们对社会生活中各种政治活动、政治现象以及隐藏在其后的各种政治关系及其矛盾运动规律和系统的反映，是政治文化的一种表现形态。

目前，我国政治思想结构的主要特点就是政治思想的多元化。马克思主义认为，经济基础决定上层建筑，由于我国处于社会主义初级阶段，以公有制为主体、多种经济成分并存是我国现阶段的经济结构。在这种所有制结构下，一些非公有制经济成分成了社会主义市场的重要组成部分，经济成分的多元化导致人们的思想也出现了多元化趋势，如只注重物质利益的拜金主义，只注重自我的个人主义，以及西方资产阶级自由化思潮等。

同时，我国正处于社会转型期，现阶段的政治思想建设是在历史遗留的封建政治意识和现代西方资本主义政治意识的夹缝中进行的，不仅封建宗法思想、等级观念和特权思想不同程度地影响着人们的政治信仰，而且资产阶级民主自由观、个人主义、享乐主义也影响着人们的政治观念。即使在对待马克思主义的态度上，也存在两种错误态度：一是用教条主义态度对待马克思主义；二是否定马克思主义在社会主义民主政治建设中的主导地位，企图搬用西方的价值观念，使我国民主政治制度建设偏离马克思主义轨道。

（6）法律意识。

法律意识是人们关于法律现象的思想、观点、知识和心理的总称，它是一种社会意识。人们是否拥有现代化法律意识对于依法治国关系重大。没有民众对法律的普遍遵守和共同信仰，缺乏与现代化法制体系相适应的法律意识，法治将会成为一纸空谈。

由于我国经历了长达两千多年的人治社会，人民的法律意识比较淡薄，再加上司法腐败导致的法律信任降低等因素的影响，我国人民的法律意识目前离现代化的要求还相差甚远，当前的法律意识结构还存在以下问题：第一，法律意识淡薄。这表现在两个方面：一方面民事纠纷的诉讼率比较低；另一方面法律判决的执行率低。第二，法律意识偏差。目前，仍然有少数官员和司法工作者有权大于法、钱大于法、情大于法的思想，导致官员和司法工作者的徇私枉法；同时，许多民众还有法律徇私心理，诉讼前首先想到的不是得到法律的公正判决，而是运用权、钱、情打赢官司，谋取私利助长了司法腐败，损害了法律的威严。第三，法律意识发展不平衡性。东西部之间、城乡之间、不同职业之间、不同学历者之间的法律意识水平存在着较大差距。历史传统和社会经济文化发展水平的差异使得当代中国不同区域、不同阶层的客体法律意识、法律认知、行为趋向等存在较大差异。第四，法律意识发展滞后。虽然目前我国人民法律意识有了很大提高，但就整体而言，与现代市场经济发展和依法治国所要求的法律文化还不相适应，以致阻碍了依法治国的进程。如法律至上、法律权威的观念在当代中国还没有完全确立，人们缺乏尚法精神，崇拜权力，漠视法律的现象依然存在。

第二节　思想政治教育客体转化的实践意义

一　思想政治教育客体转化的政治意义

思想政治教育客体转化的政治意义在于通过客体的转化使思想政治教育客体具备特定的思想政治素质，造就合格的政治人才，从而推动社会政治的改革发展。思想政治教育客体转化的内容涵盖政治意识、政治行为、政治关系等方面，通过客体政治修养的提高来促进执政者提高执政能力，促进社会政治文明的发展。具体来讲，思想政治教育客体转化的政治意义表现为以下几方面。

第一，确立正确的政治思想，规范人们的政治行为。思想是行动的先导，政治行动需要相应的思想观念支配。通过思想政治教育客体的转化，使思想政治客体具备符合社会主义民主政治建设需要的政治思想、政治信仰、政治观念和参政意识，有助于培养人们坚定正确的政治方向，提高人们的政治判断力、鉴别力和选择力，提高人们的政治参与意识，形成较高的政治素养，从而更好地参与政治生活，形成文明、和谐的政治关系。

第二，健全法律意识，促进依法治国。依法治国的基本要求是“有法可依，有法必依，执法必严，违法必究”。其前提条件是全体社会成员知法、守法。由于目前我国公民的法律意识还不够健全，知法犯法、徇私枉法的现象还时有发生，导致“有法不依，执法不严，违法不究”的问题仍然存在，依法治国的进程受到阻碍。为此，必须通过思想政治教育，转变我国公民的法律意识现状，健全法律意识，促进司法公正，维护法律尊严，促进依法治国、依法行政的发展。

第三，提高民主意识，加强民主监督。民主是在国家内部，按照平等和少数服从多数原则来共同管理国家事务的国家制度。由于我国经历了几千年的封建专制统治，人民的民主意识和参政议政意识普遍较低，为此，通过思想政治教育客体的转变，提高公民的民主意识和参与意识可以增强公民对国家公务人员管理行为的监督，加快社会主义民主建设的进程。

第四，构建主流意识形态，引导社会精神生产。马克思、恩格斯曾经指出，“统治阶级的思想在每一时代都是占统治地位的思想”①。统治阶级要使自己的思想成为占统治地位的思想，就必须加强对社会成员的思想政治教育，努力使社会成员的思想意识与这一社会的主流意识形态相一致，并由此引导和调节社会的精神生产。和社会的物质生产一样，社会的精神生产也是构成社会生产的一个重要组成部分。从根本上说，精神生产服从并服务于社会物质生产。在整个精神生产

① 《马克思恩格斯选集》第 1 卷，人民出版社 1995 年版，第 98 页。

领域中，政治、法律、思想、道德、艺术、宗教和哲学等社会意识形态，即思想上层建筑起着指导和决定作用。而无产阶级政党就是通过思想政治教育从而转变思想教育客体的个人意识，使思想教育客体的个人意识与我们社会占主导地位的马克思主义意识形态相一致，以此统一人们的思想，整合社会的精神生产要素，从而实现对精神生产的导向和调节。具体来讲，就是要通过思想政治教育客体的思想转变，实现“以科学的理论武装人，以正确的舆论引导人，以高尚的精神塑造人，以优秀的作品鼓舞人”的目标，支持和倡导先进而健康的精神生产和精神产品，改正错误的思想观点，消除不健康的精神生产和精神产品，促进政治文明的发展和进步。

二　思想政治教育客体转化的经济意义

毛泽东曾经指出，思想政治工作是经济工作和其他一切工作的生命线。之所以这么说，是因为人是生产力中最关键的因素，通过思想政治教育工作，促成了教育客体思想的转变，调动起人们的积极性、主动性；帮助人们掌握经济活动的行为规范，形成理性的经济行为；为经济建设营造良好的环境。思想政治教育客体转化的经济意义主要表现为以下几方面。

（一）保证经济建设发展的社会主义性质和方向

从社会的发展历史来看，任何一个社会的统治阶级，都会以自己的思想体系影响社会生产，引导经济发展的方向。当前我国的社会主义现代化建设，只能是社会主义现代化，思想政治教育客体转变的经济意义首先就表现在它能够确保我国现代化建设的社会主义方向。毛泽东曾经指出：“只要我们的思想工作和政治工作稍微一放松，经济工作和技术工作就一定会走到邪路上去。”①

可见，能否通过思想政治教育客体转变使科学发展观成为干部群众经济发展的指导思想，是关系到经济工作走什么路、坚持什么方向、为谁发展的一个原则性问题。严峻的事实一再告诉我们：堡垒是

① 《毛泽东著作选读》下册，人民出版社1986年版，第803页。

最容易从内部攻破的。物腐然后虫生，心变然后人变。在西方腐朽思想文化通过网络等现代技术手段到处渗透的今天，简单的回避和隔离已无济于当前的文化保护。当前思想政治工作的一项紧迫任务是，通过思想政治教育改变人们的思想，加强理想信念教育，帮助人们牢固树立建设中国特色社会主义的共同理想，提高人们的社会主义觉悟，提高人们贯彻执行党的路线、方针、政策的自觉性，引导我们的广大干部和群众在头脑中筑起拒腐防变的思想长城，有效地确保我国经济建设始终沿着社会主义方向前进。

（二）推动社会生产力的发展

任何工作都是人去做的，都要靠发挥人的积极性和创造性来完成。即使在科学技术快速发展的现代社会，人仍然是最终起决定作用的因素。生产力是人们认识自然和改造自然的能力，是人类协调和改造自然使其适应社会需要的客观物质力量。构成生产力的基本要素有两个方面，即物的要素和人的要素。物的要素主要是指劳动对象和以生产工具为主干的劳动资料，人的要素则是指具有一定知识、劳动技能和生产经验的劳动者，即运用劳动资料作用于劳动对象的有一定劳动能力的人，两者在物质生产过程中是结合在一起共同起作用的。在一般情况下，物的因素是生产力的基础因素，但它只有被人所掌握，只有和劳动者结合起来，才能形成现实的物质生产力，因而人的因素是生产力中起主导作用的因素，是推动物质生产力发展的决定性因素。

人的因素包括两个基本方面：一是人的科学文化素养和劳动技能，主要是指劳动者对生产、技术等规律的认识和掌握程度以及劳动者的各种业务能力，也就是劳动者的智力因素，它直接作用于生产资料；二是人的思想道德素养和劳动积极性，主要是指人的思想觉悟、劳动态度、事业心和责任心等，也就是人的非智力因素，它通过智力因素间接作用于生产资料。这两个因素相互影响，相辅相成，密不可分。人的科学文化素养和劳动技能是生产力发展的必要条件，也是提高人们思想道德素质和劳动积极性的重要智力条件。而人的思想道德素质和劳动积极性也是生产力发展的重要条件，是促进生产力发展和提高人的科学文化素养、劳动技能的精神动力。劳动者仅有良好的思想道德素质和较高的劳动积极性，而没有一定的科学文化素养和劳动技能，生产力是难以提高的；同样，劳动者仅有较高的科学文化素养和劳动技能，而没有良好的思想道德素质，缺乏劳动积极性和责任感，那么他的科学文化知识和劳动技能也难以得到充分的发挥和运用，生产力水平也难以提高，他甚至可能以科技知识去干危害人们利益和社会进步的事情，会损害生产力的发展。毛泽东曾指出，“人是要有一点精神的”。[①] 邓小平也说：“人的因素重要，不是指普通的人，而是指认识到人民自己的利益并为之而奋斗的有坚定信念的人。”他认为：“对马克思主义的信仰，是中国革命胜利的一种精神动力。”“光靠物质条件，我们的革命和建设都不可能胜利。过去我们党无论怎样弱小，无论遇到什么困难，一直有强大的战斗力，因为我们有马克思主义和共产主义的信念。有了共同的理想，也就有了铁的纪律。无论过去、现在和将来，这都是我们的真正优势。”[②]邓小平还将培养“有理想、有道德、有文化、有纪律”的“四有”新人确立为社会主义精神文明建设的根本目标，并且强调“四有”中有理想、有纪律最为重要。

由此可见，人的思想道德素质在生产力发展中起着非常重要的作用。而思想政治教育客体转变的目的就是提高劳动者思想道德素质，就是调动人们工作积极性和主动性，从而促进生产力更快的发展。由此可得出结论，思想政治教育客体的转变是促进生产力发展的精神动力。生产力发展实践也一再表明，人们经由思想政治教育和社会实践具备良好的思想道德素质和较高的工作积极性和主动性，他们就会积极学习科学文化知识，就会自觉地提高劳动技能，就会努力改进生产工具，革新工艺，采用新技术，就会不断地变革劳动组织，创造性地进行生产管理，从而大大促进生产力的发展。可见，思想政治教育客体的转变虽然没有直接创造物质财富，但它通过提高劳动者的素质间

---

① 《毛泽东文集》第7卷，人民出版社1999年版，第162页。

② 《邓小平文选》第3卷，人民出版社1996年版，第144页。

接创造物质财富，是推动社会生产力发展不可缺少的精神动力。

（三）营造经济建设发展的和谐社会环境

物质资料的生产是人类社会生存的基础，一部人类历史就是生产发展的历史。马克思说："为要从事生产，人们便发展一定的联系和关系；只有经过这些社会的联系和关系，才会有他们对自然界的关系，才会有生产。"① 为了维系人们之间的这种联系和关系，并使之处于和谐的状态，除了依靠政治和法律等强制的手段以外，还需要依靠思想道德的规范和调节。通过思想政治教育客体的转化，可以化解矛盾，协调关系，理顺情绪，保持人与人、人与社会之间正常的稳定的联系和关系，维护个人的心理平衡，就可为经济建设营造一个较好的社会环境，促进经济建设更好更快地发展。

三　思想政治教育客体转化的文化意义

思想政治教育作为社会意识形态的组成部分，包含于文化之中，是社会文化的一个结构单位。思想政治教育的文化功能指的是它对社会文化结构及其各组成部分的影响。从文化的运行过程来看，思想政治教育的文化功能包括文化传播功能、文化选择功能、文化创造功能等。

（一）思想政治教育的文化传播功能

思想政治教育是指社会或社会集团用一定的思想观念、政治观点、道德规范对其成员施加有目的、有计划、有组织的影响，使他们形成符合一定社会或一定阶级所需要的思想品德的社会实践活动。所谓"思想观念、政治观点、道德规范"，都属于文化的范畴，是一种特殊形式的文化，即政治文化和伦理文化。从某种意义上讲，思想政治教育就是政治文化、伦理文化的传播过程，其目的是要实现个体的政治、道德社会化。在这个过程中，同时存在着两个方面的活动：一方面是社会通过思想政治教育等形式传播思想政治信息和主导意识形态，促使人们接受主流文化的价值观，形成符合社会要求的行为模

① 《马克思恩格斯文选》第1卷，人民出版社1958年版，第67页。

式；另一方面是个体通过学习、模仿、社会实践等形式获得思想道德知识，形成一定的政治态度、政治信仰和政治情感。这两种活动在思想政治教育的过程中相互联系、相互作用，辩证地统一在一起。可见，思想政治教育传播政治伦理文化的过程，不是过去那种“我说你听，我打你通”的单向灌注过程，而是一种同为信宿、同为信源的双向信息交流和情感互动过程。

需要指出的是，思想政治教育传播文化的过程，也是社会文化得以保存和活化的过程。如果没有思想政治教育的传播，政治文化、伦理文化就只能表现为储存形态的文化，即依附于物品、文字等载体的形式，而不能被人们掌握和利用，难以在人们的政治生活和道德生活中发挥作用。只有通过思想政治教育，才能使储存形态的政治伦理文化转变为现实活跃形态的政治伦理文化，并直接转移到人这个载体上。也就是说，只有通过思想政治教育，才能使特定的政治伦理文化与人的观念、智慧、意志、情感建立起联系，使社会规范成为人们维持良好生活秩序的准则，使健康的审美情趣和民族风俗成为丰富人们生活的内容和方式，使政治文化显现出参与社会生产和社会生活的巨大力量。

（二）思想政治教育的文化选择功能

思想政治教育对文化的传播，并不是对现有文化的原本照搬，而是一种选择的过程，它包含了对文化的撷取与吸收、排斥与舍弃。通过这种选择，在历史、当代、未来间建立起发展的链条，在东方文化与西方文化间建立起一座交流的桥梁，并据此去发展文化，推动历史进步。思想政治教育选择文化的功能主要是通过批判地吸收文化这一方式完成的。具体地说，就是思想政治教育根据一定社会的需要和思想政治教育的目的对传统文化与外域文化进行批判的吸取，使其符合我国社会发展的要求，符合我国文化发展的需要。要发挥思想政治教育的文化选择功能，首先，思想政治教育者必须树立正确的文化观，提高文化选择的自觉性；其次，要加强对中华民族传统文化的价值吸收和批判改造，加强对西方文化的合理借鉴和批判改造，即要积极主动及时地对各种文化进行科学分析、鉴别、筛选、利用；最后，要加强对人们进行文化选择的引导，让人们学会在文化交流和冲突中正确进行文化选择和合理吸收。

（三）思想政治教育的文化创造功能

自20世纪50年代以来，科学技术飞速发展，世界范围的文化交流日益加强，各民族文化的联系愈益紧密，竞争也越来越激烈。要提高我们民族文化的竞争力，使民族文化与时俱进，始终走在世界文化发展的前列，就必须培养一大批具有文化创新能力的人才，而这正是当代思想政治教育的重要责任。思想政治教育的文化创造功能主要就是通过培养具有创造精神和创造能力的人才来实现的。同时，思想政治教育在传播政治文化、伦理文化的过程中，不是一个机械的"传声筒"，而是不断地对其进行整理、组合，并以最恰当的方式进行传递，这一过程实际上也是文化的创造过程。由此可见，思想政治教育的文化创造功能是客观存在的。在文化竞争日益激烈的今天，思想政治教育一定要高度重视创新型人才的培养，并创造性地传播政治文化和伦理文化，以充分发挥其文化创造功能。

将思想政治教育的功能分为个体性功能和社会性功能两个方面进行分析，在理论上讲是完全必要的。但在实际上，这两方面的功能是紧密联系在一起的。个体性功能的实现不能脱离社会性功能去空谈，社会性功能也需要个体性功能为其实现的中介。我们应该使这两种功能有机地统一起来，从而最大限度地发挥思想政治教育的功能。

四 思想政治教育客体转化的社会意义

胡锦涛曾指出，我们所要建设的社会主义和谐社会，应该是民主法治、公平正义、诚信友爱、充满活力、安定有序、人与自然和谐相处的社会。这必然要求我国的思想政治教育要关注社会和个人的共同发展，关注生活，关注环境。当前，人们的思想观念、道德意识、价值取向越来越趋向多元化，社会利益两极分化也日趋严重，社会矛盾越来越复杂。这就需要用新的思想体系和价值理念武装人们的头脑，调节人们的关系，引导人们的行为。于是，社会主义核心价值体系应运而生。

古人云："论先后，知为先。"正确的价值体系只有被人民群众普遍接受、理解和掌握并转化为社会群体意识，才能为人们所自觉遵守和奉行。社会主义核心价值体系只有通过思想政治教育客体的转化才能深入人心，成为人们行动的指南，才能发挥道德体系对社会的调节和指导功能。

第一，调节心理状态，创造和谐心理。从心理学的角度来说，人是自然、社会和心理三者活动的统一体，人的任何一种活动都伴随有心理现象，人的很多思想问题，也都和心理因素紧密相连。因此，对人们进行心理调适，是使包括经济活动在内的各种活动顺利进行、解决人们的思想问题、促进人的发展的必要手段。思想政治教育要善于运用心理调适的方法解决人们的思想问题，增进人们的心理健康，从而为经济建设创造良好的心理环境。

第二，调整人际关系，营造和谐环境。在现实生活中，由于人们的社会地位、实践经验、知识水平、认识能力、个性特点等方面的差异，人与人之间的关系在很多时候必然会出现矛盾乃至冲突。一般而言，这些矛盾大都属于人民内部矛盾，但处理不好，也可能激化，因而必须对其进行协调。思想政治教育就是协调人际关系的重要手段。在对人们进行教育的过程中，对人际关系进行协调，正确处理人际间的矛盾，是思想政治教育的题中应有之义。在社会环境复杂、社会矛盾较为突出的今天，思想政治教育要充分发挥协调人际关系的功能，帮助人们化解矛盾，缓解人际冲突，着力建立团结、互助、友爱、平等的和谐人际关系，从而为经济建设营造一个良好的人际关系环境。

第三，调控心理情绪，化解社会矛盾。人们在现实生活中遇到矛盾和困难，情绪就会发生变化，甚至出现不满、怨恨和愤慨等负面情绪。这种负面情绪如果得不到缓解，不能及时予以消除，就可能造成矛盾激化，给经济建设带来障碍，给社会带来危害。因此，就必须及时对人们的情绪进行调节，而思想政治教育正是调节人们情绪的重要途径。通过思想政治教育，可以帮助人们化解矛盾、稳定情绪，疏通思想、宣泄情绪，创造条件，转移情绪，重新确立目标、升华情绪，从而使人们的情绪得到及时有效的调适，获得新的平衡。这样就能大大减少社会的不安定因素，使人们以饱满的热情投入到社会主义现代化建设中。

第四，调节利益分配，实现多方共赢。利益关系是人类社会生活中的一种基本关系，它表现了人类社会生活中本质的一面，对社会生活起着重要的作用。因此，统治阶级十分注重对人们的利益关系进行调节。在社会的激烈变化中，两个利益根本对立的阶级或集团，通过暴力斗争的手段等，形成新的利益关系，这种调节方式属革命性变革和宏观调节。思想政治教育的利益调节是一种微观调节，它主要是指对由于一些具体的、特殊的原因造成的个人或群体之间的利益矛盾的调节。这种调节一般是在宏观调节相对稳定的情况下进行的，而且是非对抗性的。其主要做法是关心人民群众的疾苦，对于社会弱者和遭遇特殊困难的人，要给予特殊照顾，或动员社会捐助，或给予司法援助，多为群众办实事，尽量满足他们对物质利益的合理需要。同时教育人们树立正确的物质利益观念，正确处理国家、集体、个人三者之间的利益关系，引导人们通过正当手段即通过诚实劳动、合法经营、科技致富等途径获得物质利益。思想政治教育通过思想政治教育客体的转化提高人们的思想觉悟，化解各种利益矛盾，使人们形成一种公正、合理、和谐的利益关系，从而把人们的思想和情绪调整到有利于社会和谐和社会发展上来，最大限度地发挥他们的积极性和创造性，为和谐社会的建设营造出健康稳定的社会环境。

第三节 思想政治教育客体特性分析

一 思想政治教育客体个体特性

思想政治教育客体是在思想政治教育过程中接受教育和影响的人。而作为个体的人的最主要的特性就是人是理性与非理性的统一体，理性因素与非理性因素在人的精神活动中是辩证统一的。

（一）思想政治教育客体的理性特征

所谓理性，就是基于感性，通过思考而升华的一种抽象的认知，分为科学理性和哲学理性，前者是已经确认的结论，后者则是基于前者的预见。理性包括了思维本身的结论，也包括了以此为动机的行为判断。

理性因素则是指人的理性认知、理性思维等能力，它包括各种知识、观点、原理、方法等，追求的是最佳和优化，以获得真理性认识成果。它在认识活动中的作用主要有以下几点：第一，指导作用。人的认识活动是有目的地探求真理的活动，无论是认识客体的选择、认识工具的使用，还是认识结果的总结和概括，都离不开理性因素的指导。第二，解释作用。借助科学理论，可以对纷繁复杂、瞬息万变的现象作出系统的说明。第三，预见作用。以科学理论为依据的科学预见比起以日常经验为基础的经验推测，具有更大的可靠性。

理性特征对思想政治教育客体的影响主要表现在以下几个方面：

第一，教育客体对教育内容和教育形式有选择性。教育客体在教育过程中往往会依据自己的知识、经验和喜好选择教育内容、教育形式。“大凡受教育者对外界输入的信息都要进行苛刻地挑剔，然后选择的。这种选择有内容的选择，也有对形式的选择。”① 教育客体，尤其是年青人，他们往往看重自我，他们所喜欢的思维方式是内心审度。当教育的内容或形式与其已有的价值观念相对或相反时，他们往往回避或抵制；当受教育者认为这种教育同自己的已有价值观念相同或相近，他们就会表现出一定的兴趣，产生共鸣，思想逐渐地向教育的内容靠拢。教育客体对教育内容和教育形式的选择不只是理性因素决定，还受非理性因素的影响。

第二，教育客体对教育内容具有改造性。由于教育客体是各不相同的且具有自己的主观思想和情感的个体，因此，教育客体在接受思想政治教育内容时，不是机械的接受和复制，而是根据自己的知识和经验进行分析、判断、归类、推理和再造。在客体对教育内容的再造上，由于人们的个体经历、思想观念等的不同，所以对同一教育内容的改造结果也各有不同；由于人们的年龄、经历的变化，人们的知识

---

① 王黎静：《关于思想政治教育客体的再认识》，《佳木斯大学社会科学学报》2001年第3期。

经验是不断地发展的，所以同一客体对同一教育内容的改造结果在不同时期也不同；由于同一客体在不同环境场合的心绪、感受等非理性因素不同，所以同一客体对同一信息在不同环境、不同场合的再创造也不同。

第三，教育客体对教育内容的利用和输出具有控制性。教育客体对教育内容的利用是指教育客体将教育内容内化为自己的思想意识的过程和把自己的思想意识通过一定的方式表现和传播的过程，其中表现和传播的过程又可看作教育内容的输出行为。在这一过程中，教育内容在教育客体的头脑中被不停地排列组合，不断地与教育客体的已有观念发生融合或冲突，最后融入教育客体的原有意识。在教育内容的输出过程中，教育内容会在与外界信息冲突碰撞、交流的过程中重新调整、更新和组合使之变得更有序、更合理，更有利于教育客体的自我意识。教育客体对教育内容的控制状况取决于教育客体的思想水平、文化修养，也受教育客体的年龄、身份、性格、情感等因素的影响。

在思想政治教育中，思想政治教育客体的理性特征的影响是多方面的。积极的一面是当教育内容、教育主体和教育形式与教育客体的先验知识相一致时，它可以加速教育客体对教育内容的吸收和消化，对思想政治教育起促进作用；消极的一面是当教育内容、教育主体和教育形式与教育客体的先验知识相矛盾时，它将延缓或阻止教育客体对教育内容的接受，对思想政治教育起抑制作用。

（二）思想政治教育客体的非理性特征

非理性，作为不受人的目的和意识所支配的一切精神属性和精神活动，是一种没有自觉意识到的意识，包括兴趣、情感、意志和欲望等。人的兴趣、情绪、情感、意志、欲望、信念、动机以及直觉、顿悟、灵感、幻想等与科学知识没有直接联系的因素，被称为非理性因素，人们追求的是满意，达到的是欲望的满足和动机的实现。

马克思主义哲学承认非理性因素的存在和作用，认为人类活动的特点就在于不仅“懂得按着任何一个种的尺度来进行生产，并且懂得怎么处处都把内在的尺度运用到对象上去，因此，人也按照美的规律来建造”[①]。在主体的认识和实践活动中，主体的兴趣、直觉、灵感、信念、无意识、情感和意志等非理性因素都起着至关重要的作用，它们作为一种不自觉的认识能力心理形式，作为渗透到主体认识和实践活动中的一种精神力量，对主体认识活动的发生与停止、对主体认识能力的发挥与抑制起着重要的控制和调节作用。

非理性特征对思想政治教育客体的影响主要表现在：

第一，对教育内容的选择作用。现代心理学表明：“人对客观事物采取怎样的态度，要以某物是否满足人的需要为中介。”[②] 可见，需要和目的是认识具有选择性和指向性的基本依据，而构成认识客体选择性和指向性的直接契机往往是出自于主体的某种非理性因素，如兴趣、情感、想象等，其中兴趣对教育客体的选择活动起着引导与定向作用，强烈的好奇心和浓厚的兴趣，会使人产生种种想象和幻想，而想象和幻想是科学创造中的极可贵的品质，情感则对教育客体的认识与实践活动起着支持作用，影响主体活动的指向与积极性。

第二，对认识过程的动力作用。实践是认识发展的动力，而实践对认识发生作用，还得通过情感、意志这些非理性因素。马克思指出：“人是一个有激情的存在物，激情和热情是人强烈追求自己对象的本质力量。”[③] 恩格斯指出：“对个别人来说，他的行动和一切动力，都一定要通过他的头脑，一定要转变为他的愿望的动机，才能使他行动起来。”[④] 列宁也同样指出：“没有‘人的情感’就从来没有也不可能有人对真理的追求。”[⑤] 从经典作家的论述可以看出，社会实践对人的认识活动的推动作用必然表现为个人内部理性因素的驱动方式，并通过这种方式而得以实现。这就明确地说明教育客体的认识是通过非理性认识的推动而实现的。积极的情感、情绪给认识活动注

① 马克思：《1844 年经济学—哲学手稿》，刘丕坤译，人民出版社 1979 年版，第 79 页。

② 曹日昌主编：《普通心理学》，人民教育出版社 1980 年版，第 41—42 页。

③ 《马克思恩格斯全集》第 42 卷，人民出版社 1965 年版，第 169 页。

④ 同上书，第 345 页。

⑤ 同上书，第 255 页。

入活力，对认识的发展是一种推动力量，意志对人的认识的进行也是一种重要的支撑力量和推动力量。

第三，对教育客体创造性思维的诱发作用。创造性思维作为人类认识活动的一种特殊形式，具有新颖性和探索性的特点，需要有突发的灵感、饱满的激情作为内在的动力源泉。灵感和激情往往发生在强烈刺激活动和突如其来的变化之后，灵感可以使教育客体在瞬间达到对事物本质的把握，激情使人的活动高度激昂，使大脑各部位在极短的时间内提高教育客体的活动效率，使人产生灵感，从而进入一种直觉或顿悟状态，使疑难问题奇迹般地得到解决。

我们在肯定非理性因素积极作用的同时，也必须要克服和防止其消极作用。因为当非理性因素完全脱离理性的约束和指导时，其作用往往是消极的。直觉、灵感等若不以长期的理性思考为基础，则只能是异想天开或根本产生不了什么积极结果。至于兴趣、爱好、情绪等非理性因素，若离开理性因素的约束和指导，其消极作用更为明显。兴趣狭窄或者泛而不专或者变化无常、低级、粗俗都很难使人在事业上有所建树。情感在主体活动中的消极作用是由情感影响的双重性决定的，即情感可以成为人们行动的动力，也可以削弱人的活力。消极的情感会使人精神不振，缺乏自信。不良的情绪会造成认识和实践主体的冲动或压抑，从而影响认识和实践活动的顺利进行。

（三）理性因素与非理性因素的关系及其影响

人的本质是理性和非理性的某种混合物。生命活动中只有以理性或者以非理性为主的活动，没有纯粹理性或者非理性的活动。在大多数时候，人是理性的，人的理性力量能够控制、战胜非理性的本能、意志、欲望。理性在人的精神属性中处于主导和决定地位，理性指导和支配非理性，它规定着人的精神本质。没有理性，人就将不成其为人，而没有非理性人就会变成僵化、机械的生命体，一个毫无情感，对任何事物都无动于衷的意志薄弱者，是不会有明确的认识目的，更谈不上对事物本质的规律的揭示。可以说，知识、情感、意志在人类认识中相互作用、相互渗透、相互影响，非理性因素中渗透着理性的成分。因此，无论是认识对象的选择，还是认识过程中某环节的调节控制，都离不开非理性因素的参与。

过去由于思想教育过于强调人的理性因素，偏重以“理”服人，忽视以“情”动人，致使思想政治教育工作效果不佳。事实上，人的欲望、情绪、情感、意志、激情、直觉、灵感、集体无意识等非理性因素，在思想政治教育过程中有着理性因素所不能替代的作用。随着科学发展观的提出和运用，以人为本成为各个领域研究和发展的指导思想，以改造人的心理状态和思想境界为目标的思想政治教育就更有必要把以人为本作为一切工作的指导思想。坚持以人为本，就必须研究人的个体特性，既要高度重视教育对象的理性世界，又要高度重视他们的非理性世界，要善于运用人的非理性因素去开展思想工作、教育工作和其他方面的工作，坚持二者的辩证统一，进而在坚持理性与非理性的良性互动中不断拓宽思想政治教育的深度和广度。

二 思想政治教育客体的系统特性

目前，我国作为系统存在的思想政治教育客体很多，在本章中只分析比较典型、对思想政治教育影响比较大、可以作为重点分析对象、有较大研究价值的几个。

（一）农村

1. 农村的特点

农村是以从事农业生产为主的人口聚居的地方，是我国行政管理的最小细胞。目前，我国的农村有以下特点：

第一，农业是最基本的经济活动。这里的农业包括农、林、牧、副、渔各个方面。

第二，具有独特的乡土文化。尊老爱幼、守望相助、勤俭朴素、诚实守信、热爱家乡等文化品质是与农业生产的特点和聚族而居的乡村生活方式相适应的优秀文化传统。

第三，依存于自然生态环境。土地、河流、阳光、森林等良好的生态环境不仅是农民的生活环境，而且是农民的生存条件，是农业生产的基础。

第四，是独立的组织系统。每个村庄都有自己的地域、成员、组织管理机构。

第五，是国家行政管理的最后一环。行政村是我国行政管理的最小细胞，尽管我国已经实行了村民自治制度，但农村和乡镇机关仍然是行政管理中的上下级关系。

第六，具有熟人社会的特点。中国农村具有乡土性与熟人社会特点。熟人社会的行为规则是长期形成的习俗，在习俗的规范下人们彼此信任。血缘是乡土社会最重要的社会关系，血缘群体帮助村民们克服小农经济带来的软弱性、孤立性，帮助人们抵御天灾人祸。①

第七，拥有优秀的生态系统。农业生产的属性决定着农业生态系统保持着生态系统服务功能。农业生态系统一方面满足了人们对粮食、水果等物质产品的追求，另一方面也满足了人们对自然环境的需求。

2. 农村发展存在的问题

改革开放首先是从农村开始的，因此，在改革开放初期，农村的经济收入、组织机构、生活条件都发生了很大的变化。但是，由于农村变革是利用人的自私心理作为调动农民积极性的手段，是以家庭取代生产队作为最小经济组织，因此，农村又重新出现了自然经济的许多特点，出现了与现代社会发展不相适应的诸多因素。

第一，农村管理机构软弱无力，管理虚位。生产责任制特别是大包干的推行，导致农民的独立性、自主性大大增强，对村级组织的依赖程度也相应降低，致使农村基层管理组织极度弱化，有的村干部十几年没开过一次群众大会，村委会唯一的工作就是计划生育，其他事一概不问，使得农村行政软弱无力。党在农村的各项政策措施不能及时有效地传达到每家每户，国家政策也难以执行，严重阻碍着新农村的建设和各项事业的发展。

第二，文化建设落后。一是政府对农村文化建设投入明显不足甚至是零投入。有关资料显示，2005 年全国财政直接对为 7.45 亿农民提供文化服务的乡镇文化站投入的经费只有 9.4 亿元，每个农民一年

① 费孝通：《乡土中国》，人民出版社 2015 年版，第 45—50 页。

仅能享受1.27元的文化投入。二是建设观念落后。有些村干部和乡镇领导认为“搞经济是挣钱，办文化是花钱”，很少有人认真地去抓文化建设的事。三是公共文化基础设施落后。许多县图书馆、文化馆、乡镇文化站由于面积狭小，年久失修，设施陈旧落后，活动器材和设备奇缺，无法开展相应的文化活动。四是为基层群众服务的公共文化机构运转存在较大困难。许多县级图书馆购书费得不到保障，全国有700多个县级图书馆无购书经费，占公共图书馆总数的1/4。五是文化产品、文化服务供给不足，为基层提供的公共文化资源总量偏少、质量不高。农村文化建设的滞后，已经影响了新农村建设深入进行，影响了全面建设小康社会的进程，必须予以重视，认真加以解决。①

第三，部分农村诚信缺失，伦理道德失范，法制观念淡薄，社会治安形势严峻。市场经济中，在追逐利润的驱动下，有些人为了获得利益而不择手段，是非善恶、美丑观念模糊：拜金主义滋长，见利忘义，不讲信用。这样不仅扰乱了市场秩序，而且也污染了整个农村的社会风气，阻碍了整个农村经济的发展。有的地区法制观念淡薄，甚至出现了整个村子以制假、售假为生的现象；有的地方婚姻家庭道德失范，出现了卖淫嫖娼、不赡养老人等不正常的社会现象；有些地方村民文化素质偏低，法律意识淡薄，暴力冲突时有发生，偷窃抢夺犯罪活动屡禁不止，邪恶势力有所抬头，社会治安状况令人担忧。这些都严重干扰了农村的社会稳定。②

第四，部分农村科学意识缺乏，封建迷信严重。由于文化建设滞后，文化水平滞后，不少农村科学意识严重缺乏，封建思想遗毒还有很大的生存空间。有的地方大搞建庙祭祖、焚香磕头等活动；算命先生、风水先生生意兴隆；许多村民无论是婚丧嫁娶，还是修房盖屋、出远门、选墓地、升学考试等，都要找算命先生卜一卦；许多村民有病不去医院看，却相信巫婆神汉，许多人因此耽误了病情，付出了生

---

① 吴玉平：《析新农村建设中的文化建设》，《德州学院学报》2007年第5期。

② 徐国亮：《思想政治教育——基于新视野下的系统分析》，山东大学出版社2007年版，第172页。

命的代价。存在着穷活人不能穷死人、人活着的时侯受穷死了不能还受穷的意识，出现了不管经济条件如何丧事大操大办的现象。这些封建迷信活动有扩大和蔓延之势，如果任其发展，势必影响农村经济的正常快速发展，动摇农村社会的稳定，成为构建和谐社会、建设社会主义新农村的阻力。

第五，部分基层干部观念落后，素质偏低。部分农村基层干部法律意识淡薄，官僚主义、拜金主义思想严重。有些地方的村官依靠家族势力和暴力手段解决问题；有些资源丰富的农村出现恶霸治村、村官世袭的现象；还有的城镇近郊村的管理者欺行霸市、贪污土地补偿金，导致了农村干群关系的极度恶化。

第六，思想政治教育严重缺失。一方面，部分农村基层干部思想观念跟不上时代发展，普遍存在着重经济建设、轻思想道德教育的倾向。大多数农村的思想政治教育存在“说起来重要，干起来次要，忙起来不要”的“两张皮”现象。另一方面，生产责任制特别是大包干的推行，导致农民的独立性、自主性大大增强，对村级组织的依赖程度也相应降低，政治热情也逐渐消失。另外，农民自身文化素质低、认识水平不高导致思想的功利性和认识的局限性，也严重影响了思想政治教育的开展。

（二）企业

企业是以盈利为目的经济实体。经济实体是以人类或者是人员群体的方式存在。在该群体中必然存在成员对国家意识形态及其社会意识形态的认识。单从教育社会学、经济社会学与知识社会学的角度讲，只要有了成员对国家意识形态及其社会意识形态的认识便有了思想政治教育的存在空间，更有了存在的意义、方式及其可能性。在我国，企业需要分而化之，从资本所有的角度，可以将企业分为国有企业和民营企业两种。鉴于资本所有的不同，在其中对其成员进行思想政治教育，在何种意义上进行、如何进行等，在诸多方面必然有些差异。若是承认对其成员进行思想政治教育有所必要，那么首先需要确定企业思想政治教育的客体问题及其相关问题。分而论之：

1. 国有企业

国有企业以国家控股为基本特色，更以成员具有国企职工身份为特色。在国有企业制度下，体现资本制度的方面在于，国有企业是自主经营、自负盈亏、自我约束、自我发展的经济实体；体现资产所有制度的方面在于，有独具国企性质特色的政工机构和政工干部队伍，尽管其设置在规模上不可能太大。鉴于此，在国有企业开展思想政治教育，定然要适应国企的特征和特色。目前，国有企业思想政治教育工作中存在的一些问题不容忽视。主要有以下几个方面：

第一，国有企业中，程度不同地存在着一手硬一手软的情况，注重行政、经济管理手段的运用，而忽视思想政治工作的生命线作用。在很大程度上，我们说国企之所以不同于民营企业，除了强调在资产所有方面的不同，我们还要强调其内在机制设置的国有化。如果说资产由国家控股是国企区别于民营企业的硬件条件，那么国企内在机制设置的国有化则是软件条件。只要我们还能承认思想政治工作是国企内在机制设置国有化的软件条件之表现方式，我们就要强调思想政治工作对于国企的意义。

第二，实行“一肩挑”和兼职化的国有企业，政工干部队伍不断萎缩，一些领导干部特别是一把手重管理，而轻思想政治工作，更难以在二者的结合上下功夫，国有企业思想政治工作实际上被削弱。思想政治工作被削弱，实际上意味着对国企职工及其领导人作为思想政治教育客体身份的弱化。其实，国企上上下下本应该全部成为思想政治教育客体，而不论是在何种意义上。

第三，受传统思想和市场经济消极一面的影响，思想政治教育工作开展困难。特别是在效益滑坡的国有企业职工切身利益受到影响，国有企业为职工办实事、办好事、排忧解难上力不从心的情况下，思想政治教育很难见效。正所谓，某些国有企业在一定程度上存在着片面否定传统思想政治工作的方式、方法，因而使创新失去基础。传统思想政治教育方式、方法不适应新形势的需要是共识，思想政治教育工作要与时俱进，必须在继承和发扬优良传统的基础上不断地创新，不然，思想政治教育工作就很难适应新形势、新发展的需要。国企思想政治教育的现状决定了国有企业思想政治工作必须进一步加强和改进。

2. 民营企业

民营企业资本属于投资者所有，其成员以雇工的身份在企业中从事生产劳动。正是因为它的私有性，所以思想政治教育是否开展、如何开展、开展到什么程度等问题在很大程度上都由企业所有者决定。当然，国家相关部门会采取相应的干预措施，但是我们所能看到的是，国家干预的无力性甚至是无效性。在民营企业开展思想政治教育具有的意义及其如今所存在的问题表述如下：

第一，民营企业思想政治教育工作的“名存实亡”。在市场经济的交易逻辑下，民营企业所有者对思想政治教育存在淡漠化的倾向，对其重要性认识不够，认为是枉费人力、物力的投入。面对如此情形，我们不得不问，企业的凝聚力在哪里？职工对企业尽怎样的义务？企业对职工尽怎样的义务？我们在强调企业硬件设施的时候，不得不强调其软件条件，缺少其中之一，大概企业将不成其为企业。

第二，民营企业所有者是企业所有者（包括国有企业所有者在内）之一种。然而，按照集体行动的逻辑①，该民营企业所有者的行为往往会脱离企业所有者整体行为的逻辑。比如说，在本该设置思想政治教育的地方而不设置。该问题同样会发生在企业职工的身上。比如说，在本该接受思想政治教育的时候实际上不接受。该情况不可避免地存在，因为忽视了作为思想政治教育客体的身份，也就意味着对思想政治教育主体及其发动者的反抗。

（三）社区

在社会学上，诸多家庭集中居住的城市区域被称为社区，与工厂企业生产区相对。在现代城市格局中，工厂企业生产区的主要功用是生产，而社区的主要功能是供人们居家，甚至除了生产之外，与人生活相关的其他的所有活动都要在社区完成。与人们的身份角

① ［美］奥尔森：《集体行动的逻辑》，陈郁等译，上海人民出版社 1995 年版，第二章。

色相应，在工厂企业生产区，人们扮演着生产者的角色，而在社区中则扮演着更多的角色，甚至是除生产者之外的所有角色。按照现代的法律制度和劳动制度，人们的日工作时间为 8 个小时，周工作时间为 40 个小时。此工作时间，工人一般情况下要在工厂企业中度过。而其他的所有时间大多都要在社区中度过。概而言之，说社区是城市人口居住生活的最重要区域一点都不为过。① 社区特征规制并限定着社区思想政治教育工作的开展，因此，在讨论如何在社区开展思想政治教育工作之前有必要先探讨社区的基本特征。社区具有如下特征：

第一，人口比较集中、密集。社区的构成分子是家庭。城市中的家庭居住区域呈纵向布局，城市土地制度及楼房等建筑物的格局决定了这一点。正是此纵向布局恰与农村家庭居住方式的横向格局相区别，当然，不能否认，现代农村已经出现楼房等建筑物，但是典型意义上的农村依然是以坐地而起的平房为建筑标志。从这个角度讲，社区人口的集中程度、密集程度要甚于农村。

第二，与农村相比较，社区的现代化程度比较高。举例说明，通信工具、网络等终端传媒在城市的普及度远远要高于农村。当然，不能否认，在某些农村，通信工具、网络等终端传媒的普及度可能要高于某些社区，但是从整体意义上讲，该情况尚且不够普遍。再举一例，由城区居住格局所决定，建筑物区分所有权等概念已经深入人心，单从法律的意义上讲，建筑物区分所有权比农村的集体土地使用权要更具有现代性。

第三，社区是“陌生人社会”，或者说，多多少少沾有“陌生人社会”的特质。费孝通所说的“乡土中国”、“差序格局”等概念、理论、学说都是对农村特征的概括，总而言之，农村被定义为“熟人社会”。与之相比较，城市曾被誉为“沙漠”，人与人之间关系比较稀淡，在很大程度上趋向于陌生化。即使是在“城中村”，该种情

---

① ［德］斐迪南·滕尼斯：《共同体与社会——纯粹社会学的基本概念》，林荣远译，商务印书馆 1999 年版，第一章、第二章。

况也趋于愈演愈烈。[①]

根据社区的如上特征，在社区开展思想政治教育工作需要从如下几个方面入手，同时以往社区思想政治教育工作的缺欠及亟须改进等诸多问题都在此一并交代。

第一，社区居民所能接触到的思想政治教育媒介比较多，但是也比较杂而缺乏统一性。这就使得社区居民在政治觉悟及意识形态等方面出现了参差不齐的情况。从广义上讲，电视等终端传媒都属于思想政治教育媒介，而中央电视台的《新闻联播》《焦点访谈》《东方时空》等电视栏目都带有思想政治教育功能，或者说，实际上发挥着思想政治教育的功能。在居民文化程度、收视兴趣、家庭文化氛围等客观情况都不一的情况下，以上电视节目对居民生活的具体影响自然会大为不同。如何在更大程度上实现思想政治教育工作的目的和目标，如何因材施教、因人施教受到了严峻的挑战。

第二，社区居民所能接触到的思想政治教育渠道比较多，但是同样比较杂而缺乏统一性，由此决定了社区居民在参与思想政治教育活动等方面出现了参差不齐的情况。社区居民在什么意义上是思想政治教育的客体、对社区居民进行何种内容的思想政治教育等问题都很具体，社区居民能够成为电视媒体的观众，但不一定能够成为大中专院校的学生，可以说，在与国家主流传媒相对的意义上，社区居民会成为思想政治教育的客体，而不一定要与大中专学校之间建立某种联系，而不能成为大中专学校思想政治教育的客体。

第三，社区居民所能接触到的思想政治教育方式具有多而杂、无法统一的特征。按照现代法治理念、政治活动参与理念，人与人之间的关系趋于陌生化在某种程度上会催生出公民参与政治活动的积极性和主动性。城市“沙漠”的另一端则是城市居民参与政治活动的“热浪”。居民的民主意识在增强，由此生发了对民主政治的强烈参

① 张鸿雁：《侵入与接替——城市社会结构变迁新论》，东南大学出版社2000年版，第三章、第四章。

与。[①] 参与方式却会因人而异，有的人会参加民主选举，而有的人则会采取权利交换的方式，与合法方式相对，则产生了腐败等问题。如此状况的出现以及改进，多多少少可以归咎到思想政治教育工作上。

（四）高校

高校是对人进行高等教育的集中之所，既包括高等技术教育，也包括高等人文教育。在高校中，思想政治教育对于非思想政治教育专业的学生来说，实际上是在实施高等人文教育。由此可见，高校的思想政治教育工作包括两个部分：思想政治教育专业及其相关专业的思想政治教育、非思想政治教育专业的思想政治教育工作。两者之间的区别在于，对于非思想政治教育专业的学生来说，思想政治教育的载体大概包括《马克思主义基本原理概论》《思想道德修养与法律基础》《毛泽东思想和中国特色社会主义理论体系概论》《中国近现代史纲要》《形势与政策》，而对于思想政治教育专业的学生来说，以上课程的学习则被列为更为系统的、更为详尽的专业课学习，当然，两者在未来就业趋向上也会有些区别，由于专业的限定，思想政治教育专业毕业的学生大概会从事与思想政治教育相关的工作，而非思想政治教育专业毕业的学生则会从事与其专业相关的工作。问题在于，对于非思想政治教育专业的学生来说，既然毕业之后大多从事与思想政治教育无关的工作，那在大学期间为什么要学习思想政治教育课程呢？毫无疑问，是为了让其提高思想政治教育及其人文修养，以便于更加理解和认可国家的意识形态。同样，高校特征规制并限定着高校思想政治教育工作的开展，因此，在讨论如何在高校开展思想政治教育工作之前有必要先探讨高校的基本特征。

第一，高校的教育对象一般情况下属于成年人或者是准成年人。成年人或者是准成年人对于世界、社会、国家及其周遭意识形态的理解趋于成熟。对其进行思想政治教育定然有别于对中学生的教育。如果说当前对中学生的思想政治教育倾向于“填鸭式”，那么对于大学

---

① ［美］威廉·富特·怀特：《街角社会》，黄育馥译，商务印书馆 1994 年版，第七章。

生来说，对其进行思想政治教育则拒绝该种方式，而采取与其年龄阶段相适应的方式。如果说对中学生的思想政治教育倾向于告诉他们“如何……”才是正确的，那么对于大学生来说，对其进行思想政治教育则必须告诉他们“为了……而如何……”。

第二，高校思想政治教育分部分进行。首先，对于思想政治教育专业的学生来说，对其进行思想政治教育重在进行专业技能方面的教育，而对于非思想政治教育专业的学生来说，则重在对其进行人文素养方面的教育。鉴于这点认识，对于非思想政治教育专业的学生来说，对其进行思想政治教育意味着让其认识并认可国家意识形态“如何……”，而对于思想政治教育专业的学生来说，对其进行思想政治教育意味着让其认识并强烈认同国家意识形态“为了……而如何……”。

第三，高校思想政治教育工作与时俱进。与时俱进体现在哪些方面？又应该如何与时俱进？教材编写和课程设置的推陈出新最能说明问题。在80年代末90年代初，高校非思想政治教育专业的学生要学习《马克思主义哲学》《马克思主义政治经济学》《科学社会主义》《中国革命史》，而到了90年代末新世纪初则变更成了《马克思主义哲学原理》《马克思主义政治经济学原理》《毛泽东思想概论》《邓小平理论概论》《形势与政策》。相比来说，对于思想政治教育专业的学生来说，变化则不大，课程名称变化极大但不能掩盖其内容变化并不大的事实。概而言之，对高校非思想政治教育专业的学生进行思想政治教育的变化明显大于对思想政治教育专业的学生进行思想政治教育的变化。①

根据高校思想政治教育工作的如上特征，在高校开展思想政治教育工作需要从如下几个方面入手，同样，以往高校思想政治教育工作的欠缺及其亟须改进等诸多问题都在此一并交代。

第一，鉴于高校的教育对象一般情况下是成年人或者是准成年

① ［德］卡尔·曼海姆：《意识形态与乌托邦》，黎鸣、李书崇译，商务印书馆2000年版，第一章、第二章；［德］卡尔·曼海姆：《文化社会学论要》，刘继同等译，中国城市出版社2002年版，第二章。

人，对其进行思想政治教育不应过于程式化。公共课程的设置对于大学生来说，与其说是兴趣所在，倒不如说是累赘所在，毕竟“哲学就是备受折磨的学问”的论调早已存在而且会继续存在下去。此情况的存在实际上是在对思想政治教育提出挑战。在高校，大学生是思想政治教育的客体，而主体便是高校教师，在主客体的关系中，如何让思想政治教育课程投学生之所好，恐怕已经不仅仅是客体的问题，在更大程度上是主体所要深切关注的问题。

第二，在思想政治教育专业与非思想政治教育专业并存的情况下，如何凸显思想政治教育专业的特长和专业技能是亟须解决的问题。不容否认，对于思想政治教育专业的学生来说，他们成为思想政治教育专业的受业客体，同时也是大学教育的受业客体。对于非思想政治教育专业的学生来说，他们除了是本职专业的受业客体之外，同样也是大学教育的受业客体。可见，思想政治教育专业与非思想政治教育专业在授业内容上有重合的部分。该部分的存在或许会抹杀思想政治教育专业存在的理由和原因，该问题亟须予以解决，当然单从思想政治教育客体的角度来讲，该问题的解决之道还需要继续探讨。

第三，高校思想政治教育工作——高校思想政治教育客体的限定如何同时与时俱进。从某种意义上讲，高校之所以出现某些问题，多多少少与高校思想政治教育工作与高校思想政治教育客体的限定无法同时与时俱进有关系，比如说，上面第二方面所提出的问题。该问题表现在诸多方面；再比如说，高校的领导干部是否属于思想政治教育的客体，在何种意义上属于思想政治教育的客体，如何对其进行限定。① 以大学生为思想政治教育客体，高校思想政治教育客体的限定已经不成问题，而一旦超出这个范围，问题则需要重新探讨。

---

① ［德］马克斯·舍勒：《知识社会学问题》，艾彦译，华夏出版社 2000 年版，第三章。

第四节 思想政治教育客体的教育与转化

一 思想政治教育客体教育与转化的目标

思想政治教育客体教育与转化的目标是通过思想政治教育活动使思想政治教育客体的思想和行为符合当代社会发展的需要，在目前就是符合社会主义和谐社会建设的需要。由思想政治教育客体的广泛性、复杂性和多层次性决定，思想政治教育客体教育与转化的目标也是由不同的层次、不同的内容构成的目标体系。

（一）思想政治教育客体教育与转化的总目标

目前，我国社会发展的主要任务就是构建胡锦涛同志提出的社会主义和谐社会。胡锦涛指出，我们所要建设的社会主义和谐社会，应该是民主法治、公平正义、诚信友爱、充满活力、安定有序、人与自然和谐相处的社会。

思想政治教育客体基于转化的总目标就是使自己的思想认识统一到和谐社会建设的要求上来，而核心目标则是建立社会主义核心价值体系，践行科学发展观。

（二）思想政治教育客体教育与转化的分目标

1. 民主法治

要求思想政治教育客体具有并且不断提高社会主义民主意识和法治思想。要求政府坚持马克思主义为指导的社会主义民主制度，自觉接受群众监督；要求群众积极参与民主管理和民主监督。要求坚持“有法可依，有法必依，执法必严，违法必究”的社会主义法制原则，国家机关依法行政，人民群众依法监督。同时，处理好民主与法治的关系，以民主促法治，以法治保民主。

2. 公平正义

要求作为思想政治教育客体的各级党政领导干部和广大人民群众树立科学的公平观和正义观；要求党和政府妥善协调社会各方面的利益关系，正确处理人民内部矛盾和其他社会矛盾，使社会的公平正义得到切实维护和实现；各级司法机构必须坚持公民的权利平等和司法公正，有效防止司法腐败；要求新闻、出版、广播、电视、广告、网络等各种媒体资源，倡导公平，弘扬正义，对各种形式的社会不公和邪恶现象给予及时揭露和谴责，坚决扭转一些地区舆论不公、正不压邪的现状，以净化我们的社会环境。

3. 诚信友爱

要求全体社会成员互帮互助、诚实守信，全体人民平等友爱、融洽相处。

4. 充满活力

要求思想政治教育客体尊重有利于社会进步的创造愿望，支持各种创造活动，发挥自己的创造才能，肯定他人的创造成果。

5. 安定有序

要求各个社会组织和系统健全社会组织机制，完善社会管理，维护良好的社会秩序，使人民群众安居乐业，使社会保持安定团结。

6. 人与自然和谐相处

要求个人和组织树立科学的生态意识，养成良好的生产和生活习惯，自觉保护生态环境，使人和自然和谐相处，共同发展。

（三）思想政治教育客体教育与转化的具体目标

思想政治教育客体教育与转化的根本目标是长远目标，它要经过人们长期的努力奋斗才能达到。在思想政治教育客体教育与转化过程中，这一长远目标一般须经过多层次分解，成为一个个具体目标，指导思想政治教育客体的具体行为。思想政治教育客体教育与转化的根本目标是唯一的，但分化出来的具体目标是复杂的、多层次的。这是因为：

首先，思想政治教育客体具有多层次性。由于社会中的人处于不同的利益群体中，处在不同的社会地位上，其利益诉求和思想表现必然存在差异，因此，对不同教育对象如工人、农民、公务员、教师、学生、军人、私营者等进行思想政治教育，其具体目标理所当然应该有所不同。即使是对同一类型的对象进行思想政治教育，由于其具体情况不同，具体目标也应有差异。如同是大学生，不同年级学生的情况就有区别，在确定大学生思想政治教育客体教育与转化的具体目标时，就应考虑这些差异，使具体目标更贴近教育客体的思想实际，而不致空泛不着边际。

其次，思想政治教育客体教育与转化具体目标的多元性是与党在不同领域不同部门的具体目标相适应的。中国共产党在现阶段的奋斗目标是建设社会主义和谐社会，这个奋斗目标要分解为各个领域各个部门的具体目标，各领域各部门的思想政治教育都要为实现这些具体目标而努力。这样，不同领域、不同部门乃至不同单位，其思想政治教育客体教育与转化的具体目标就呈现出某种差异性。

总之，思想政治教育客体教育与转化的目标按层次与阶段可以分成无数个具体目标。众多的具体目标，按最近层次、第二层次、较高层次的次序一个一个加以实现，从而逐渐实现思想政治教育的根本目标。可见，思想政治教育的根本目标、分目标和具体目标是相互联系、相辅相成的有机统一体。

二 思想政治教育客体的教育与转化内容

思想政治教育客体的教育与转化内容是由教育转化目标决定的，根据和谐社会发展对人们的思想政治觉悟的要求，思想政治教育客体教育与转化的主要内容包括政治思想、法律思想、民主思想社会主义意识形态，鉴于学术界已对此有了比较系统的研究，本章仅从社会主义核心价值体系、心理健康、情感健康等方面进行分析。

（一）社会主义核心价值体系

2007 年，党的十七大首次将“建设社会主义核心价值体系”纳入报告中。指出：社会主义核心价值体系是社会主义意识形态的本质体现。提出要切实把社会主义核心价值体系融入国民教育和精神文明建设全过程，转化为人民自觉追求，积极探索用社会主义核心价值体系引领社会思潮的有效途径，增强社会主义意识形态的吸引力和凝聚力。基本内容包括四个方面：

第一，马克思主义指导思想。马克思主义是我们立党立国的根本，是社会主义意识形态的灵魂。毛泽东思想、邓小平理论和“三个代表”重要思想是马克思列宁主义与中国具体实际相结合的产物，是中国化的马克思主义。只有坚持以马克思列宁主义、毛泽东思想、邓小平理论和“三个代表”重要思想为指导，才能使全国人民有一个共同的精神支柱。

第二，中国特色社会主义共同理想。中国特色社会主义反映了我国最广大人民的共同愿望、利益和要求，是实现中华民族伟大复兴的必由之路。在当代中国，只有走中国特色社会主义道路，才能实现国家的富强和人民的幸福，也才能把各党派、各团体、各阶层、各民族团结和凝聚起来。

第三，以爱国主义为核心的民族精神和以改革创新为核心的时代精神。以爱国主义为核心的团结统一、爱好和平、勤劳勇敢、自强不息的伟大民族精神，是中华民族生生不息、薪火相传的精神血脉，是维护国家团结统一、鼓舞各族人民奋发进取的精神支撑。以改革创新为核心的与时俱进、开拓进取、求真务实、奋勇争先的时代精神，是推动时代发展进步的强大精神动力，是在当代中国人民的伟大奋斗中不断创造新的辉煌的力量源泉。

第四，以“八荣八耻”为主要内容的社会主义荣辱观。荣辱观是人们对荣誉和耻辱的根本看法和态度，是世界观、人生观、价值观的重要组成部分。以“八荣八耻”为主要内容的社会主义荣辱观，是中华民族传统美德、优秀革命道德与时代精神的完美结合，反映了社会主义道德的基本要求，为在社会主义市场经济条件下判断是非得失、确定价值取向、作出道德选择提供了基本准则。只有树立正确的荣辱观，分清是非荣辱，明辨善恶美丑，才能形成正确的价值判断和良好的道德风尚。

这四个方面的基本内容相互联系、相互贯通，共同构成辩证统一的有机整体。建设社会主义核心价值体系，就是要把这四个方面的基本要求融入国民教育和精神文明建设的全过程，融入经济、政治、文化、社会建设的各个领域，使之成为全民族奋发向上的精神力量和团结和睦的精神纽带。

（二）爱国主义情感

爱国主义是长期生活在一定疆域里的人民在历史上逐渐形成的对

自己祖国的一种深厚的感情。这种感情集中表现为对自己祖国的炽烈热爱和无限忠诚，表现为民族自尊心和民族自信心，表现为人们争取自己祖国的独立富强而英勇献身的奋斗精神。

以“八荣八耻”为内容的社会主义荣辱观，把“以热爱祖国为荣、以危害祖国为耻”放在首位，可见热爱祖国的极端重要性。

爱国主义体现了人民群众对自己祖国的深厚感情，反映了个人对祖国的依存关系，是人们对自己故土家园、种族和文化的归属感、认同感、尊严感与荣誉感的统一。它是调节个人与祖国之间关系的道德要求、政治原则和法律规范。

我国《宪法》明文规定：“中华人民共和国公民有维护国家统一和全国各民族团结的义务。”“保卫祖国、抵抗侵略是中华人民共和国每一个公民的神圣职责。”这些法律规定，表明热爱祖国是每一个中国人都应履行的政治责任和法律义务。

目前，人们的思想意识和思想感情还没有从前一历史时期的混乱中摆脱出来，人们的信仰还比较复杂，但在爱国主义方面，不管是共产党员还是一般群众、宗教人士，都应使自己的思想感情统一在爱国主义这面旗帜下。

（三）社会主义意识形态

1. 世界观

世界观是人们对整个世界的总的看法和根本的观点，是人们对世界本质、人与周围世界的关系、人在世界中的地位和生存价值等一系列观点的总和。世界观是社会存在的反映，是人们在实践活动中逐渐形成的，因而有其历史性，在阶级社会里表现为阶级性。由于不同阶级的人们在社会实践中所处的地位不同，便形成不同的世界观。世界观一旦形成，反过来就会对人们的社会实践活动产生重大影响，它决定人们观察问题、处理问题、立身处世的基本态度，决定着人们的人生观、道德观的基本取向。因此，科学的世界观教育是思想政治教育带有根本性的教育内容。

2. 政治观

政治观是人们对国家的政治关系、政治活动的根本观点。就我国现阶段而言，政治观特指人们对党和国家的路线、方针、政策所持的根本立场、根本态度和根本方法。

政治观是人们分析、观察政治问题和处理政治关系的基本出发点。它决定和影响着人们的政治立场、政治方向和政治素质。而政治素质是人们的思想政治素质中的一个不可缺少的组成部分。它包括基本国情教育及党的路线、方针、政策教育和形势与政策。

第一，基本国情教育。所谓基本国情，是指一国相对稳定的总体的客观实际情况，即那些对社会和经济发展起决定性作用的最基本的、最主要的发展因素和限制因素，它常常决定着该国长远发展的基本特点和大致轮廓。

第二，党的路线、方针、政策教育。了解和把握国家政治结构，党和国家在内政外交方面的路线、方针、政策。正确认识社会发生的变革和所产生的新问题，团结一致，为实现全面建设小康社会和中等发达国家任务而奋斗。

第三，形势和政策。善于用马克思主义立场、观点和方法去分析形势，正确认识主流和支流、本质和现象、局部和整体、眼前利益和长远利益；及时发现群众中产生的各类思想问题和实际问题，配合政府和行政部门加以解决；正确认识和对待改革中出现的新情况和新问题，提高心理承受能力。

3．民主法制观念

“民主”一词原意是“多数人的统治”“人民的权力”。马克思主义从来都是把民主作为一种国家形式来考察的。社会主义民主，就是在社会主义国家，以工人阶级为领导的全体人民在共同享有对生活资料的不同形式的所有权、支配权的基础上，享有的管理国家的权力。当前，要正确认识和处理以下三个问题：第一，划清社会主义民主与资产阶级民主的界限，认清社会主义民主的优越性。第二，正确认识民主与集中的关系，实行在集中指导下的民主和在民主基础上的集中，养成遵守民主集中制的习惯。第三，认识民主权利与法律的一致性。任何一种现代民主都是法律所规定的民主。社会主义法制保护人民的民主权利，但是绝不保护超出法律范围的所谓“民主”。我们讲的民主不是搞极端民主化和无政府主义。对于每个公民来说，他享有广泛的民主，同时又必须自觉遵守一切法律，无一例外。

所谓法制，是指统治阶级按照自己的意志通过国家政权建立的用以维护其阶级专政的法律和制度。一切类型的国家都有自己的法制。社会主义法制是社会主义国家按照无产阶级和广大人民的意志建立起来的法律和制度。它是保护人民、打击敌人、制裁犯罪、维护社会秩序、保护社会主义经济基础、促进社会生产力发展、实现人民民主专政历史任务的重要工具。

社会主义法制的基本内容和要求是“有法可依，有法必依，执法必严，违法必究”。这四句话体现了社会主义法制的严肃性和权威性，它们是密切关联、不可分割的统一体。“有法可依”，就是要求有完备的法律可供遵循。这是健全社会主义法制的前提和首要任务。“有法必依”，就是必须坚决不折不扣地执行法律，这是健全社会主义法制的关键。“执法必严”，是指执法机关和执法人员都必须严格、严肃、严明、一丝不苟地按照法律规定办事，维护法律的尊严和权威。“违法必究”，就是对于一切违法犯罪分子都要依法追究法律责任并予以法律制裁。当前，对于广大干部和群众来说，进行社会主义法制教育，主要是教育他们“知法”、“懂法”和“守法”。这是当前社会主义法制教育的最重要一环。只有广大干部和群众“知法”、“懂法”和“守法”，安定团结的局面才能够形成和巩固。

加强社会主义法制教育还包括纪律教育。纪律属于上层建筑、意识形态的范畴。所谓纪律，是指要求人们遵守业已确定了的秩序、执行命令和履行自己职责的一种行为规则。纪律具有社会性、阶级性和强制性的特点。无产阶级的纪律是维护安定团结秩序，夺取社会主义现代化建设事业胜利的保证；是抵制各种剥削阶级思想侵蚀，培养合格人才的重要条件。纪律的内容十分广泛，涉及人类社会生产和生活的众多领域。现代社会要求人们有自觉的严格的纪律观念。当前，进行纪律教育主要应引导人们做到以下三点：第一，正确理解自由与纪律的辩证统一关系，即自由与纪律互相依存、互相制约，缺一不可。纪律是实现自由的保障，自由是遵守纪律基础上的自由，绝对自由是不可能存在的。第二，坚持原则，同各种破坏纪律的现象作斗争。第三，培养自觉遵守纪律的习惯。自觉遵守纪律，不仅要有正确认识，而且要有良好的行为习惯，要严格要求自己，从点滴做起，注意一言一行的锻炼和培养。

4. 创新意识与进取精神

创造性是人生命力的最高表现，人类正是通过连续不断的创造推动历史前进的。所谓创新意识，就是人们对于创造的价值、能力和方法的根本性看法和态度。创新意识关系民族的兴衰。创新意识勃发的民族，必然繁荣昌盛，而创新意识不足的民族，必然衰弱落后，这已被世界民族发展的历史所证明。

进取精神也即开拓创造精神。优秀的政治家、教育家历来认为，教育青年，不仅要引导他们学科学、学业务，而同时还必须十分注意培养他们奋发向上、朝气蓬勃的开拓创造精神。所谓开拓创造精神，就是一种为了祖国和人类的进步，锐意进取、学习不止、攀登不止、创造不止、开拓不止的思想、性格和品质。具有这种精神的人，绝不满足于现有的状态，绝不接受为无所作为辩护的理论，总要百般求索，发现新问题，提出新思想，找到新方法，去尝试打破局面，再前进一步。具有这种精神品质的人，具有自信自强的心理和坚忍不拔的性格。他们能以坚忍不拔、一往无前的态度对待开拓创造所遇到的困难，有黄河长江般势不可挡的气概，有高强度的挫折耐性。培养人的创新意识，首先就要把这种百折不挠的进取精神和开拓创造精神培养起来。

（四）心理健康教育

随着社会的发展，心理健康越来越引起人们的重视。关于人体健康的定义越来越明显地包含心理健康的成分。世界卫生组织把“健康”定义为“不但没有身体的缺欠和疾病，还要有完整的生理、心理状态和社会适应能力”。心理健康在“健康”中占据越来越重要的地位。

关于心理健康的标准，中外学者提出过许多有益的见解，但至今仍无统一的标准。归纳起来，心理健康标准大致有七条：第一，开朗的心境；第二，有效地学习和工作；第三，心理特点符合相应的心理年龄特征；第四，客观地自我认识；第五，统一的人格；第六，和谐的人际关系；第七，与周围社会协调一致。心理健康与不健康是相对的。心理不健康包含各种类型的心理障碍和心理疾病。在心理健康和心理不健康之间尚有某些暂时性的心理不够协调或不够正常，对此，不能简单称作心理不健康。进行心理健康教育必须使人们掌握心理健康的标准，以便能进行自觉地自我观察和调节。

要教育和引导人们完善自身的心理防御机制。所谓心理防御机制，是指个体处在挫折和冲突的紧张情境时，在其内部心理活动中具有的自觉或不自觉地解脱烦恼、减轻内心不安，以恢复情绪平衡与稳定，确保心理健康的一种适应性倾向。人在现实生活中，其需要和欲望都不可能获得满足，必然会遇到挫折和心理冲突，引起情绪上的焦虑和紧张。这种状况如果持续不能解除，就会导致心理障碍和心理疾病。可喜的是，在每个人身上都自觉或不自觉地存在某种解脱烦恼、维护心理健康的心理防御机制，不同的是，有的人心理防御机制比较完善，而有的人心理防御机制残缺不全，无法很好地应对挫折和困境。思想政治教育的一个重要任务就是通过心理咨询和治疗等多项手段，使人们完善自身的积极的心理防御机制，以确保心理健康。

（五）情感教育

一个人只有通过情感教育具有了良好的情感，并进而把这种情感融入自己的生活、学习和工作中，融入家庭、学校、社区和社会的管理中，才能处理好自己与他人的关系，处理好人与社会、人与自然的关系。所以，情感教育在构建和谐社会中的作用是不可忽视的，简言之，情感教育是社会和谐的安全阀、润滑油、催化剂。良好的情感教育可以提高人们的人文素质，对家庭的和睦、社会的稳定、矛盾的化解、凝聚力的增强、人与自然的和谐发展具有巨大的推动作用。

和谐社会对人的健康情感的要求包括以下内容：以宽容的态度对待他人，不仇视富人、不轻视穷人，孝敬父母、热爱家庭、关爱朋友，富有同情心；以辩证的眼光看待他人，有良好的人际关系和团队精神；以积极的态度看待自己，能自知、自尊、自我愉悦；以正确的态度看待现在和未来，追求现实而又高尚的生活目标；以健康的态度对待困难与挫折，能调控情绪，心境良好；对社会持开放态度，乐于学习和工作，不断吸取新经验，富有创造性；有正确的世界观、人生观和价值观，能合理地处理个人与自然、个人与社会的错综复杂的关系，做到融入自然、融入社会。

第一，注重家庭中的情感教育问题。在家庭教育过程中借鉴西方国家和我国港、澳地区家庭教育成功的经验。通过家庭劳动培养孩子自立自强的习惯，通过相互沟通引导孩子与父母平等对话，共享欢乐、共担责任，培养孩子感激父母、理解父母、体谅父母、关心父母、回报父母的良好情感。

第二，落实学校中的情感教育问题。学校教育应建立系统的情感教育体系，幼儿园、小学、中学、大学应当根据学生年龄、身体、智力等方面的发育状况进行不同的情感教育。幼儿园和小学应注重亲情、友情、师生情、同情心和对动植物及大自然的情感的培养，并引导孩子正确地认识和评价自我和他人。中学、大学应侧重于友情、爱情和其他人际关系中美好情感的培养，以及各种社会责任感的教育，特别要注意引导学生学会用理智控制情感。引导学生孝敬父母、关爱朋友、尊敬师长、热爱家庭；引导学生正确地认识和评价自己，能自知、自尊、自我愉悦；引导学生以宽容的态度对待他人，不仇视富人、不轻视穷人，有良好的人际关系和团队精神；引导学生能以积极的态度看待自己，以正确的态度看待现在和未来，追求现实而高尚的生活目标，以健康的心态对待困难与挫折，能调控情绪，心境良好；引导学生对社会持开放态度，乐于学习和工作，不断吸取新经验，富有创造性；引导学生树立正确的世界观、人生观和价值观，能合理地处理个人与自然、个人与社会的错综复杂的关系，做到融入自然、融入社会。

第三，强化大众媒体在情感教育中的责任。随着信息化时代的到来，大众媒体在社会生活中的作用越来越重要，大众媒体的舆论导向直接左右着人们特别是年青一代的思想、情感、兴趣和爱好，因此，大众媒体必须更多地承担起情感教育的责任。当然，这并不是说不能追求经济利益，而是要改变目前唯利是图的现状，找到经济利益和社会利益的结合点，提高大众媒体的整体素质，制作出既能使人受到良好的情感教育，又能打动观众获得经济利益的好作品。

第四，树立政府在情感教育中的责任意识。政府在情感教育中的责任主要是对学校和大众媒体的领导和监督。一方面，政府要对学校情感教育的层次、内容、方向做出规定，组织人员研究编写系统的情感教育教材，并培养足够的情感教育教师为情感教育提供良好的条件。另一方面，政府要对大众媒体和各级学校的情感教育进行监督和指导，使情感教育朝着有利于和谐社会建设的方向发展。

三 影响思想政治教育客体的教育与转化的因素

思想政治教育客体的教育与转化是使教育内容内化为教育客体的思想意识的过程，是在一定的教育环境中由教育主体和教育客体共同参与通过教育介质实现的。教育客体转化的程度受到教育主体、教育客体、教育内容、教育环境和教育介质的影响和制约。

（一）教育主体的影响

教育主体是教育内容的组织选择者、教育过程的调控者，在教育过程中，教育主体对教育客体的教育和转化的影响是多方面的。

首先，对自然人而言，教育主体的气质、修养、能力、声誉和亲和力对教育客体的转化有直接的影响。自然人教育主体的气质、声誉、态度和亲和力影响着教育客体的情绪、态度、情感等非理性因素，古人说“亲其师，信其道”，一旦教育客体认可和喜爱教育主体，它就会对教育主体传授的教育内容持肯定和接受态度，教育转化的效果就好。否则，就会怀疑和拒绝教育内容，教育和转化效果就差。而教育主体的修养和能力则会使教育主体的内容组织和教育手法有所不同，也会影响教育客体的教育和转化效果。

其次，对群体或组织而言，教育主体的态度、方式和美誉度会影响教育客体的教育和转化。如美国之音、英国的 BBC 等，由于其态度轻浮、内容失实，在国际上臭名昭著，无论它们进行什么宣传都难以起到良好的效果。

（二）教育客体自身的影响

教育客体自身的影响体现在两个方面：

第一，教育客体的自身素质，包括智力水平、知识结构、经验阅历、思维方式、学习习惯等差异对教育客体的转化有较大的影响。看同样的电视，小学生和大学生的转化程度肯定大不相同。

第二，教育客体自身的非理性因素也会影响教育转化。如教育客体的动机、情绪、态度等。这些因素会直接影响教育过程和教育结果。

（三）教育内容

教育内容对教育客体转化的影响主要体现在教育内容与教育客体的自身知识体系的层差和兼容性上。当教育内容和教育客体的原有知识相差太大时一般难以起到教育转化的效果，如针对 2 岁婴儿讲授社会主义核心价值，无论水平多高的教授都难以收到转化效果。至于没有兼容性的教育内容一般不会融入教育客体的意识，还有可能起到相反的作用。比如，给一个虔诚的教徒进行唯物主义教育，就绝对不会起到什么效果。

（四）教育介体

思想政治教育的主体和客体是思想政治教育实践活动的两极，但仅仅有主体和客体还不能形成现实的实践活动，在主体和客体之间还要有一个将这二者联结起来的中介，这个中介就是教育介体。教育介体包括教育形式、教育手段、教育工具等。

教育介体对教育客体转化的影响体现在两个方面：

第一，教育介体对教育客体的影响表现在对其积极性、主动性的调动上，如多媒体的使用可以运用声音、图像等使教学内容和教学过程变得生动有趣、丰富多彩，从而使教育客体的兴趣点转移到教育内容上来，实现教育转化的目的。

第二，教育介体的不同选择可以转变教育主体对教育内容的组织和选择，从而影响教育客体的转化效果。如进行爱国主义教育时，单纯的讲解很难再现日本侵略者的罪恶，如果运用多媒体，就可以通过让学生观看《南京大屠杀》《黑太阳 731》等影片使学生真实体验日本侵略者的残暴和凶狠，相比之下多媒体介体就比单纯讲授的效果好得多。

（五）教育环境

思想政治教育环境是指对思想政治教育活动以及思想政治教育客体的思想品德形成和发展产生影响的一切外部因素的总和。

我国在古代就注意到了教育环境对教育的影响。如孟母三迁的故事和“近朱者赤，近墨者黑”的格言就说明教育环境对教育客体的潜移默化的作用。当然，由于教育客体的复杂性，影响思想政治教育转化的环境因素更加复杂，依据其影响范围可以分为宏观环境和微观环境两大类。

1. 宏观环境的影响

宏观环境包括政治环境、经济环境、文化环境、舆论环境等。

第一，政治环境的影响。政治环境包括两方面因素：一是政治制度；二是政治形势。政治制度制约思想政治教育客体转化，它决定谁来转化、转化成什么；政治形势影响思想政治教育客体转化，教育客体将转化内容与政治现实相对比，一旦出现偏差就会导致教育客体对教育内容的怀疑和猜测，甚至会拒绝和排斥。

第二，经济环境的影响。经济环境包括经济制度和经济生活条件。经济制度为以共产主义思想为核心的思想政治教育奠定经济基础；经济生活条件尤其是个人的经济生活条件，对人们的思想品德会产生直接的影响。一般来讲，经济生活条件好，或是生活不断改善，会使人们更好地认同社会主义经济制度，更好地接受社会主义价值观念和行为规范，更有利于人们形成良好的思想品德。反之，则可能产生相反的作用。

第三，文化环境的影响。文化环境对思想政治教育客体的影响是通过以下特征表现出来的。

首先，文化环境影响改变教育客体行为方式、价值取向和思维特点，给人们的思想行为打上文化背景的烙印。其次，教育客体在转化的过程中都会不自觉地受制于这种社会文化背景。再次，文化环境可以由教育客体根据一定社会的要求，有目的、有计划地选择、利用和改造，以形成符合培养合格社会成员需要的新文化环境的属性。最后，任何一种文化都是特定时代的产物，反映着特定时代的要求，与它所处的时代有着不可分割的内在联系。不同时代的文化，对人的思想品德的影响不同。

第四，舆论环境的影响。舆论环境是指报纸、杂志、书籍、电影、广播、电视、网络等大众传播手段。随着现代科学技术的发展和应用，大众传媒对人们社会生活的影响越来越大，正在潜移默化地改变着社会，改变着人们的工作和生活方式以及思想观念，对思想政治教育的影响也越来越大。对于现代大众传播媒介，既可以将其看作是思想政治教育系统的一个因素如载体加以运用，也可以将其视作社会环境的一个因素加以考虑。

作为影响思想政治教育客体转化环境系统的重要因素，大众传媒具有广泛性、复杂性、导向性等特征。这些特征使得大众传播媒介环境对教育客体的思想品德的形成和发展以及思想政治教育具有广泛而复杂的影响。这种影响表现在两个方面：首先，大众传媒与人们的生活紧密相连。每个人都不能离开它们，有的甚至依赖它们，大众传媒已成为人们的一种生活方式。今天人们更多地从大众传播媒介中接触思想政治信息。这就对思想政治教育提出了新的要求。其次，大众传媒所形成的舆论环境对人的思想品德和思想政治教育都会产生重要影响。良好的舆论会强化思想政治教育的影响，促使人们形成社会发展所要求的思想品德；而不良的社会舆论则会削弱甚至抵消思想政治教育的影响。

2. 微观环境对思想政治教育的影响

微观环境是指思想政治教育客体的特定的生活实践范围，它包括家庭环境、学校环境、社会组织（工作）环境、社区环境、同辈群体环境。人们的思想、观念和对社会的态度都是在现实的具体的社会关系中形成和发展起来的，思想政治教育客体所处的微观环境不同，对教育客体产生的影响就不同。

第一，家庭环境的影响。家庭是人出生后的第一所学校，担负着对儿童进行意识启蒙、道德品质养成、行为规范指导等责任。儿童教育心理学研究表明，婴幼儿的意识具有极大的可塑性。他们富于模仿的特点，加上他们生活上特别是心理上对父母的依赖和爱恋，使得家长的言行举止容易在他们幼小的心灵上打上深刻的烙印，在日后的成长和学习中也往往以此为基础并作为判断的参照。因此，家庭的长期影响、教育，从某种意义上说，将决定一个人的性格、品行。一般来说，亲切、和睦、温暖、充满爱心、奋发向上的家庭环境有利于青少年健康人格的培育；反之，则会给青少年的成长造成障碍。恩格斯曾对家庭教育的重要性有所关注，他指出："忽视一切家庭义务，特别是忽视对孩子的义务，在英国工人中是太平常了，而这主要是现代社会制度促成的。对于这种在伤风败俗的环境中——他们的父母往往就是这环境的一部分——像野草一样成长起来的孩子，还能希望他们的后代成为道德高尚的人?"[①] 大量统计数字表明，青少年犯罪往往与有严重缺陷的家庭环境密切相关。

第二，学校环境的影响。学校是人们着意营造的育人环境，学校的活动更具计划性、目的性，因而对人们思想品德的形成更具有指导性。从总的方面看，学校的活动更有利于青少年的思想品德向社会要求的方向发展。但学校又是一个复杂的社会系统，除了有组织的活动之外，还存在一些偶然、自发的活动，因此，它对人们思想品德的影响也是复杂的，既有积极的，也有消极的；同时，校风不同，教师、干部的表率作用不同，班集体的状况不同等，都会对学生思想品德的形成发展产生不同的影响。

学校环境对学生思想品德的影响，主要是通过教学活动、课外活动、教师榜样、校园风气等方面进行的，这种影响具有全面性、阶级性、导向性、渗透性。其中特别重要的是渗透性，德里本认为："儿童所学到的东西中，来自他们在学校环境中的经验的东西，与教给他们的东西一样多。"[②] 学校环境包括教学活动、课外活动，包括教风、学风、校风，包括人际关系、校园文化等，所有这些课内课外的活

① 《马克思恩格斯全集》第2卷，人民出版社1957年版，第416页。

② ［美］罗伯特·德里本：《学校教育对学生规范的贡献》，《哈佛教育评论》1967年第37卷第2期。

动、有形无形的因素就构成了特殊的学校氛围。学生长期生活在这样一种氛围中，就会自觉或不自觉地受到这一氛围的影响，使情操受到陶冶，意志得到锻炼，人格得以塑造。学校环境对学生影响的渗透性特征，要求学校思想政治教育者一定要注意调动各方面的力量，协调各种因素，以营造良好的学校环境氛围，促进学生思想品德的发展。

第三，群体环境的影响。群体环境是指教育客体所处的为完成某种特定目标而组成的相对独立的社会群体，如企业、学校、商店等。人类生活离不开各行各业的各种群体环境，这是人类社会性的重要表现方式。

群体环境对教育客体的影响表现在团队意识、群体风气、领导形象、人际关系等方面，组织成员的思想情绪、行为习惯、工作态度、精神状态都受群体环境的影响。如果组织内的凝聚力强、风气正、领导形象好、人际关系和谐，组织成员就会心情舒畅，工作有劲头，进而对社会和人生持乐观态度。反之，则有可能使组织成员陷入人事纠纷之中，心理失衡，甚至对社会和人生持悲观态度。可见，正确处理组织内的各种人际关系，进而建立良好的人际关系，是组织成员健康成长、顺利发展的一个重要方面。

第四，社区环境的影响。社区是指聚集在一定地域中并且在生活上互相关联的人群的生活共同体。绝大多数人都生活在一定的社区里，社区环境对社区的成员思想政治品德的形成、发展有很大的影响。

影响社区成员的思想品德的因素有以下几个方面：第一，社区生活秩序和经济发展程度。社区生活安定，社会治安状况好，经济繁荣，人民安居乐业，就有助于人们形成正确的价值观念。第二，社区风气。某种长期稳定的、起支配主导作用的社区风气，对社区成员的思想品德的影响是十分明显的。社区风气包含社区成员的爱好、习惯、要求、行为等许多约定俗成的社会心理和社会行为。社区风气对生活于其中的每个成员起着潜移默化的作用，并直接影响青少年生活习惯的形成。第三，道德规范。社区是一个比较松散的群体，协调和制约相互关系的主要手段是舆论以及相应的道德规范。个体在某社区中生活，必定先要遵守社区特定的道德规范，才能为该社区所容纳。所以，长期形成并带有该社区特点的道德规范对社区成员思想品德的形成、发展影响很大，在相当大的程度上影响着人们人格的形成。第四，人际交往。人际交往具有协调作用，对人的思想品德和心理形成影响巨大。在人际交往过程中，社区的行为规范和风俗习惯以及社区风气，以信息传递和情绪感染的方式自觉或不自觉地输送给每个社区的成员，从而促使人们的行为相互协调一致。由于时间、空间、生理、心理等因素的特殊性，青少年时期是人的一生中社会交往比较频繁的时期。所以，社区的人际交往对于青少年思想品德的形成、发展的影响特别大。因而我们应创造条件，积极引导青少年进行正常的人际交往，促使他们形成良好的思想品德。

自20世纪90年代以来，社区在我国社会生活中的作用增强，社区对人们生活和思想的影响也越来越大。因此，加强社区环境建设，努力发挥社区对人们的积极影响，是时代发展的要求，也是新时期思想政治教育的崭新课题。

第五，同辈群体的影响。所谓同辈群体，是指由家庭背景、年龄、爱好、特点等方面比较接近而形成的关系比较密切的非正式群体。从中学开始，同辈群体的影响开始日渐增强，也日益重要，从十五六岁到十八九岁，同辈群体的影响最为普遍深入，对青少年的生活习惯、发展方向、行为方式、价值观念都有深刻的影响。

同辈群体对教育客体思想品德的形成和发展的影响具有以下几个特点：第一，随意性。在家庭和正式群体环境中，教育客体的行为一般要求中规中矩，其言行都要受到一定限制，人们有时不得不做一些违心的事，去接触他们所不愿接触的人。而在同辈群体中，教育客体可以按自己的愿望自由地选择交往对象，成员之间的交流也是自由的、随意的、不受束缚的。有些不便于在正式群体如学校和社会组织里讨论的问题，在这里可以进行自由讨论。例如，对某些政治问题的看法，对某些人物的评价，都可以在同辈群体里不受限制地得到发泄。第二，渗透性。家庭和正式社会组织对教育客体的影响往往是有目的、有计划、有组织地进行的，容易导致教育客体的逆反和抵制，而同辈群体的影响往往是无意中潜移默化的。第三，独特性。家庭和正式群体一般向人们传递主流的、社会公认的价值标准和行为规范，而同辈群体具有的价值标准有可能与社会主导价值标准不一致，也可能与其不符，有的甚至尖锐对立、背道而驰。这种独特性很容易引起同辈群体的虚荣心和自豪感，更容易导致同龄群体成员的认同。从而对同辈群体的思想产生超越主流之上的影响力，在人的思想品德形成、发展的过程中起着其他环境因素起不到的作用。所谓“近朱者赤，近墨者黑”就是这种作用的生动写照。当然，如能对同辈群体主要成员的价值观加以正确引导，使之与社会发展的要求大体一致，也能对同辈群体思想品德的发展起到非常积极的作用。

四 思想政治教育客体的教育与转化的途径

在传统的思想政治教育中，人们往往把思想政治教育过程看作是教育主体施加教育、教育客体接受教育的过程，忽略了教育客体本身的能动性，导致教育客体逆反心理和猜疑心理的产生，影响了教育转化的效果。随着科学发展观的贯彻执行，以人为本的教育理念深入人心，思想政治教育客体的主体性也越来越受到人们的重视，教育客体教育转化的方式和途径也突破了原有的灌输模式的框架，变得多样化、人性化。

思想政治教育过程是一个主观和客观相结合的过程，也是一个主动教育和被动教育相结合的过程，思想政治教育客体转化途径可分为两种：一种是以教育主体为核心的教育转化途径；另一种是以教育客体为核心的教育转化途径。以教育主体为核心的教育转化途径和方法是人们已经普遍采用的，鉴于其他学者已有较多的研究，本书就不再一一提及。本书仅从教育客体主动转化的角度来分析教育客体教育转化的途径。

从教育客体的主体性或者说主观能动性的角度来分析，教育客体教育转化的途径有四个：学、习、思、悟。

（一）学

所谓学，是指教育客体通过各种途径获取知识、经验和技能的过程。这是学的本质。

在思想政治教育过程中，教育客体实现教育转化的前提是知识的获取。“知、情、意、信、行”是思想道德修养的根本途径，把“知”放在第一位原因就是因为没有道德知识和道德规范，修养活动就无从下手。

思想政治教育是一个综合的过程，是一个与个人、家庭、社会都密切相关的社会实践活动，教育客体在这一过程中获得知识、经验和技能的途径是多种多样的，本书仅分析比较常见的几种。

1．模仿

模仿是最原始意义上的学。“学”字最初写法是“斈”，上部像鸟巢，中间的宝盖儿代表房子，下部的土表示材料，整个字的含义是模仿鸟搭木建巢的过程，用土构建自己的房屋，后来引申为从他人或他处获取知识、经验或技能的过程。

在现实生活中和思想政治教育过程中，模仿都具有特别重要的意义。对于思想政治教育而言，教育客体的转化过程首先从模仿开始，婴儿语言的学习、习惯的养成都是模仿其他家庭成员的行为的过程。对于教育客体的每个发展阶段，模仿都是重要的学习形式。如买饭排队、饭后自觉收拾餐具是一种秩序和修养的象征，目前我国的许多地方都还没有养成这种习惯，但同是一个人，在山东师范大学的餐厅就餐后不久就能很快做到，其原因就是其他人示范，教育客体模仿的结果。毛泽东同志曾经说过，榜样的力量是无穷的，在我国的道德建设过程中曾经树立了雷锋、黄继光、王进喜、焦裕禄等许多的模范供人们学习，而模范本意就是人们模仿的样本。人们看电影、看电视、参观等过程都是模仿的过程。

2．学习

这里的学习是狭义的学习，是指处于教育过程中的客体拿出专门时间、运用各种手段系统地获得知识经验和技能的过程。这里的学习又可分为引导学习与自学两种。

引导学习是在他人指导或引导下进行的学习活动，学校教育是典型的引导性学习。在这种学习过程中，教育主体、教育内容、教育环境、教育介质都对教育客体的教育转化产生作用和影响，因此，是一种被动型转化。对于思想政治教育而言是一种逐渐淡化的教育模式。

自学又称自主学习，是教育客体在无人干预的条件下进行的教育转化。在这种学习过程中，教育内容、教育介体、教育环境都取决于教育客体的判断和选择，因此，教育客体的积极性、主动性能得到最大的发挥，教育效果也可以达到最大化。自主学习的方式很多，如旅游、调查、参观、阅读报刊、影视欣赏、上网查询等都是自学的途径。

目前，需要特别重视的是影视和网络这两种方式。这两种方式的信息量大、信息内容多样、自由程度高、传播面广，而政府监督的缺位导致许多不健康思想的泛滥，在教育客体的自主学习过程中容易引起不良后果。这就要求家长和学校在教育过程中注意分析和引导青少年学会判断和选择，远离不健康的媒体信息。

（二）习

习是指教育客体将通过“学”获得的知识、经验和技能应用到实践中去的过程。

子曰：“学而时习之，不亦说乎。”其中的习就是指用知识指导实践。只有自己获得的知识经验和技能得到实践检验，证明自己的学习有效、管用才能获得成就感，才能得到自信心，才能感到成功的喜悦。如孩子学习了礼貌用语，当他运用到实际交往过程中得到他人的表扬和认可后，他就会获得愉悦感，并会产生继续学习和提高的动机。

教育客体习的过程并不单纯是对知识、经验和技能的运用，还是对所学内容进行检查、对比、修正、完善、丰富、发展的过程，只有通过习，学生才能真正将转化内容融入自己的意识，成为自己行动的指南。

教育客体习的形式不是单一的，生活实践、课堂练习、课后作业、同学提问、讨论、辩论、写作都是习的方式，在教育客体转化过程中，主、客体双方要选择有趣味性、实用性的方式，以调动教育客体的积极性和主动性。

（三）思

子曰："学而不思则罔，思而不学则殆。"说的就是"思"的重要性。所谓思，是指教育客体把学习获得的知识、经验和技能进行分析、辨别、加工、整理从而成为系统、完整、具有自己特性的知识体系的过程。

对于思想政治教育客体的教育和转化而言，思的过程是教育转化的关键环节。在通过学习获得思想道德内容之后，只有通过分析、辨别、加工、整理才能把教育内容变成教育客体思想意识的一部分，才能运用教育内容指导自己的实践、引导自己的行动。只注重学习环节，不注重思考加工，所接受的教育内容就会被慢慢忘掉，就无法达到教育转化的目的。因此，在思想政治教育过程中，教育主体必须注意培养教育客体的思维能力。

（四）悟

悟是思想政治教育客体教育转化的最高形式。所谓悟，是指教育客体在学习和实践过程中受教育内容或实践对象的启发而获得新的知识或技能的过程，悟的过程是教育客体自己的意识体系发生创造性变化的过程，尽管这一过程需要先验的知识、经验和技能作为激发条件，但教育客体的分析和体验是关键因素。

在现实生活中和思想政治教育实践中，有许多行为规范和思想成果都是教育客体悟的结果。特别是马克思主义经典作家的思想都是这些革命前辈在革命实践中思维创造的结果。如毛泽东思想中的"枪杆子里面出政权"、"党指挥枪"、"农村包围城市，最后夺取政权"、统一战线、群众路线和党的思想建设、组织建设、作风建设等理论都是毛泽东同志在学习运用马克思主义理论指导中国革命实践的过程中创造出来的。

在这四种转化途径中，模仿是最低级也是最常用最普遍的方式，它不受年龄、知识、经验、阅历的制约，在社会生活的各个领域、各个层次都可以适用，是思想政治教育转化的最有效的方式；学是较为高级、较为普遍的方式，由于它受智力、情感、知识、经验等因素的影响和制约，其普遍性低于模仿，但由于其系统性、长效性、创造性，这种方式又是教育客体转化的主要形式；思是教育客体转化的关键，没有这一环节，教育内容就不能最终转化为教育客体的思想意识；悟是教育客体教育转化的最高形式和境界，它是思想政治教育内容创新和发展的根本，但由于其难度太大，不能成为普遍常用的转化方式。

第三章 教育与思想政治教育的客体：现状的初步反思

通过前两章中对于教育与思想政治教育的客体和主体的辨析，我们对思想政治教育的客体已经有了大致的了解，而各客体之间的相互转化更是增加了思想政治教育客体的复杂性。

伴随着复杂性出现的是各种与之相关的问题，农村基础教育的困境、弱势群体子女的教育、高考移民现象与教育公平、高职学校的思想政治教育等不同的客体有着不同的问题。就像客体之间的复杂变化一样，这些复杂问题也有着错综复杂的变化，并且在序列组合之中产生了质变，波及了社会的其他领域。

本章主要以上述四个事例为典型代表，分析这些问题产生的背景、具体的表现、产生的危害以及具体应对措施，在使读者认识到思想政治教育重要性的同时，加深对于教育与思想政治教育的理解。

第一节 具体事例一：农村基础教育的困境

一 农村基础教育的困境

（一）教学设施残缺不全，教学条件太差

为了了解农村基础教育的状况，笔者亲自调查了山东、河北的26所小学、11所中学。为了更加全面地了解农村中小学的教学条件，除了亲自调查，还印发了2800多份调查问卷，发动1200多名大中专

学生对山东、河北两省的500多所中小学进行了调查。

调查结果显示，在接受调查的320多所农村小学中，教室内有暖气的3所，占0.1%；教室里有电风扇的7所，占2.1%；有图书室的仅47所，占14.7%；音、体、美器材齐全的78所，占24.3%；有微机室的12所，占3.7%；有语音室和多媒体教室的一所也没有。在接受调查的180多所农村中学里，教室内有暖气的9所，占5%；教室里有电风扇的13所，占7.2%；有图书室的118所，占65.6%，但对学生开放的只有79所；音、体、美教学器材齐全的129所，占71.7%；有微机室的132所，占73.3%，但开设计算机课的只有53所；有语音室的11所，占6.1%；有多媒体教室的学校一所也没有。

农村中小学恶劣的教学条件使得老师无法教、不愿教，学生无法学、不愿学，严重影响和制约着农村教育的教学质量，进而导致教师的流失和学生的辍学、转学，使得农村基础教育逐步走入困境。

（二）教师流失严重，师资力量匮乏

对于农村基础教育而言，教学设施只是硬件，它只是一个条件，而教师这一农村基础教育状况的软件，却起着决定性的作用。那么，农村学校的师资力量又如何呢？我们先来看一看调查结果：

从学历上看，被调查的320多所农村小学中，第一学历为本科的为0，第一学历为专科的只有67人，且全都是校长，第一学历是中专的占68%，其余的都是民转公后进修达标的；从年龄上看，小学教师的平均年龄在42岁，初中教师的平均年龄在36岁；从专业上看，专业英语教师比率仅占18%。在笔者亲自调查的38所农村中学中，第一学历为本科的为0，第一学历为专科的占62%，其他的是进修达标；从专业来看，被调查学校专业对口率最高的是数学和语文，占97.5%，最差的是计算机，仅为26%。

然而，农村基础教育的师资力量最令人担心的并不是学历的问题，而是教师大量流失的问题。

据调查，从1994年到2004年的10年中，分到武城县杨庄乡的中师毕业生仅16人，师专毕业生仅7人，本科生一个也没有。从1994年到2004年，该校有11名教师退休，4名教师调到乡教委，17

名教师调入县重点中学，包括副校长在内的4名教师应聘到县城的私立中学，1名教师考上研究生。这种教师的流动使杨庄乡的教师人数在10年中减少了20人。

杨庄中学的师资流失并不是个别现象，据不完全统计，武城县从1996年到2004年，8年中先后有160多名农村初中教师流入城镇中学和私立中学。在接受调查的所有中小学中，每个学校都有老师因为水平较高而被挖走。据2001年山东省的一份统计资料显示，山东省仅2001年一年农村中小学专任教师就减少了9000多人①。

好的教师调走了，年轻有文凭的考走了，新的有文凭的教师又来不了，唯一的出路就是在小学中“矬子里面拔将军”，而这种状况又使小学优秀教师出现了更加不利的局面。这种恶性循环使得农村中小学的师资力量越来越差，而农村中小学的教学质量也因此而迅速下降。

（三）学生流失严重，教育对象减少

学生是学校教育的对象，也是学校存在的根本。然而，近几年农村中小学学生流失的状况越来越严重。山东某乡镇中学，2002年在校生为560多人，毕业生220多人；2005年该校在校生只有70多人，毕业生只有15人。这种状况并不是个别现象，武城县实行义务教育的17所乡镇中学2004年毕业生数在三位数以下的只有2所，2005年则变成了6所，被传为笑谈的某学校毕业班有7名教师，却只有1个学生。小学学生流失的情况没有这么严重，却也并不乐观。

从调查结果可以看出，学生的流失有以下几种情况：

第一，因家庭变故而辍学。这种情况主要是因为父母死亡、离异、疾病、破产等意外变故而导致孩子不能继续接受教育，被迫离开学校步入社会。这种情况在初中和小学都有，但占的比率很小，据调查，因为这种原因辍学的比率只有8%左右。

第二，因自己不愿继续学习而自愿退学。这种情况主要有四种原因：一是因为学生学习成绩差或学生严重偏科感到升学无望而辍学；

① 邵学伦：《关于中小学教师流动问题的思索》，《山东教育科研》2002年第8期。

二是受网络游戏等不良社会影响而对学习失去兴趣而退学；三是被同龄人打工挣钱的经历吸引，认为读书无用而退学：四是因为教学方法或教学内容方面的不足导致学生丧失学习兴趣而退学。这种情况主要在初中，但占的比率比较大，能占到全部学生流失总数的40%左右。

第三，因对原学校的教学质量不满而转学。这种流失的方向主要是县城的重点中学，也有一些是流向办学条件较好的私立学校。这种情况在小学和初中都有，并且占的比重最大，占全部学生流失总量的51%以上。武城县杨庄乡的小学生流失率曾达到过40%，中学生流失率高达69%，2004年杨庄乡中学在校生有380多人，毕业生164人，2005年在校生有116人，毕业生50人，其中绝大部分学生流向县城的实验中学、二中初中部和武城一中，小部分流向新世纪、育英等私立中学。

教育对象的大量流失，使得不少学校濒临倒闭的边缘，从而使那些经济困难无法转入私立学校也无法到重点学校就读的学生的学习环境更加恶化，同时也加重了农村子女的教育负担。

二　农村基础教育步入困境的原因

（一）农村基础教育经费严重不足

教育经费是令所有农村中小学校长郁闷的话题。在笔者亲自调查的37所农村中小学中，从1999年到2005年6年间，得到财政拨款的一所也没有（工资除外）。不仅如此，各学校还要从收取的杂费中拿出一部分上交乡教委和县教委，剩下的还要承担校舍维修、教学用品、实验材料、教室取暖、水电、环保、试卷印刷等各项费用开支。经费的紧张导致许多学校举步维艰，不少学校的门窗玻璃坏了都难以及时更换。

接受调查的山东省某县的教育局局长说：“说实话，我们县已经有8年的时间没给下面的乡镇中学拨过一分钱，并不是我们不想给。下面各中学的情况我都很清楚，有的中学连课桌和凳子都是学生自带的，可我们教育局根本没钱，县财政除了工资以外，基本没有其他的教育投入。连教育局的办公经费都没有保障，有时还要从各学校的杂费中收一点来维持，更不用说向下拨款了。”

农村基础教育经费不足的根源就在于各级政府对教育投入的不足。目前，各级政府对义务教育的财政投入，中央财政拨款占2%，省级财政占11%，县级财政占9%，三级财政加起来占22%，剩下的78%的缺口留给了乡镇，但乡镇也无力支付，于是又推给学校，学校还不起，因此，只能欠着。欠着国家的贷款、欠着教师的工资、欠着学生的教学设备……经费不足和沉重的债务使本来就在困境中挣扎的农村基础教育走向崩溃的边缘。

（二）城乡差别导致教学骨干流向城市

目前，我国教师的收入差距越来越大，同一地区、同等级别的教师工资收入差距达2.5倍，这种差距使农村中小学教师流动中单向流动严重，“村里的老师往镇上走，镇上的往县里走，县里的往市里走，市里的往东南走”。现在农村地区的教师队伍可以用三句话来概括：优秀教师走了、新加入的教师素质越来越低了、不合格的教师又增加了。

据接受调查的河北省某县的张局长介绍，由于县财政收入较低，一些贫困地区每月给教师的工资并未足额发放，这些老师每月的收入尚不足500元。武城的小崔老师告诉笔者，他在乡中学已经教了11年学，可工资收入每月只有430元，而他的同班同学在县城中学，工资有600多元，在德州市的一个同学，工资800多元，还有不少的奖金。他说，乡镇中学这样的收入水平根本留不住优秀教师，如果不是顾及妻子和老人，他也早就到县城中学去了。

（三）教育内容不适用导致新的“读书无用论”

从目前我国农村教育的现状看，农村教育与城市教育一样，采取相同的教材、教法、进度，这与农村的实际情况相距甚远。农村基础教育忽略了城乡之间的差别，脱离农村实际，脱离农村生活，以至于高考落榜的农村学生“种田不如老子，养猪不如嫂子，挑担不如妹子”，并为此受到乡邻们耻笑。更糟糕的是，近几年由于大中专学校招生并轨和毕业生自主择业制度的改革，以及城市企事业单位纷纷整编裁员，一些农村大学毕业生不但不能成为国家干部，连固定单位也找不到了，虽然这些人基本上都没有回乡跟随“老子”或“嫂子”重新学习，而选择留在城市打工。但农民送孩子念书的目的就是让孩子拥有一个“铁饭碗”，从此衣食无忧，如今这个期望落空了，因为“念了大学的孩子与没念初中的孩子一样了，都是打工仔了”。于是，农民们更加觉得“读书无用”了，他们认为与其让孩子待在学校念书，不如让其早点离校干活挣钱。

以高考为中心的教育体制和以应试为目的的教育内容，使“升学”成了农村基础教育的唯一目标，忽略了农村基础教育习惯养成、能力培养和思想观念更新的主要目标，学生在校期间除了学习能力和知识积累以外，不能从思想、观念、技术和生活能力等方面有所提高，使许多农村学生因为考学无望就认为学习无用，导致了新的读书无用论的产生，使辍学之风愈演愈烈。

（四）政府和教育部门政策的不当倾斜导致农村基础教育举步维艰

无论是从法律上还是从理论上，农村基础教育和城市的基础教育都具有同样的地位，都属于由政府投资、举办和管理的九年义务教育的范围，从校舍、师资、教学设施等方面都应得到同样的待遇，但在现实中，这些平等却是难以实现的。目前，各级政府和教育主管部门都在遵循一个不成文的规定：把有限的人力、物力和财力投向重点大学、重点中学、重点小学。

各县市的重点中学也在政府和教育主管部门的默许甚至支持下在办学的各个方面取得绝对优势。在人力方面，高学历、高素质的大学毕业生都愿意留在县城重点学校，除此以外，重点学校还可以在全县或全市范围内选拔和抽调骨干教师，近几年，几乎所有的县市都在进行乡镇中学教师进城的选拔考试。在物力方面，当许多农村中小学生还在没有玻璃、没有暖气、没有日光灯的危房中坐在自己带的课桌前跺脚、搓手的时候，县城重点中学的学生们却已经拥有了标准语音室、闭路电视、多媒体教室甚至塑胶跑道。在财力方面，绝大多数农村中小学已经多年没有得到过除教师工资以外的任何财政拨款，却还要把收取的学杂费的10%—20%上交乡、县教委，而县城的重点中学却几乎得到了本应投到农村中小学的全部费用，并且还可得到许多社会捐赠。在政策方面，国家规定义务教育阶段学生就近入学，任何学校不得招收高价择校生，但县城的重点学校却利用教学条件、师资力量等方面的优势，在教育主管部门的默许下，通过“国办民管”、“股份制”、“校中校”等方式“明修栈道，暗度陈仓”，大量招收全县范围内的高价择校生，使许多农村中小学校的生源大量外流、学生素质下降，导致不少农村中小学教室闲置、师资浪费，既浪费了本来就非常有限的教育资源，又人为地加重了农村子女的教育负担。

政府和教育主管部门之所以实行倾斜的教育政策主要是基于以下原因：第一，集中力量办好教育。这是80年代初在教育资源非常有限的情况下，为早些培养出人才而采取的特别措施，但这种政策除了个别贫困地区和偏远山区外早已不再适应当前的形势。第二，好大喜功的心理。办重点中学，搞形象工程，提高升学率，可以增加自己的政绩。目前，有不少官员存在这种心理。第三，自私自利心理。“近水楼台先得月，向阳花木易为春”，重点学校绝大部分在城里，办好重点学校可以使所有干部子女得到更好的教育，自己的子女也可以顺理成章地分一杯羹。“父母不吃皇粮，孩儿难上学堂”，河北省沧州市东光县城的“特权学校”就为这种状况作了最好的代言。

三 农村基础教育走出困境的出路

农村基础教育的困境已经严重阻碍了我国经济发展和和谐社会发展的进程，那么如何使农村基础教育走出困境呢？笔者认为应当从以下几方面着手。

（一）各级政府和教育主管部门应更新观念

前国务院总理温家宝在全国农村基础教育工作会议上的讲话中指出：“教育是现代文明的基石。提高国民素质，增强综合国力，必须大力发展教育事业。农村教育影响广泛，关系农村经济和社会发展的全局。”“普及农村义务教育，有利于缩小社会差距和实现社会公平。”

温总理的讲话从战略角度指出了农村基础教育的重要性，然而，在许多政府官员的心目中，教育始终是一个累赘，特别是农村基础教育更是一个沉重的包袱。常言说“十年树木，百年树人”，在许多政府官员的心目中，教育投资大、见效慢，不管花多大力气也不能给自己带来政绩。“实施科教兴国战略，切实搞好教育工作”可能是全国各地地方政府官员的口号，但他们口惠而实不至。这当然与地方财力普遍不足有关，但也与地方官员的思想认识密切相关。目前，在各地县、乡、村领导中流行着两句口头禅：“要想富，先修路”；“一工交，二财贸，若有余钱办学校”。但许多地方的官员热衷于修广场、建雕塑，却舍不得向农村基础教育投资。山东某县的 76 所农村中小学连续 8 年没得到一分钱的财政拨款，县委县政府却筹巨款拓宽街道、修建花园，并投资 1000 多万元修建了一个城市中心广场，仅广场中心的一个雕塑就花了 30 多万元。

这种重经济、轻教育的现象绝不在少数，而是不少政府官员的共同思想。目前，有许多地方的政府高呼着“人民教育人民办，办好教育为人民”的口号，把政府办教育的责任“顺理成章”地推给社会和老百姓，“国办民营”的有之，中小学“股份制”的有之，利用国有资产办“校中校”的也有之，这些人高呼教育改革的口号，却干着摧残教育特别是摧残农村基础教育的勾当。可以说，农村基础教育能否走出困境，转变各级政府和教育主管部门的观念、改变地方官员的短视行为是一个关键。

（二）改变教育投资体制，加大对农村基础教育的投入

解决农村基础教育财政投入问题的重要前提是解决农村基础教育财政投入总量的增长，同时也要改变投入的支出结构，特别是各级财政的投入比例，包括城乡比例、东西部比例、基础教育与中高等教育的比例的问题。

在教育财政投入总量上，中央政府应承担更大的责任。在美国，中央、州、地方政府对基础教育经费的分担比例为 6.2∶48.3∶45.5，在法国，中央政府则分担了 68.4%，而在我国，中央财政仅负担

2%，省地负担11%，县级负担9%，乡镇负担78%左右。[①] 谁都知道中央和省级财政能力比地方和基层政府强得多，所以要解决农村基础教育的投入问题首先应加大中央和省级财政投资力度。

在投入比例上，我国目前高等教育的投入比例过高，义务教育的比例过低，城乡之间义务教育的投入比例也明显失调。2001 年义务教育阶段的学生有 18974.5 万人，高等教育阶段的学生有 464 万人，而义务教育经费投入仅占全国教育经费的 47%。[②] 2001 年农村义务教育阶段学生为 11726 万人，城镇学生为 7248.5 万人，但农村义务教育经费几年来占全部义务教育经费的比重一直在 50% 上下徘徊，且呈下降趋势。从生均教育经费看，2001 年城镇中小学生均教育经费和生均教育公用经费两项指标均比农村地区高出将近 1 倍。

为改善农村基础教育的落后状况，政府部门必须调整不合理的比例关系，使教育经费投入向中西部地区和老、少、边、穷地区倾斜。在义务教育和非义务教育的比例上向义务教育倾斜，在农村义务教育和城镇基础教育的投入比例上向农村基础教育倾斜，只有这样才能逐步使农村基础教育走出困境。

（三）稳定和充实农村教师队伍

现在国家在教育上的投入多是造房子，但是制约农村基础教育发展的最大障碍是教师。要改变目前农村基础教育教师资源不足、师资力量匮乏的问题可从以下几个方面着手：第一，提高农村教师的工资和福利待遇，使之能达到甚至超过城镇同级教师的工资水平，稳定农村基础教育的教师队伍。第二，设立老、少、边、穷地区农村教师特别津贴，对到这些地区的农村从事教育工作的大学生给予物质上的鼓励和人事制度方面的照顾，提高这些地区教师工作的吸引力。第三，建立教师援助计划，指派城镇教师定期轮换到农村执教，充实农村的师资力量。第四，建立农村教师定期培训制度，由国家出资让农村教

---

① 东北财经大学经济与社会发展研究院课题组：《农村基础教育的公共投入政策研究》，《经济研究参考》2004 年第 51 期。

② 徐瑞娥：《完善我国财政教育投入体制问题的研究综述》，《经济研究参考》2004 年第 95 期。

师定期到师范院校培训、到城镇学校观摩，提高农村教师的整体水平。

（四）改革教育内容

对于教学内容改革，教育部颁布的《基础教育课程改革纲要》明确指出，促进课程的民主化和提高其适应性，改变课程管理过于集中的状况，实行国家、地方、学校三级课程管理，增强课程对地方、学校及学生的适应性。

在教学内容改革的过程中，要遵循将国家课程、地方课程和本土课程整合优化的原则。国家课程是由国家教育行政部门规定的体现国家意志的统一课程，目标是未来公民的共同素质，它决定着一个国家基础教育的总体质量；地方课程是由省一级的教育部门根据国家的课程计划并依据当地的发展需要而开发的课程；本土课程则是以本土文化为主体、由地方教育行政部门和学校自行编订的课程。无论是国家课程、地方课程还是本土课程，它们在培养目标上都具有一致性——都是为了国家的未来和学生的发展。但国家课程是从宏观需要出发制定的，省一级的地方课程也对非主流文化关注较少，而本土课程生动、细腻，与本土的生产生活方式结合紧密，富有本土情感，学生可以边学边用，能迅速体会到求学过程中成功的喜悦，从而树立起对学校教育的信心，能有效地补充国家课程和地方课程的不足。

为了适应农村经济和社会发展的需要，建构适应不同地区不同学生发展需要的现代化课程。教育行政部门应结合本地情况，从培养学生对本土文化的情感出发，充分挖掘本土社会中的课程资源，以科学的态度、适当的方式将本土文化中的生产知识、地理知识、气象知识、植物知识、动物知识、医药知识、工艺知识和具有地方特色的风俗礼仪等编制成地方课程，并把普及生态伦理学知识作为本土课程开发的一项重要指标，同时将法律、民主意识与农村本土知识、本土事例相结合，让本土文化进入课程，消除学生与课程、教育与生活、知识与实践之间的隔阂与对立，培养学生对于本土文化、本土社会的情感，提高学生的兴趣。

第二节 具体事例二：弱势群体子女的教育

一 弱势群体及其子女的受教育的现状

目前，我国正进入构建和谐社会的新阶段，这是加快社会主义现代化建设的社会转型期，也是社会问题多发期，弱势群体子女教育问题就是其中之一。弱势群体，是指那些在政治、经济和文化生活中处于劣势，无法平等地享受到社会经济发展的成果、生活处于困境的人群。据劳动和社会保障部门权威人士分析，属于弱势群体的人有：农村的低收入者；下岗职工或已经离开再就业服务中心但仍没找到工作的人；体制外的人，即靠打零工、摆小摊养家糊口的人和残疾人、孤寡老人；进城的农民工，他们没有享受城市劳动者的同等待遇，劳动权益得不到保护；较早从集体企业退休的体制内人员，他们的单位要么破产，要么效益欠佳，不可能为这部分人缴纳医疗等社会保险，他们的收入仅够吃饭，没有城市最低生活保障。[①] 可见，我们所研究的弱势群体，不同于传统意义上的因自身生理、自然灾害等原因所致的弱势群体，而是在社会转轨时期，由于政策、资源、环境、能力等社会原因造成的在社会地位、经济收入、机会享有、权益保护等方面处于不利地位的特殊人群。

弱势群体面临着一系列困难，其子女的教育问题便是他们所面临的主要困难之一。由于弱势群体子女对父母的依赖性，所以在一定程度上，弱势群体之“弱”就决定了其子女在受教育方面的“弱势”。这种弱势体现在多个方面，“在学校教育教学过程中，弱势群体子女受到了下列一些不公正的待遇：教师安排座位不公，学生课堂发言机会不公，教师批改学生作业不公，教师鼓励、表扬学生不公，学生上讲台、黑板示范或演示的机会不公，学生当班干部的机会不公，教师与学生的交往不公。“弱势群体之子女在学校教育教学过程中所受到的上述种种不公正待遇，虽只占少数，给这些学生以歧视的教师也只

① 居欣如：《析弱势群体及其成因》，《瞭望新闻周刊》2003 年第 52 期。

占极少数，但对于受到不公正对待的孩子或家庭来讲，则是100%的打击与伤害。"① 其实，弱势群体子女受教育的"弱势"不仅体现在教育过程中，还体现在受教育的起点和受教育的结果上：启蒙教育程度低；因家庭贫困，辍学情况时有发生；因户籍、学籍的限制无法解决入学、转学等问题；因经济困难，无法选择办学条件好的学校，只能就读办学条件差的学校；因经济困难，无法进入高等学校或不能完成高等教育；等等。

二 和谐：从弱势群体子女教育问题看社会秩序状态的变革

党的十六届四中全会明确提出了和谐社会的构建，它表明我们党在执政55年之后，更加关注社会建设，更加关注社会和谐、社会正义、社会公平，表明了中国特色社会主义事业的总体布局，由经济、政治、文化的三位一体，扩展到了经济、政治、文化、社会的四位一体。然而弱势群体及其子女的教育问题已成为和谐社会构建过程中的一大障碍，诚如有学者指出的："弱势地位不仅带来了生活上的窘迫，更多的是心理上的失衡。而心理上的失衡极大地动摇了个体原有的人生观和行为定式，为越轨行为的产生创造了条件。"② 保障弱势群体子女的受教育权，改善弱势群体子女的教育状况，为构建和谐社会扫除障碍已成为当今社会发展的当务之急，这一问题解决不好，就会导致贫富分化加剧、社会治安恶化、社会矛盾尖锐，进而影响和谐社会的建设进程。

弱势群体子女受教育权利的实现程度制约着社会的和谐程度，而弱势群体子女受教育权利的实现又依赖于和谐的社会关系，但目前社会关系的和谐程度还远远不能满足弱势群体子女实现受教育权利的需要。为此，笔者认为社会关系应做出以下调整：

首先，要整合社会各种关系。有学者指出，和谐社会可以归结为下述四个方面的和谐：第一，社会系统内部诸种基本社会关系、社会

---

① 明庆华：《论教育中弱势群体子女受歧视问题》，《中国教育学刊》2003年第5期。

② 乐国安：《弱势群体与心态失衡》，《政法论坛》2004年第3期。

结构和要素之间关系的和谐。第二，人与人之间关系或人际关系的和谐。第三，人与社会之间关系的和谐。第四，人与自然之间关系的和谐。[①] 要想达到这四种关系的和谐，就必须对目前的社会秩序做出合理的整合：第一，经济、政治和文化要协调发展，政府不能因为以经济建设为中心就忽略了教育建设，尤其应始终把义务教育放在政府工作的突出位置。第二，在以弱势群体子女为中心的社会关系中，父母不能因为经济贫困，就在子女还对他们具有较强依赖性的情况下，自动放弃其子女的受教育机会。第三，调整弱势群体子女与整个社会之间的关系，整个社会对弱势群体子女应进行扶助，帮助其摆脱困境。

其次，要妥善处理不同群体间的利益关系。“构建和谐社会要求用法治、制度和疏导等办法解决人民内部出现的利益矛盾，从而使各方面的利益关系都能得到妥善解决。”[②] 子女受教育也是一种利益，利益分配的不公和不均必然会导致矛盾的出现，“弱势群体问题实际上是社会转型期人们内部矛盾的新表现，其凸显表明社会阶层之间的利益发生了矛盾。社会弱势群体的凸显，已经或者可能引发一系列显性或隐性的社会结构性矛盾。”[③] 弱势群体的矛盾同样体现在其子女教育问题上，而且更复杂，大体包括：（1）弱势群体子女与执政党和政府之间的矛盾；（2）弱势群体子女与社会保障机构之间的矛盾；（3）弱势群体子女与教育机构之间的矛盾；（4）社会弱势群体与其子女之间的矛盾；（5）弱势群体子女与强势群体子女之间的矛盾；（6）弱势群体子女相互之间的矛盾。其实，上述六个方面的矛盾都隐含着以下三对矛盾：第一，教育需求与满足之间的矛盾。一国公民教育的大量需求与该国提供的有限的教育资源之间矛盾的解决，不可能是缩小公民需求，而只能是不断扩大资源的国家供给。第二，贫困与富裕之间的矛盾。强势群体过度地占有和享受教育资源，必然导致

---

① 侯才：《“和谐社会”具有深厚的文化底蕴和丰富的内涵》，《科学社会主义》2004年第5期。

② 严书翰：《构建和谐社会是对全面建设小康社会认识的深化和拓展》，《科学社会主义》2004年第5期。

③ 马用浩：《弱势群体问题的深层思考》，《广西社会科学》2003年第2期。

弱势群体子女可支配的教育资源减少，所以我们鼓励当前富裕者尽其所能扶助弱势群体。第三，正义与利益之间的矛盾。我们鼓励人们为着各自的利益进行创造活动以推动社会的发展，但是对正义的忽视是社会不文明的表现，正义与利益的和谐程度是社会和谐程度的标志，这就要求利益的追逐者不能背弃社会正义变成“守财奴”，而应关爱他人、帮助他人，以推进社会和谐。

最后，要努力实现教育公平。和谐社会必定是公平的社会，“只有社会公平，各方面的社会关系才能融洽和谐，人们的心情舒畅，人们的积极性、主动性和创造性才能得到充分的发挥，整个社会才会和谐稳定”①。社会公平包括经济公平、政治公平、文化公平等不同的类型，教育公平则是文化公平的重要内容，是公平原则在教育方面的体现。教育公平包括两个方面：机会的均等和权利的平等。教育不公平首先表现为机会的不均等，包括起点的不平等、标准的不平等方面，如在学前教育上，城市中的孩子接受学前教育较易且水平高，农村的孩子接受学前教育较难且水平低；条件的不平等，如在师资力量上，相较而言，城市教师的教学水平远远高于农村教师，而且农村的优秀教师常被城市学校挖走；结果的不平等，如就业机会的不平等、高考分数线的地区差异等。教育不公平还表现在受教育权利的不平等，如在受教育权利的实现上，进城务工者的子女在入学上受到学籍、户籍的限制。然而，我们必须认识到“教育权利和教育机会的竞争实质上就是生存权和发展权的竞争”②。在构建和谐社会的过程中，要实现弱势群体子女受教育的机会均等、受教育权利的平等应从如下三方面考虑：第一，对于经济性的弱势群体，应为其子女教育提供真正免费的义务教育，并建立、健全社会保障体系，解决其子女非义务教育阶段经济上的后顾之忧，有效发挥其保障作用。第二，对于流动性的弱势群体，政府应出台强制性的政策，保证农村进城务工人员和其他流动人员子女的受教育权利和机会的公平和平等。第三，对

---

① 青连斌：《构建和谐社会必须抓住几个着力点》，《科学社会主义》2004年第5期。

② 姚本先、刘世清：《论弱势群体子女的教育公平》，《教育发展研究》2003年第8期。

于地区性的弱势群体，政府应建立相关的体制和政策，实现东部与中西部、城市与农村的教育资源共享。总之，在和谐社会的构建过程中，我们把注意力更多地投向弱势群体及其子女，尽管从表面上看似乎不公平，但是这就犹如在天平已然出现高低不平的两端时，我们往天平高的一端加砝码是为了使两端平衡一样，对弱势群体子女教育问题的关注和倾斜就是为了实现弱势群体子女在教育问题上的实质公平。

三 救济：和谐社会构建过程中对弱势群体子女的教育关怀

弱势群体子女的受教育机会不均等和受教育权利的不平等，是非正义的体现。关于正义，美国学者罗尔斯和庞德提出的社会正义即社会基本结构（也就是社会体制）的正义，对个人生活的影响具有根本性和实质性。“一个社会体系的正义，本质上依赖于如何分配基本的权利义务，依赖于在社会的不同阶层中存在着的经济机会和社会条件。”[①] 社会体制是分配基本权利和义务的经济、政治和法律制度。作为社会的主要制度它甚至影响到了人生之初的机会，如出生于不同的社会阶层，会使某些人的起点比另一些人更为有利。罗尔斯还指出：“社会和经济的不平等应当被安排得：（1）对最不利条件者最具助益，符合正义的补偿原则；（2）在机会平等的条件下，地位和官职对所有人开放。”“每个人都应当具有这样一种平等权利，即和所有其他人所享有的同样的自由相并存的最广泛的基本自由权项。”[②] 罗尔斯的论述给予我们重要启示，要真正实现弱势群体子女受教育权利，就应当调整当前的社会体制，在社会已然出现不公平的情况下，进行权利的救济以实现社会正义，即要求社会分配机制在一定时期把资源更多地分配给弱势群体子女。

弱势群体子女教育问题产生的社会大背景是社会处于转型时期，

---

① ［美］约翰·罗尔斯：《正义论》，何怀宏、何包钢、廖申白译，中国社会科学出版社 1988 年版，第 5 页。

② ［美］E. 博登海默：《法理学：法律哲学与法律方法》，邓正来译，中国政法大学出版社 2004 年版，第 208—209 页。

根本原因在于国家提供的各种资源无法满足所有人的需求，以及社会转型时期个人能力不足无法适应社会环境。对弱势群体子女受教育权利的救济也就是一个有效配置教育资源，以逐步达到人与人之间关系和谐的过程。

首先，要做好党的群众工作。弱势群体子女受教育的现状说明，在社会急剧发展的过程中，党的群众工作在一定程度上没有做到位。新形势下这种涉及经济利益的人民内部矛盾，不能像处理思想政治领域的矛盾那样，单用说服教育的方法。然而，“不断提高党在新形势下做群众工作的本领是不断提高党构建和谐社会能力的重要内容”①。各级领导干部要深入到基层，倾听群众呼声、关心群众疾苦，把群众关心的热点、难点问题作为当前工作的重心。解决弱势群体子女的教育问题，我们党和政府应从政策上倾斜、经济上扶助、心理上关怀等层面把工作细致入微地做到实处，真正把党的群众路线贯彻下去。

其次，扩大教育资源、完善社会建制，使更多的教育资源向弱势群体子女倾斜。这是从政策、制度层面对弱势群体子女的教育关怀。第一，文化发展要与经济、政治发展相协调，加大教育的投入力度。第二，改善原有的效率公平观念，注重社会公平。② 第三，改革现有的教育投入机制，减轻弱势群体的教育承担，充分、有效、合理地发挥国家、社会和个人进行教育投资的能力。第四，改革现存的教育资源投放机制，以教育公平观念为出发点，改善农村、西部的教育环境，尤其是师资和基础教育设施。第五，教育机构内部机制作适当的调整，使农村免费义务教育步子再大些，尤其是要改革原有的收费政策、户籍政策和学籍制度，妥善解决流动弱势群体子女的入学问题，实现学校的公平吸纳；改革原有招生体制，缩小招生录取上的地区差

---

① 严书翰：《构建和谐社会是对全面建设小康社会认识的深化和拓展》，《科学社会主义》2004 年第 5 期。

② “经济学家是讲效率的，但社会学家讲的是公平，我们讲一部分人先富起来 20 年了，现在该讲公平了。——西方国家一百年积累的贫富差距，我们在 20 年便形成了。咱们讲效率优先，兼顾公平是不行的。比如说减员增效，失业人口那么多，减完的员到哪里去？减员只是给社会增加负担；减员并没有增效。”陆学艺：《探寻中国社会阶层的变迁》，《南风窗》2002 年第 2 期。

异。第六，借鉴国外经验，可在某些地区试行教育券制度。[①] 第七，完善社会保障制度，动员社会各界采取各种方式扶助弱势群体。

最后，引导被救济者自救。应该承认“虽然人们应当享有足够的平等以使每个人都能达到最适合于他的地位，但是如果没有‘对于不等的成就给予不等的报酬’这种激励，那么所谓最适当地使用才能就会成为一句空话”[②]。可见，“弱势”带来的压力并非都是消极影响，它也能给予弱势者以摆脱它的动力，在扩大教育资源和完善社会机制的同时，弱势群体子女自身的努力也很重要。法谚“法律帮助勤劳者”，法律不会迁就懒汉。“财富分配应当是扩大社会财富的一种手段，而不应成为对能力低下者和懒汉的安抚和照顾。在发展社会财富面前，公平应当退居第二位。”[③] 如果一旦进入弱势群体的行列便故步自封、原地踏步，那么弱势群体就成了社会蛀虫。因此，激励弱势群体在救济者的帮助和引导下，在社会所提供的条件和机会下，进行自我救济，走出困境，这是弱势群体子女摆脱弱势的内在动力。从救济者与被救济者之间关系和谐的角度来看，须在两者之间形成互动关系，可以形象地说，救济者用力拉被救济者，被救济者也要在救济者的帮助下努力站起来。

第三节　具体事例三：高职学校的思想政治教育

为了使我国高等学校的思想政治教育与当前经济、社会发展相适应，《中共中央、国务院关于进一步加强和改进大学生思想政治教育的意见》（以下简称《意见》）明确提出了加强和改进大学生思想政治教育工作的四项主要任务：第一，要以理想信念教育为核心，深入

---

① 教育券（education voucher）是美国教育改革中采取的措施之一，是指政府把用于资助学生上学的经费以教育券的方式发放给家长，家长可以用教育券向自己选定的学校支付孩子的上学费用。可参见马慧《美国择校中的学券制》，《比较教育研究》2001 年第 1 期；张奇志、柴骥程：《令人耳目一新的教育券》，《瞭望》2002 年第 48 期。

② ［美］E. 博登海默：《法理学：法律哲学与法律方法》，邓正来译，中国政法大学出版社 2004 年版，第 316 页。

③ 张文显主编：《法理学》，高等教育出版社 2003 年版，第 423 页。

进行正确的世界观、人生观和价值观教育；第二，要以爱国主义教育为重点，深入进行民族精神教育；第三，要以基本道德规范为基础，深入进行公民道德教育；第四，要以大学生全面发展为目标，深入进行素质教育。

高等职业学校作为高等教育的特殊部分，必须根据职业教育的特点和《意见》的要求制定适应高等职业学校的思想政治教育目标。笔者认为，高等职业学校的思想政治教育的总体目标应是开拓视野、更新观念、提高能力、陶冶情操，使学生能够敬岗爱业、忠于职守，使学生学会做人、学会做事、学会学习。

开拓视野是指高职学校的思想政治教育应当引导大学生拓宽知识面。目前的大学生是在应试教育环境中长大的，父母“望子成龙、望女成凤”的压力、老师“两耳不闻窗外事，一心只读‘应试’书”的教诲，社会对“高考状元”的褒奖和宣传，使得学生产生了对“登科”后“春风得意马蹄疾，一日看尽长安花”的期盼，从而造成了更多学生闭门读书，不关心家庭、不关心社会，成了不问世事的书呆子。这些学生知识面窄、生活阅历少、社会知识匮乏，许多人虽然考上了大学，却连基本的生活常识都不懂，甚至有的学生连衣服都不会洗。这种大学生显然不能适应当今社会的激烈竞争。因此，高等职业学校思想政治教育的首要任务就是开拓学生的视野，改变大学生的知识结构，使他们在学好专业知识的同时，了解社会、关心社会，深入生活、学会生活，使他们不再封闭在课本、聊天和网络游戏之中，引导他们开拓视野、开阔心胸、拓宽知识面，从而能够适应社会、服务社会，得到健康、全面的发展。

更新观念是指高职学校的思想政治教育应当引导大学生树立正确的世界观、人生观、价值观，使之敬岗爱业、乐于奉献。目前，各种竞争日趋激烈，各种思想文化相互激荡，各种矛盾错综复杂，社会利益关系更为敏锐，人们的价值观念和行为模式面临着重新定位。由于思想政治教育的薄弱，“法轮功”等形形色色的邪教、各种封建迷信对当代大学生的世界观、人生观产生了不容忽视的影响，拜金主义、享乐主义、极端个人主义等不良思想观念对于一部分大学生的价值观形成了巨大冲击，相应地，在日常生活中奉行自我中心主义、极端个人主义，缺乏道德的约束，这也已成为部分在校大学生的一个突出问题。因此，如何引导广大学生树立正确的世界观、人生观和价值观，养成与时代发展相适应的具有自我约束能力的行为习惯，能够从高职大学生的实际出发学好专业知识，具备敬岗爱业、乐于奉献的职业道德，可以说是大学生思想政治教育工作面临的最直接也是最迫切的任务。

提高能力是指通过思想政治教育，提高大学生的认识能力、适应能力、自我管理能力和知识更新能力。高等职业学校的大学生是一个特殊群体，一方面，他们是胜利者，在“千军万马过独木桥”的高考竞争中获得了胜利，成为被称为“天之骄子”的大学生中的一员；另一方面，他们又是失败者，不但“职业”二字使他们在普通高校大学生面前黯然失色，面向企业就业的前途更使不少职业学校的大学生感到希望渺茫。在这种复杂的心态下，许多高职学校的大学生不能正视自己和社会，不能适应环境变化，不思进取，放任自流。因此，高等职业学校的思想政治教育的工作必须针对这一问题而开展，引导大学生正确认识自己、认识社会，提高高职大学生的适应能力、自我管理能力和面对挫折的能力。

陶冶情操是指高职学校要通过思想政治教育改变大学生的行为习惯，提高大学生的思想水平和道德品质。随着社会的发展和独生子女的增多，当代大学生比前人得到了更好的学习和生活条件，得到了更多的关心和照顾，但令人遗憾的是，有些大学生不但不因此感到满足和感激，反而变得自私自利、不近人情。有的因为感情问题而自杀或他杀，有的为了得到更好的生活条件欺骗父母、出卖人格、走向犯罪，有的就业后不久就贪污、盗窃、挪用公款。为改变这种“生活条件提高、道德水平下降”的现状，高职学校必须结合职业学校和学生的实际，有的放矢地进行深入细致的思想政治教育，特别是要加强职业道德教育和公民道德教育，引导大学生自觉遵守爱国守法、明礼诚信、团结友善、勤俭自强、敬业奉献的基本道德规范，培养出良好的道德品质和文明行为，使职业学校的大学生真正了解个人与企业、个人与社会之间的相互依存、缺一不可的道理，正确处理个人与企业、个人与社会的关系，热爱企业、关心集体、关注社会，使他们走向社会后能够实现个人与企业的互惠双赢，促进社会的和谐发展。

学会做人是指通过情感教育和感恩教育使大学生学会尊重人、关心人、爱护人、帮助人，学会处理各种人际关系和社会关系。现在高等职业学校的大学生都是改革开放以后出生的年轻人，由于家庭的溺爱和社会不良风气的影响，许多学生以自我为中心，缺乏家庭和社会责任感，没有集体意识和国家观念，自私自利，不关心同学和集体。有的因为自己生活条件比不上其他同学而怨恨父母，有的因为极小的矛盾而对同学大打出手，甚至将同学残忍地杀害……以上种种行为都是应试教育只注重成绩不注重品质，思想政治教育只讲政治不讲情感的结果。为了改变这种现状，高职学校的思想政治教育应当进行情感教育和感恩教育。通过情感教育和感恩教育，使大学生做到以下几点：第一，感悟亲情。理解父母、关心父母、回报父母，使得家庭和睦、温馨、幸福。第二，懂得爱情。尊重对方、理解对方、关爱对方，为将来婚姻家庭的美满打下基础。第三，注重友情。同学之间、朋友之间相互尊重、相互理解、相互关心、相互帮助，建立团结向上、真诚友爱、富有凝聚力的班集体。第四，理解师生情。尊敬老师、理解老师、关心老师，建立尊师爱生、互帮互学、平等互助的新型师生关系。第五，学会感恩。不管是“天之骄子”的大学生还是平凡的老农民，都离不开土地、山川、河流、阳光、空气等自然条件，离不开国家、法律、军队、学校的保护和教育，离不开父母的关心、老师的教诲、同学朋友的帮助和其他社会成员的关注。因此，大学生必须懂得感恩和报恩，不但关心自己，也关心父母、关心同学、关心班集体、关心国家和民族，做到尊重人、关心人、爱护人、帮助人，同时要学会个人与企业互惠双赢、社会与自然和谐相处，在自我发展和完善的同时承担起家庭、企业和社会的责任。

学会做事是指通过思想政治教育使大学生学会认识问题、分析问题、解决问题的方法。尽管目前的大学生已经接触过马克思主义哲学，但由于学得不透、不精、不深，没有做到理论与实际相结合，在处理问题时还有许多不足之处：有的因早恋放弃学业，有的因失恋放弃生命，有的因利益放弃尊严等，这些都是不会做事的表现。因此，高职学校的思想政治教育应引导大学生学会“明确目标、制订计划、付诸行动、定期检查、及时调整”的做事五步曲，学会区分轻重缓急，学会“一分为二”地看问题，学会“具体问题具体分析”，学会“两个方面分主次，认识问题看主流”，学会“多个矛盾分主次，解决问题抓重点”，学会“去粗取精、去伪存真，由此及彼、由表及里”的科学分析法。

学会学习是指通过思想政治教育使大学生具有自我知识更新的能力。信息时代，知识更新的速度越来越快，不管是普通高等教育还是高等职业教育，学生在学校获得的知识已不能让他们终身使用，各个发达国家以及我国的香港、澳门、上海、北京等大城市都已提出终身学习的概念。因此，教会学生学会学习和自我知识更新已经成为当务之急。由于应试教育的影响，我国的基础教育和高中教育注重学生知识的积累，而忽略了学习能力的培养。为使高职学生学会学习，高等职业学校的思想政治教育必须顺应这一潮流，担负起历史的重任。在思想政治教育过程中，教师应注重“授之以渔”，而不仅仅“授之以鱼”，不但要教给学生理论知识，更要教会学生理思路、找线索、学方法，使学生懂得“三人行必有我师”、“学而不思则罔，思而不学则殆”、“纸上得来终觉浅，绝知此事要躬行”的学习道理，学会“温故而知新”、同学间“切、磋”、“不动笔墨不读书”等学习技巧，掌握“日有所得、心中有数、持之以恒、学友互助”的学习方法。

总之，目前高等职业学校的思想政治教育必须根据职业学校学生的实际、根据和谐社会建设的要求、根据企业发展的方向和《意见》的指示精神进行调整和改革，力求使高等职业学校的思想政治教育贴近学生、贴近社会、贴近生活，促进高职大学生身心的健康成长和思想道德品质的提高，使高职学校的毕业生成为家庭省心、企业放心、工作安心、对人诚心、对社会热心的合格公民，以加快和谐社会的建设进程。

第四节 具体事例四：高考移民现象与教育公平

一 高考移民：国家与社会之间的博弈

高考移民，是指在教育部根据不同省份制定了与各省份相关的高考招生政策，省份与省份之间的招生政策存在着地域性差异的情况下，父母或其他亲属为了让孩子在高考时能够考取相对来说更好的大学，就在高考前将孩子的户口和学籍想方设法从己省弄到他省，以使自己的孩子在他省的高考排名中提前从而考入理想大学的手段。不难发现，每年高考前后各大舆论媒体都在关注这个问题并对其进行监督，但是未然之情根本防范不了。直到各高校录取完毕之后，高考移民的诸多事由仍然会被陆陆续续地挖掘出来。

A 省考生到 B 省参加高考，很显然，针对该学生的学习成绩来说，B 省的录取分数会比 A 省低。两省在录取分数上有些地域性差异，对于高考生来说，很显然这就是机会的不公平，起点的不公平，由此导致结果的不公平。[①] 于是，为了达到公平在个人身上的实现，他们各自采取手段，也就出现了 A 省考生到 B 省参加高考的移民现象。移民只能算作是他们所采取的一种手段，他们之所以采取这种手段，与其说是为了争得机会的公平和起点的公平，倒不如说是干脆为了结果的公平。为了达致结果的公平，他们宁可置原则的公平与操作的公平于不顾。

通过高考移民现象，我们发现在国家不能提供机会、起点和结果公平的情况下，公民是不会安于现状的。他们会自己想办法为自己争得更多的公平权利。我们说，权利的需求及间接取得往往出现在不平等的情况下。个人仅仅需要面对自己，而国家却要面对全体公民。个人为了自己的权利得以伸张可以采取一定的手段，但是他又会损害到别人的权利。所以，国家又要站在个人与个人中间进行利益的二次分配。

---

① 徐梦秋：《公平的类别与公平中的比例》，《中国社会科学》2001 年第 1 期。

个人是一个相对于社会来说的概念，公民是一个相对于国家来说的概念。个人行为损害到别人从本质上讲也就损害了社会的利益。在社会利益遭到损害的情况下，国家往往出面干预。从这个意义上讲，高考移民是一个国家与社会之间的博弈问题。它具体表现在：公民与作为国家代表的国家机关之间进行博弈，社会个人与社会个人之间进行博弈，同时作为集体性的社会也和作为国家代表的国家机关之间进行博弈。三方博弈针对同一个问题同时进行，这个问题便是权利如何配置才算得上公平。

二　社会转型中的《宪法》和《教育法》

《宪法》作为我国的根本大法，在“公民的基本权利和义务”这一章中对公民的基本权利作了规定，权利平等在其规定之内。更何况，我国《宪法》第四十六条规定，公民受教育既是权利又是义务，而该义务就是国家的责任。在面对高考移民现象时，我们如何解释《宪法》呢？《宪法》又如何实施呢？其实，从另一个方面讲，机会和起点不公平便意味着在面对不同人的人生境遇时，《宪法》采取了一种本不应该采取的姿态。“我国宪法关于人权的思想过于强调形式合理性，否认人权的道德超上性，缺乏对立法的人权评判。”① 单从立法的层面讲，《宪法》对于这一问题的出现也应当承担一定的责任。由此看来，不仅是作为国家最高教育机关的教育部出了问题，而且《教育法》和《宪法》也出了问题。在两方面都出了问题的情况下，高考移民现象的出现多多少少已经具有了必然性。

从法律角度，我们分析了高考移民出现的原因。但是，之所以出现 A 省高考录取比 B 省容易的问题，有很多原因，其中或许有历史原因，或许有政策的倾向。《宪法》并没有做出相应的明确规定，也不可能对任何事做出事无巨细的规定。然而，《教育法》对该问题也没有明确答复。于是，我们不难发现，今天的立法已经进入了一个怪圈，一方面，无法可依的状况呼唤立法者制定更多的法律来解决实践

① 陈端洪：《立法的民主合法性与立法至上》，《中外法学》1998 年第 6 期。

问题，以便于把高考及其录取等问题纳入法制轨道；另一方面，由于制定的《宪法》严重缺乏可操作性，又不得不制定《教育法》来补充、完善及整合，然而，《教育法》也严重缺乏可操作性，面对法律法规出现这样的情况，政策的可操作性便凸显出来。表现在以下几个方面：一是立法主体众多，法出多门，立法权限混乱，法律和政策之间的冲突加剧；二是在“宜粗不宜细”、“宁简勿繁”、“有总比没有好”的指导思想支配下，片面追求法律的数量而无视质量；三是在进行立法时往往不是从宏观上、总体上进行把握以充分考虑其与现存法律、法规的衔接和协调，而是“头痛医头、脚痛医脚”，进行短期行为式的立法。由此可知，高考移民现象就是在这样的法律混乱及可操作性较差而政策较灵活的情境下产生的。如此法律应对如此社会又掩饰着什么潜在的法律观念呢？

透过高考移民现象，我们可以看出，在我国，法律的主要职责并不仅仅限于限制权力而保障权利，其主要职责是为改革开放、经济建设保驾护航，成为经济和改革的推进器和护航舰。[①] 法律成了为经济建设、为改革开放保驾护航的工具，甚至成了谋求推动经济建设与改革开放的一种发展手段。法律的工具性价值大展，而目的性价值潜隐不现，于是经济有效性成了指导立法权分配和行使的第一位阶价值准则。这种做法不可避免地强化了政府管理职能，而在一定程度上忽视了对于公民人权的保障和对政府行为的规制，导致我国涉及基本权利保障方面的立法滞后，相应地，涉及人权保障的立法没有得到充分重视。我国前三次《宪法》修改中，17 条修正案中涉及经济制度方面的就有 11 条之多，只有少部分涉及人权保护，并且在第四次修宪才将人权写入《宪法》，这并不是因为我国人权立法完善不需要修改，而是因为未得到应有的关注和重视。受教育权利平等成了一个问题。然而，权利本来就具有自由平等之意。难道受教育权利平等还需要什么条件吗？如果受教育权利平等还需要什么条件的话，这就意味着法律面对社会转型时采取了一种工具主义的姿态。

---

① 陈端洪：《立法的民主合法性与立法至上》，《中外法学》1998 年第 6 期。

三 权利平等的决定因素和决定条件

“无论是政治的立法还是市场的立法，都只是表明和记载经济关系的要求而已。”① “权利永远不能超出社会的经济结构以及由经济结构所制约的社会的文化发展。”② 具体而言，公民权利的享有和实现受经济条件的制约，具体表现在以下几个方面：

第一，公民权利的平等享有和平等实现从根本上取决于经济条件。财产少的人拥有的法律也少，法律随人口贫富比例变化，物质境况较好的人们总是拥有更多的法律。③ “人们很久以来就认识到比较富有的人在法律上的优势。在各个国家里，法律的普遍精神是有利于强者而不利于弱者，法律帮助那些拥有财产的人反对没有财产的人。这种烦恼扰人的现象是无法避免的。也是毫无例外的。”④ 尽管这种状况不尽合理，但却又是普世存在的，我国自然也不例外。从世界范围来看，较多财产拥有者在以下几个方面具有实现权利的优势：首先表现在政治权利方面。法律是统治者意志和利益的体现，立法者常常运用立法手段将自己的利益诉求转化为法定权利，用法律规范形式确认自己的政治经济优势地位。这是立法不平等的实质和基本功能。其次，富有者在实现经济、社会、文化权利方面具有优势。而平等是这几种权利的核心价值。在上述制约条件不变的情况下，贫穷者的经济、社会和文化权利的实现是不确定的，甚至是困难的。从这个意义上说，贫穷者能否充分实现自己的基本权利，在很大程度上只能取决于自己的经济条件，而不是国家的权利救济。⑤

第二，由于财政实力的制约和经济发展的需要，国家在一定阶段内只能确定公民收入差距的合理性。公民能否在立法上实现平等，绝

① 《马克思恩格斯全集》第4卷，人民出版社1958年版，第121—122页。

② 《马克思恩格斯全集》第3卷，人民出版社1972年版，第12页。

③ ［美］布莱克：《法律的运作行为》，唐越、苏力译，中国政法大学出版社1994年版，第23页。

④ 同上书，第13页。

⑤ 郝铁川：《权利实现的差序格局》，《中国社会科学》2002年第5期。

不是立法者可以随心所欲来决定的，至少要受两个因素的制约：首先，受财政实力的制约，国家对公民经济、社会、文化权利方面的救济是有限的，由于不可能采取平均主义的态度，所以对公民救济范围的广狭，以及救济程度的强弱不能不受制于国家的财力。其次，国家总是按照有利于经济发展的标准，对自己认为能够维护经济发展的群体的权利给予优先保障。由此可以推知，我们的立法者也许正是基于这样的考虑才在立法上为不同经济地位的群体设立了不同的保护模式。中国目前之所以不能做到城乡居民在立法上享有完全平等的权利，也许是因为立法者认为中国是一个尚未完成现代化的发展中国家，城乡差别依然存在，农民在总人口中居于多数，在尚未实现工业化之前，要让所有人都获得并实现相同的权利，是不现实的；即使国家的综合国力明显提高了，有条件为每个公民经济、社会、文化权利的实现提供平等的立法保障，由于公民行为能力的个体差异性，也不可能完全平等地享有实然权利。解决城乡权利差异问题的最终途径是发展经济，消除城乡差别。[①] 尽管我们面对着这样的现实情况，但是我们不能因为这个现实目前难以超越就放弃对平等、公平、正义等的基本价值理念的追求，否则必将导致更大的不平等、不公正、不合理。而且，权利实现的这种不合理的差序格局性在很大程度上是和立法者只注重经济发展和部分人群基本权利的保护这种不尽合理的立法偏向相联系的。比如，造成这种重大城乡差别存在的原因某种程度上说就是立法者的一种立法偏向或掌权者的政策导向所致。[②]

综上所述，权利的享有和实现要受到各种条件的制约，但最根本的要受经济条件的制约，而立法者限于财政实力的制约以及经济发展的需要，总是把权利配置向他认为能够维护经济发展的群体倾斜并予以优先保护，于是造成了“富者越来越强势，贫者越来越弱势”的不公平现象。一定意义上可以说，权利不平等实质上是权利配置的不平等，权利不平等是立法者在立法上对农村居民与城镇居民的权利进

① 郝铁川：《权利实现的差序格局》，《中国社会科学》2002 年第 5 期。

② 蔡昉、杨涛：《城乡收入差距的政治经济学》，《中国社会科学》2000 年第 4 期。

行倾斜性配置导致的。

导致权利不平等的最重要因素是立法要受制于经济因素的制约。决定权利的享有和实现出现不合理的差序性格局现象的根本原因是社会经济发展不平衡所带来的人们拥有财富多寡的不同，是重视差距的市场经济与重视平等的现代法治相冲突的表现。反过来说，从本质上讲，“公平问题是生产力有所发展又发展不足而产生的问题，是有了蛋糕而蛋糕又不够大时产生的困惑”①。在资源有限的情况下，如何在起点存在着各种差异的个体或群体之间分配生存和发展所必需的各种资源包括权利，这的确实不是一个容易解决的问题。是平均分配还是有所倾斜？是向弱势群体倾斜还是向强势群体倾斜？究竟哪种分配原则或分配方式更公平？从根本上说，这确实要受到经济条件的制约。而且，事实上，并没有一个绝对公平的原则或方式可供我们选择，而必须根据分配发生的时间、地点、环境、条件来判定，并不存在着一条适合于一切时间、地点、条件的公平原则。因此，在这个意义上，公平原则又是相对的，而非绝对的。“平等观念说它是什么都行，就不能说它是永恒的真理。”②“说平等观念什么都是，就等于说它什么都不是，而它之所以什么都不是，是因为不存在永恒真理式的平等原则，只存在相对的、有条件的平等和公平。但相对中有绝对，每一个时代的平等原则和公平观念，都决定于当时的社会历史条件，主要是经济条件，这一点则是绝对的。”③ 同时，我们也认识到权利实现中的差序格局和现代法治追求权利平等性价值目标相冲突的情况只具有暂时性而不具有永恒性。

市场经济要求形式（机会）平等，并不要求实质（结果）平等。它以拉开人与人之间的差距为自身存在的前提条件，没有差距就没有市场经济。现代法治追求公平，市场经济追求效率，公平应当在效率的基础上实现。不是社会以法律为基础，而是法律以社会为基础。解决应然权利与实然权利、法定权利与实然权利的冲突，根本依赖于经

---

① 徐梦秋：《公平的类别与公平中的比例》，《中国社会科学》2001 年第 1 期。

② 《马克思恩格斯全集》第 3 卷，人民出版社 1972 年版，第 12 页。

③ 徐梦秋：《公平的类别与公平中的比例》，《中国社会科学》2001 年第 1 期。

济的极大发展。[①]

四　权利平等的立法条件和配置条件

时过境迁，执法时的社会环境已经迥异于立法时的社会环境。随着我国城镇化进程的加快，大量的农村居民已在城镇打工或定居。农村居民的收入水平和消费水平并不低于当地城镇居民。于是，再以户口性质来决定赔偿数额的多少，对于农村居民来说已经有失公平性。社会转型之大势又要起承转合，但是不管怎么说，“只有对社会成员的基本权利予以切实的保证，才能够从最起码的底线的意义上体现出对个体人缔结社会的基本贡献和对人的种属尊严的肯定，才能够从最本质的意义上实现社会发展的基本宗旨亦即以人为本位发展的基本理念，也才能够从最实效的意义上为社会的正常运转确立起必要的条件”[②]。

我国现有若干法律的立法质量不高是由立法技术、立法机制等多方面客观因素决定的，但也同我们对立法活动本身的性质、目的、功能的认识等一系列主观因素有关。在某种程度上可以说，立法理念的偏差是我国长期以来立法质量不高、难以满足社会主义法治国家的内在要求的一个重要原因。长期以来，法律工具主义服务于经济中心主义在改革开放和现代化建设中的弊端日益凸显。亡羊补牢探索前进，立法时弊不得不纠矫。“立法过程是利益分配过程，正义而不是真理是立法的最终价值准则。”[③]

集思广益转变立法模式，重组立法权的配置。立法的本质是通过人的参与实现对社会关系的调整，缺乏人的积极参与，立法活动维护公民权利并调整社会关系的使命便难以实现。人民群众广泛参与立法活动是我国立法工作理应遵循的重要原则。立法过程同时也是利益分配的过程，因此立法过程通过看得见的立法程序以使社会各方面可能相互冲突的利益诉求得到表达或和解，既保证立法反映人民的共同意

① 郝铁川：《权利实现的差序格局》，《中国社会科学》2002 年第 5 期。

② 吴忠民：《公正新论》，《中国社会科学》2000 年第 4 期。

③ 陈端洪：《立法的民主合法性与立法至上》，《中外法学》1998 年第 6 期。

志和利益，又能使少数人的意见得到尊重。立法作为权利及利益的分配方式和社会秩序的重要调控方式，立法权的配置不仅涉及享有法定立法权主体之间的配置，还涉及法定立法权与自主立法权或民间立法权间的配置。在“立法过程中，利益可能受到拟议中法律影响的行业代表、民间人士应有充分的机会参与其事，在以往的书面征求意见以及座谈会等形式之外，公开进行的听证会应该得到更多的使用。这不仅有助于通过广泛的论证和审议协调法律草案与既有法律之间的关系，而且也有利于提高法律的可操作性”①。

权利本身在其享有和实现上必然存在着差序性格局也就决定了一国在立法上对于基本权利的设立和保护不可能完全平等。“现代的、作为制度化的法律或法治，它只是也只能对社会的权利做一种大致的配置。”② 这种不平等要在立法上得到解决是不现实的，至少在目前生产力水平尚未发展到一定程度的这个阶段是不可能的。然而，在权利配置中，以什么样的原则对权利进行配置决定着应建立一种什么样的权利配置机制，决定着社会能否为权利的主张者提供一个合理的预期，也决定着社会整体正义能否实现等。国家对社会保障制度的确立只以部分人受保障为确立主体。受到国家保障的人仅限于特定身份的城镇人口，其权利范围与劳动权主体相同，而农村广大农民的受保障权则以另一种制度对待之；受保障权是双重标准、双重制度。③ 制度如何设计很重要，但是与此相比，如何让制度得以实现更重要。

总之，权利平等以摒弃法律面对社会转型时采取工具主义姿态为前提条件。权利平等与否的决定因素在于经济，而决定性条件则在于经济的极大发展。面对当下问题，权利得以平等实现还需要在立法模式和立法权的配置方面采取相应的措施，并且在权利的配置方式上还需要探讨一种更为有益且有效的方式。

---

① 贺卫方：《运送正义的方式》，上海三联书店2002年版，第180页。

② 苏力：《〈秋菊打官司〉案、邱氏鼠药案和言论自由》，《法学研究》1996年第3期。

③ 徐显明：《人权的体系与分类》，《中国社会科学》2000年第6期。

第四章　教育与思想政治教育的客体：现状的深度反思

在信息技术发达、各类信息膨胀的今天，我们很容易发现问题，很容易接触到事物的表象，但是想要在这些纷繁复杂的信息中去伪存真，然后去认真反思这些问题，却不是一件容易的事情了。

就像上一章所提及的农村教育的问题，我们的主流媒体越来越去关注、去报道那些偏远农村、大山深处的孩子们，一张张的图片在抒发感情、感动读者的同时又留下了什么？而一些高校里的毕业生们也纷纷响应国家的支教计划，然而这群流水的兵在服务期满得到了想要的一系列加分政策之后，那里依然是没有书读的铁打营盘。

我们不能只是关注而不去做些什么，我们也不能仅仅为了做些什么而去做些什么，我们需要的不是临时性的补助，我们要做的不是一些表面的文章。所以，本章中，笔者对于上一章中的问题做出了一些反思，不能说是深切肯綮，但希望能抛砖引玉，为大家的思维做一些引导。

第一节　教育均衡发展与政府的政治责任

从教育学与法理学的角度讲，教育均衡是指消除城乡之间、地区之间、校际之间的教育差距，使不同地区、不同学校、不同家庭的受教育者所享有的受教育权利得以公平实现。这里所说的“实现”强调的是实然状态，而不是应然的理想状态。受教育权利得以公平实现不仅意味着受教育权利在分配上得以公平分配，还意味着受教育权利真正得以实现，亦即受教育者都得到了受教育机会，而且对于所有的受教育者来说，不会因为资产、种族、性格等因素而受到不平等对待。这是我国《宪法》所规定的。既然是《宪法》所规定的，那么受教育权利的神圣性就不容置疑。该神圣性如何体现呢？作为被宪法所确认的权利——受教育权，其对应的范畴自然是受教育义务。从权利推定、权力限权的角度讲，我们在强调受教育权得以实现的同时，也就相当于同时在强调，国家承担着某种保障公民受教育权利得以实现的责任。责任本身具有两层意思：第一，积极促进某事的实现；第二，因为没有积极促进，而承担某种不利后果。在受教育权利与受教育义务之间，权利的享有者是受教育者（宪法规定的），而义务的承担者主要是政府。也就是说，如果要让公民享受受教育权利，政府负有积极的促进义务，否则按照现代法理，我们就会追究或者是苛责政府职能的有效性；如果要让公民承担受教育义务，政府更应该承担为公民提供尽义务之机会的义务，否则政府就会濒临失职的境地，甚至是政府政治（行政）行为（抽象行政行为或具体行政行为）的合法性和合理性就会备受质疑，当然，受教育权利与受教育义务得以实现不是在一般的意义上，而是在“公平”的意义上。在这个意义上，我们说，受教育权利和受教育义务（以权利本位论为基础，我们更强调受教育权利得以实现）得以公平实现正是政府所承担的政治责任。本书试以弱势群体子女的受教育权利及其实现为切入点进行分析。

一 以弱势群体子女的教育权为例

在前文中提到，弱势群体是指那些在政治、经济和文化生活中处于劣势，无法平等享受到社会经济发展成果、生活处于困境的人群。弱势群体子女是指正在接受教育的弱势群体之子女。主要指西部贫困地区家庭子女、农村贫困家庭子女、城市下岗职工子女、进城农民工子女、残疾人子女等。弱势群体子女的基本特征就是对其父母具有依赖性。所以，在一定程度上，弱势群体之“弱”就决定了其子女在受教育方面的“弱势”。弱势群体的现状就是他们在经济、政治、文化上的“弱势”，这种现状也就决定了其子女受教育的现状，这种“弱势”不仅体现在受教育过程中的受歧视，还体现在受教育起点和结果的不公平上。弱势群体子女不能切实享受宪法规定的受教育权利，成为弱势群体子女教育的一大难题。

弱势群体在经济生活上表现为收入低、生活贫困、承受能力弱。“经济利益上的贫困性是社会弱势群体的根本属性，决定着社会弱势群体在生活质量和承受能力上的共同特征。”① 相应地，其子女辍学情况时有发生，或只能选择办学条件差的学校。

弱势群体在政治生活上表现为无参与意识、权利经常被忽视且受到侵害。“弱势群体很难有效地介入民主化进程，从基本的需求来看，弱势群体首先只能追求基本生活条件的满足，很难产生主动参与社会事务的意愿和冲动；从能力看，由于缺乏教育，文化素质较低，而且又长时间地处于封闭状态，因而弱势群体很难积极有效地参与社会性事务。”② 相应地，其子女经常受到歧视，户籍、学籍问题难以解决，对不公平现状不能发出有力呼声，而是默认这种状况的存在。

弱势群体在文化生活上表现为受教育程度低、劳动技能单一。“据调查表明，失业下岗职工中，初中和初中以下文化程度者占60%，而在农村弱势群体中，初中和初中以下文化程度者则高达90%，其中文盲占24%。”③ 相应地，其子女启蒙教育程度低，各方面能力逐渐拉开距离。

二 受教育权利如何得以实现是弱势群体子女教育问题的核心

之所以说受教育权利如何得以实现是弱势群体子女教育问题的核心，是因为公民的受教育权利为我国《宪法》——根本大法所规定，又为《教育法》和《义务教育法》所规定。当一项权利被根本大法确定，又制定专门的法律来保障，也就意味着该权利对于公民来说是

---

① 陈成文：《论社会弱者的社会学意义》，《电子大学学报》2002 年第 2 期。

② 封军伟：《弱势群体和社会的稳定与发展》，《湖州师范学院学报》2003 年第 6 期。

③ 吴学军：《社会转型时期弱势群体问题探析》，《华北工学院学报》（社会科学版）2003 年第 4 期。

何等的重要。我国《宪法》第四十六条规定："中华人民共和国公民有受教育的权利和义务。"《教育法》第九条规定："中华人民共和国公民有受教育的权利和义务。公民不分民族、种族、性别、职业、财产状况、宗教信仰等，依法享有平等的受教育机会。"其第十八条又规定："国家实行九年制义务教育制度。"2006年6月29日新修订的《义务教育法》第二条规定："国家实行九年义务教育制度。义务教育是国家统一实施的所有适龄儿童、少年必须接受的教育，是国家必须予以保障的公益性事业。实施义务教育，不收学费、杂费。"这些法律一步步使弱势群体子女的受教育权利变得实际，触手可及。但是，我们应看到，"法律权利是规定或隐含在法律规范中、实现于法律关系中的、主体以相对自由的作为或不作为的方式获得利益的一种手段。法律义务是设定或隐含在法律规范中、实现于法律关系中的、主体以相对受动的作为或不作为的方式保障权利主体获得利益的一种约束手段"①。弱势群体子女的受教育权利是指由《宪法》确定并由国家保障的，弱势群体子女所享有的在国家提供的教育机构中接受教育的基本权利。

我国《宪法》是以权利与义务相结合的形式规定公民受教育权利的。接受教育既是公民的基本权利也是公民的基本义务。在弱势群体子女受教育权利的法律关系中，与弱势群体子女相对的另一方法律关系主体无疑是国家。由弱势群体子女的基本特征所决定，在《宪法》做出该规定时所强调的必定是权利，也就是说，在《宪法》规定弱势群体子女受教育的权利与义务时突出的是弱势群体子女的受教育权利。

我国法学界已普遍认为以权利的基本形态为标准可把权利分为应有权利、法定权利和实有权利三种形态。法定权利就是已有法律确定并加以保障的权利；实有权利是指在法定权利的基础上已由公民实际享有的权利；应有权利实质上是一种道德权利，在人们为权利而斗争的过程中起了重要作用，并把斗争的结果用法律形式确定下来，于是

---

① 张文显：《法哲学范畴研究》，中国政法大学出版社2001年版，第309页。

就有了法定权利。在此，我们着重分析的是法定权利和实有权利。列宁说过，“宪法就是一张写着人民权利的纸。”可以说，当人们选择用《宪法》——根本大法规定其基本权利时，同时也就要求国家承担消极义务和积极义务，以弱势群体子女的受教育权利为视角，国家的消极义务就是不得忽视、侵犯弱势群体子女的受教育权利，国家的积极义务就是努力创造条件让每一位弱势群体子女都能实际享受到受教育的权利。

从目前来说，与法定权利相匹配的仅是义务教育阶段，又以《义务教育法》予以确认、加以保障。权利和义务都是获得利益的手段，其不同在于权利具有能动性和选择性，而义务具有约束性和强制性。当一个国家还没有发展到有足够的资源让其每一位公民充分享受时，权利和义务这种获得利益的手段的获得也就需要公民付出一定的代价，体现在教育上，公民接受的教育就是有偿教育。“受教育权的实际实施，也同样取决于是否存在着足够数量的教育机构以及这些机构所确立的收费标准。”① 在权利的诸多解释中，有一种解释认为权利就是自由②，即决定做什么或不做什么的自由及在选项中做出选择的自由，如果我们认可这种解释的话，那么当公民不具备一定的支付能力时，他们的选项也就成了接受教育与放弃教育机会两项，在这种情况下，放弃教育机会的概率往往高于接受教育。从义务的角度说，当公民不具备一定的支付能力时，即使是强调义务的约束、强制特性也毫无意义，犹如让哑巴说话一样困难，如果约束和强制的压力再大些就具有了践踏人权的嫌疑，若想要避免这种情形的发生，除非公民接受的是无偿教育。

从人权法学的角度讲，“一国人权的实际状况，其实就是三种形态间的比值关系。应有的人权如果全部上升为法定人权，而法定人权又全部变为实有人权，这种三者相比最后比值为‘1’的状况就是理想的人权现实；相反，如果三者间的比值悬殊，则说明该国人权状况

① ［美］E. 博登海默：《法理学：法律哲学与法律方法》，邓正来译，中国政法大学出版社 2004 年版，第 309 页。

② 张文显：《法哲学范畴研究》，中国政法大学出版社 2001 年版，第 309 页。

不甚理想”①。我国公民受教育的过程有义务教育阶段和非义务教育阶段，非义务教育阶段又可分为义务教育阶段前和义务教育阶段后两段。有学者称：“义务教育作为法律规定实施的强迫教育，其实质是一种赠与性机会，但法律上规定的应然平等并不能同实然平等画上等号。”② 如果说义务教育是一种赠与性机会的话，那么我们不得不考虑该赠与是不是附条件赠与及这种机会都赠与谁了，并只能根据赠与所附的条件及获得赠与机会的人群来判断该国家的人权状况。目前，义务教育阶段前的非义务教育阶段，如学前教育，还处于自由发展状态，并没有专门的法律对其予以专门的保障。对于受教育者来说，有接受与不接受的更为广泛的自由选择权利，如上所述，当弱势群体不具备一定的支付能力时，对其子女是否接受学前教育，不接受的概率远远高于接受的概率。在义务教育阶段后的非义务教育阶段，诚如有学者指出的：“非义务教育阶段的教育公平是一种在平等原则下的‘竞争性机会’，例如我国的高考制度。”③ 虽然是一种在形式平等下的竞争，但是竞争的内容往往决定着机会的得失，然而竞争内容并非学习成绩一项，除学习成绩以外其他方面的竞争往往比学习成绩的竞争更残酷，也更能体现人们对人权的理解。可见，在当前，弱势群体子女的受教育权利由法定权利转变为实有权利需要考虑这样几个方面的问题：第一，要有实现的前提，即国家和每一位公民都要有较强的权利观念；第二，要有实现的机会，即国家教育机构的普遍设置及教育机构的均等吸纳；第三，要有实现的可能，即国家降低学生应付费用，家庭也要有一定的支付能力；第四，要有实现的保障，即国家财政援助及社会救济措施。

三 国家在弱势群体子女受教育权利实现中的积极责任

马克思主义法理学强调，没有无义务的权利，也没有无权利的义

① 张文显主编：《法理学》，高等教育出版社2003年版，第381页。

② 姚本先、刘世清：《论弱势群体子女的教育公平》，《教育发展研究》2003年第8期。

③ 同上。

务。在弱势群体子女的教育问题上，权利和义务的关系也要遵循权利义务守恒定律："该定律表现为权利义务在不同关系中的三大比例关系：其一，在权利义务总量不变的前提下，私权利义务与公权利义务间成反比例关系；其二，私权利主体间的权利义务成等比例关系；其三，权利义务相对于一国经济、社会文化及民主的状况成正比例关系。"① 如上文所述，在弱势群体子女受教育权利的法律关系中，与弱势群体子女相对的一方法律关系主体是国家。同时，由《宪法》规范所决定，国家在弱势群体子女受教育权利的实现上承担着主要责任。

那么，国家应把弱势群体子女的受教育权利保障到什么程度呢？我们认为应从以下几个方面着眼：第一，国家必须承担更多的教育义务，加大对义务教育和弱势群体子女非义务教育方面的投入。弱势群体子女享有的受教育权利与国家承担的教育义务成正比例关系，弱势群体子女的受教育权利多，则国家承担的义务就应多，而弱势群体子女的受教育权利少，则意味着国家在一定程度上没有完全承担其应尽的义务。第二，弱势群体子女受教育权利的获得与实现程度应与一国经济、政治和文化发展的程度相当。随着我国经济、政治和文化的高度发展，国家应当保证、保障弱势群体子女获得更多、实现更多的受教育权利。第三，国家进行权利倾斜性配置②，向弱势群体子女受教育权利的实现方面倾斜，以保证、保障弱势群体子女与非弱势群体子女获得同样多的受教育权利。通过适当的政策扶持、经济扶助来确保弱势群体子女的受教育权，保证公民在教育方面的公平，而不应出现明显的权利畸多畸少、孰轻孰重的现象。

四 教育均衡发展：弱势群体子女受教育权利得以实现的关键

上面从法律角度分析了国家在弱势群体子女受教育权利保障中的责任。然而，如何切实承担起这一责任，还需要从各方面加以努力，

---

① 张文显主编：《法理学》，高等教育出版社 2003 年版，第 112 页。

② 应飞虎：《权利倾斜性配置研究》，《中国社会科学》2006 年第 3 期。

采取得力措施，把弱势群体子女受教育权利落到实处，并且要特别强化政府在这项工作中的作用。令人欣慰的是，国家已经注意到并正在着手解决这个问题。2005 年 5 月 25 日教育部下发了《关于进一步推进义务教育均衡发展的若干意见》，2006 年 6 月 29 日第十届全国人民代表大会常务委员会第二十二次会议修订了《中华人民共和国义务教育法》。要求各级教育行政部门把今后义务教育工作的重心进一步落实到办好每一所学校和关注每一个孩子健康成长上来，有效遏制城乡之间、地区之间和校际之间教育差距扩大的势头。教育部有关负责人指出，我国义务教育基础薄弱，加上各地经济发展的不平衡，义务教育在区域、城乡、学校之间原有的差距在新的形势下仍有进一步拉大的趋势，这一差距突出表现在办学条件、经费投入、师资水平和教育质量等方面。

从《关于进一步推进义务教育均衡发展的若干意见》的要求和意见可以看出，遏制城乡之间、地区之间和校际之间教育差距扩大的势头，逐步实现义务教育的均衡发展，以期实现《宪法》和《义务教育法》的基本要求，已经成为目前教育改革的当务之急。然而，教育公平知易行难，各种矛盾难以调和，尽管教育部的政策和要求已经出台，但正如《宪法》和《义务教育法》未能得到全面贯彻一样，如果没有切实可行的计划和监督，《关于进一步推进义务教育均衡发展的若干意见》的要求也很难落到实处。

那么，如何使《关于进一步推进义务教育均衡发展的若干意见》的要求落到实处，使《宪法》和《义务教育法》的基本要求得到贯彻实施呢？笔者认为，国家和各级政府必须真正做到“有法必依、执法必严、违法必究”，认真贯彻执行《宪法》《义务教育法》和《关于进一步推进义务教育均衡发展的若干意见》，具体来说应当从以下几个方面入手：

第一，改变教育投资结构和投资方向，促进办学条件的逐步均衡。教育投资结构要由原来的以地方财政为主、省级财政为辅、中央财政为补充的结构模式转变为一个中心、三种模式的结构，一个中心是以保障教育均衡发展为中心，三种模式是：发达地区模式，以地方财政为主、省级财政为辅、社会投资为补充；一般地区模式，以省级财政为主、地方财政为辅、社会投资和中央财政为补充；欠发达地区模式，以中央财政为主、省级财政为辅、社会助学和地方财政为补充。

教育投资方向的转变要从两个方面着手：一方面要改变投资比例，加大对基础教育投资的比例；另一方面要改变投资倾斜方向，变“锦上添花”为“雪中送炭”，由原来的向党政中心所在地倾斜、向重点学校倾斜、向重点学科倾斜转变为向农村教育倾斜、向薄弱学校倾斜、向贫困边远地区倾斜，通过投资方向的倾斜，逐步实现校际之间基础设施无差别、资金投入无差别、教学环境无差别，促进教育的均衡发展。

第二，改变教师人事制度和工资制度，促进教师资源的均衡配置。教师是学校教育的重要资源，甚至可以说是第一资源，合理均衡地配置教师资源，保证弱势群体子女也能得到优秀教师的教育引导，是保障弱势群体子女教育权利平等、实现教育均衡发展的必然要求。目前，由于地区、城乡、重点与非重点等方面的不同，教师在工资、职称、生活条件、文化氛围、婚姻情感等方面存在着很大差距，从而导致不同地区、不同学校、不同学科的师资力量存在着巨大差距。如当北京市的有些小学生可以得到具有研究生学历的高水平教师的教导时，山东西部某县 11 个乡镇的中学竟连一名正式本科毕业的教师都没有。

为了改变这种状况，政府必须从法律和政策层面上做出以下应对措施：一要改革教师工资制度，实行中央财政统一征收、统一发放的办法，大幅提高落后地区的工资水平，逐步缩小不同地区、不同学校、不同学科间的工资差别，逐步提高落后地区的津贴和补助数额，增加落后地区教师职位的吸引力。二要改变人事管理制度，借鉴日、韩及欧洲许多国家的经验，依法建立和实施教师轮换制和城镇教师乡村服务期制度，实行教师轮岗和定期助教，让发达地区和重点学校的优秀教师轮流到落后地区和学校执教，使落后地区的教师能够进得来、出得去，缩小师资力量的差别，促进教育的均衡发展。三要健全弱势地区、薄弱学校教师教育培训机制。要有计划地改变落后地区教师的学习、办公条件，提高他们的信息获得和处理能力，有计划地对落后地区的教师进行免费培训，鼓励和支持教师参加各种继续教育，并大力开展学校结对子、教师手拉手、农村教师和薄弱学校教师免费进城、进名校培训等互助活动，提升弱势地区、薄弱学校教师队伍素质。四要通过政策倾斜，对在弱势地区、薄弱学校长期任教且表现突出的教师在职务晋升，职称评聘，家属子女探亲、上学、就业等方面给予适当的照顾，建立弱势地区、弱势学校优秀教师愿意来、待得住、留得久的长效机制。

第三，严格贯彻《宪法》和《义务教育法》，保证弱势群体子女享有均等的教育机会。对于教育均衡问题，《义务教育法》有着明确的要求。《义务教育法》第十二条规定，“适龄儿童、少年免试入学。地方各级人民政府应当保障适龄儿童、少年在户籍所在地学校就近入学”；第二十二条规定，“县级以上人民政府及其教育行政部门应当促进学校均衡发展，缩小学校之间办学条件的差距，不得将学校分为重点学校和非重点学校。学校不得分设重点班和非重点班”。为了切实保障弱势群体子女受教育的平等权利，各级政府应加大监督力度，严格执行义务教育法，坚决实行义务教育阶段就近入学制度，无论是公办学校还是民办学校，义务教育阶段都不得搞入学选拔考试，不得放任“精英教育”、“实验班”、“强化班”等歪风，逐步取消重点学校、重点班的划分，坚决反对将教育资源向重点学校、尖子学生倾斜，从而牺牲一般学校、弱势学校和一般学生尤其是弱势群体子女的做法。对于违法者应依法予以严惩。只有严格执行《宪法》和《义务教育法》，才能真正实现教育的均衡发展，保证弱势群体子女的公平受教育权。

第四，要加快教育信息网络平台的建设，逐步实现教育资源的跨区域共享。目前，我国已经进入信息社会，已经基本具备了使教育资源信息化的基本条件，在这种情况下，通过建设教育资源网络信息平台和包括落后地区在内的全国性的教育信息网络，将有助于教育资源的跨区域共享，有助于教育均衡发展的实现。实施这一工程的重点：

一是集中优势力量，全力推进教育信息化平台建设，开发以信息和网络技术为基础的现代远程教育，积极开设名校名师名课欣赏、在线答疑，开展跨时空在线教研活动，构筑无校界的现代远程教学教研网络；二是加大对落后地区和学校的信息设备和网络建设的投入，使这些地区信息化建设能够与发达地区和重点学校同步，从而缩小地区之间、校际之间差距，使落后地区、落后学校中的弱势群体子女能够超越时空的限制，与名校学生一起共享优质教育资源，提升义务教育公平化程度和教育均衡化的发展水平。

第二节　教育体制改革中的一体同构问题

只要是谈及教育问题，总免不了要谈及社会体制对教育的限定。而不管是施教还是受教，必然要在社会体制之内完成，而毫无可能逃脱出社会体制，或者说脱离社会体制谈教育都将没有任何意义。从某种意义上说，教育是施教与受教之间双向互动的活动，绝非单方面活动。当施教被看作是事关教育的一方面资源时，往往被称之为教育资源。当教育资源被分配在社会体制中时，难免会出现有些地方该资源集聚而另一些地方该资源稀疏的情况。比如说，由前文高考移民问题探究中揭示出来的问题就表明了东、西省份在教育资源的拥有上存在着较大差距。我们不禁要问，在教育资源有限的情况下，如何在起点存在着各种差异的个体或群体之间分配各种教育资源呢？是平均分配还是有所倾斜？是向弱势群体倾斜还是向强势群体倾斜？究竟哪种分配原则或分配方式更公平？[①] 再比如说，由于弱势群体子女对父母存有顽固的依赖性，所以在一定程度上，弱势群体之弱就决定了其子女在受教育方面的弱势。[②] 当我们面对宪法，当我们振臂高呼要求教育权利时，我们喊出了“教育公平”的口号。或许正如德沃金所言，只有在权利不被平等对待的情况下，人们才发出了要求权利平等对待

---

① 赵环秀：《高考移民现象与教育公平问题的法学思考》，《前沿》2009 年第 9 期。

② 赵环秀：《和谐社会构建过程中弱势群体子女教育问题探析》，《教育探索》2006 年第 4 期。

的呼声。[①] 教育权利之所以没有被平等实现，其中一个重要的原因便是社会体制在分配教育资源时出现了某些问题。教育公平问题与社会体制息息相关。被教育公平问题所遮蔽的必然是深层次的社会体制问题。当然，教育问题的解决绝非一朝一夕的事，难能可贵的是中国政府一直在努力。正如有学者指出的："为了缓和社会矛盾，中国政府开始花更大的力气来'兼顾'公平。比起以前，现在的'兼顾'终于有了实质内容。'兼顾'的具体做法是用'去商品化'的方式将经济关系重新'嵌入'社会关系。这里'去商品化'是指把一些与人类生存相关的服务（如医疗、教育、养老等）看作基本人权而不是市场交易的标的物，其目的是让人们可以不完全依赖市场而生存。"[②] 具体表现就是，2006 年政府采取社会政策免除西部地区农村义务教育学杂费，2007 年全国农村义务教育实行免费制度。在一系列的教育体制改革中，我们首先所面对的正是体制本身的问题。教育公平问题或许仅仅是一层面纱，而揭开这层面纱，就会发现正是我们的社会体制存在问题。若想解决制度上的问题需在制度上找到问题；若想解释制度上的问题需要把问题放在制度上。如果说，正义与社会体制本身息息相关甚至是不分彼此，更甚至是正义正是社会体制的本体，那么公平所揭示出来的正是社会体制的价值取向，亦即正义的价值取向。在社会体制本体上谈及社会体制的价值取向，探明体制的本体同时赋予体制改革一种方向，在正义问题上谈及公平问题，揭示出教育体制改革中的制度本身的问题，将体制本体与其价值趋向一同放在体制改革过程之中，即是本书所称的教育体制改革中的一体同构问题。透过具体问题看到更深层次的政治哲学的问题，当然，对其中的政治哲学问题的探索正是解决其中问题的首要环节。

一 教育公平与社会体制的美德

把社会体制问题归结成正义问题，并非我们的发明，而是从罗尔

① 张文显：《二十世纪西方法哲学思潮研究》，法律出版社 2006 年版，第 58—62 页。

② 王绍光：《大转型：1980 年代以来中国的双向运动》，《中国社会科学》2008 年第 1 期。

斯那里借来的。“正义的主要问题是社会的基本结构，或更准确地说，是社会主要制度分配基本权利和义务，决定由社会合作产生的利益之划分的方式。”“所谓基本结构，是指社会的主要政治制度、社会制度和经济制度，以及它们是如何融合成为一个世代相传的社会合作之统一体系的。”① 正义问题首先所指的便是社会体制问题。罗尔斯甚至说，正义是社会体制的第一美德。在社会正义论的理论视域内，社会体制的正义之所以是首要的正义，乃是因为：第一，社会体制对于社会个体的生活前途有着深远的而且是自始至终的影响；第二，社会体制构成了社会个体和团体行动所发生的外部环境；第三，关于人的行为的公正与否的判断往往是根据社会体制的正义标准做出的。那么，社会体制中的哪一部分社会结构对于社会个体的生活前途有着始发性的影响呢？从人的社会化的角度来说，应当推教育。现代社会比较注重教育，正可以印证这一点。因为教育问题对于人的社会化来说具有始发性的影响，那么于教育上能否实现公平（既包括受教育权利的公平实现，也包括公平施教）就是考量社会体制是否具有美德的重要指针，甚至是始发性指针。毋庸讳言，教育公平镶嵌在社会体制之中，教育公平所涉及的问题都与社会体制是否具有某种美德相关。

从某种意义上说，正义还意味着社会体制的某种价值取向和价值向度。正如罗尔斯所言：“正义是社会制度的首要价值，正像真理是思想体系的首要价值一样。一种理论，无论它多么精致和简洁，只要它不真实，就必须加以拒绝和修正；同样，某些法律和制度，不管它们如何有效率和有条理，只要它们不正义，就必须加以改造或废除。……允许我们默认一种有错误的理论的唯一前提是尚无一种较好的理论，同样，使我们忍受一种不正义只能是在需要用它来避免另一种更大的不正义的情况下才有可能。作为人类活动的首要价值，真理

① ［美］约翰·罗尔斯：《正义论》，何怀宏、何包钢、廖申白译，中国社会科学出版社 1988 年版，第 5—11 页。

和正义是决不妥协的。”① 这样的价值判断具有双重含义，首先，它为我们提供了判断标准，什么是合理的，什么是不合理的，都要放在社会体制中进行衡量，而衡量的标准便是看它是否合乎正义的要求，正义本身要拿公平作为衡量的指针；其次，它为我们设定了追求目标，而目标的设定是以放弃旧者为前提的。在此，我们要将教育资源在分配上是否公平放在社会体制中进行衡量，而衡量的标准便是看它是否合乎正义的要求，如果合乎正义的要求，我们便有了维护它的理由；如果不合乎正义的要求，我们就有理由推翻它。

正义绝非抽象的玄谈，而是具体的问题，更是事关每个人的具体的问题。面对国家的个人无法选择社会体制，而于社会体制中生存并生活。在每个人进入社会体制时便意味着接受社会体制的安排，在此与社会体制发生了最为原初的关系。当法律规定了国家公民应承担法律义务时，也就意味着公民将在社会体制中获得某种权利。在公民所享有的权利和所承担的义务中，受教育权利与受教育义务是一对特定的范畴。而宪法所规定的受教育权利与受教育义务仅仅规定了权利与义务，并没有具体明确规定如何享有受教育权利以及如何承担受教育义务。对该问题的解决往往要追溯到公民如何享受权利以及如何承担义务的层面上。如果说我们承认受教育权利与受教育义务是公民权利与义务的下位概念，那么我们就得承认受教育权利与受教育义务方面出现的问题可以从公民权利与义务方面寻求答案。

按照法理原则及其现代法治观念，承担义务是以享有权利为前提的。从受教育权利与受教育义务的角度讲，要承担受教育义务必须以享有受教育权利为前提。受教育权利是受教育义务的前位概念。

权利则意味着公民可以向国家要求某些利益，而国家无权拒绝。在此，受教育权利是公民向国家索要的最为基本的人权，国家没有理由拒绝。国家对于公民教育权利的给予，一般情况下会通过纳公民入国家教育体制的方式来实现。在这个层面上，公民受教育权利如果不

① ［美］约翰·罗尔斯：《正义论》，何怀宏、何包钢、廖申白译，中国社会科学出版社1988年版，第1—2页。

能得到平等实现，也就意味着国家教育体制出了问题，而公民有理由要求国家对教育体制进行补偏救弊。

义务则意味着公民必须向国家奉献某些利益，而公民无权拒绝。在此，受教育义务是公民向国家承担的最为基本的义务，公民没有理由拒绝。公民如何向国家承担受教育义务，一般情况下会通过进入国家教育体制接受国家安排的教育来实现。在这个层面上，公民无法平等承担受教育义务，同样意味着国家教育体制出了问题，而公民有理由要求国家对教育体制进行补偏救弊。有两点需要注意：第一，公民无法平等承担受教育义务，也就意味着有人承担着更重的义务，而有人必然承担着更轻的义务，义务孰轻孰重本身就把问题指向了国家教育体制，而矛头所向可能会出现义务孰轻孰重在很大程度上是由国家不能平等对待公民所导致的；第二，公民不能规避某些义务，比如受教育的义务，不仅是在应然的角度上，而且更是在实然的意义上。

公民受教育权利与受教育义务是考量国家教育体制的一个角度或者是切入点。权利与义务的背后都是教育体制，而权利公平与义务公平所指向的必然是教育体制对权利与义务的公平分配。在理论的意义上，我们的前提是，权利和义务都被看成了某种利益，而国家体制正是对该利益的分配机制。关键问题是，我们如何面对在实践中出现的受教育权利与受教育义务都不能平等实现的问题。当有了理论指导之后，也就有了打破旧体制的指导意见；当我们批评旧体制的时候就有了改造旧体制的契机。分配正义问题由此导向了补偿正义问题。

正义作为社会体制的一种美德，何以为美德，又美在何处？我们完全有理由说，完全是因为它具有导向公平的趋向。那么，如何导向公平则是接下来要讨论的问题。

二　正义的实现与教育体制改革的价值取向

针对正义问题的探讨，让正义赋予一种公平的价值取向，我们可以从两方面入手，即制度正义与个体正义。运用到制度中的正义原则与运用到个人权利上的正义原则在主体、对象和目的等方面都各不相同。制度虽然是人的实践的产物，但它一经建立，就具有了一种非人格的特性，或者说，具有了某种客观属性，它没有如个人一样的统一的、单纯的意志动机，而是糅合了多种人的动机与利益，是多种合力的产物，因而对它的要求和评价就不能从人的善良意志和崇高的道德品质出发。此外，两者的约束方式与依靠的力量也不同，制度正义依靠一套社会机器来运作，是强制性的；个人道德则主要通过舆论宣传、人的良知等起作用。如果忽视制度本身也有一套伦理原则，把个人的道德附加到制度上，无疑会使制度的发展与人的发展及社会的进步均受到损害。可见，合理地划分制度正义和个人原则的界限，对于恰当地处理国家和公民个人之间的关系极为重要。

公民在国家范畴内生活、工作，为了实现国家的统治目的，公民要服从国家统一制定的法规制度，这是国家与公民之间基本关系的描述。当然，在这里只是从一般意义上，亦即传统意义上，探讨国家与公民之间的关系问题，正是在这个意义上，正是在对国家承担义务、公民享有权利的角度上，我们追问了制度是否维护了公平、公正，是否照顾了全体公民的利益和福祉，制度本身是否摒弃了邪恶和错误的因素等问题。

理想国家制度的正义原则决定了人的正义品格。正如柏拉图所说："如果有五种统治制度，就有五种个人心灵。""只有在正义的国家才可找到正义，而在不正义的国家最有可能找不到正义。"[①] 可见，正义不仅对制度或社会基本结构具有重要意义，而且对于生活于这一制度下的个人也具有无所不在的影响力和支配性。尤其是在社会领域内，正义观念与正义原则必须化为现实力量才有意义，正如权利必须有切实的基本制度作为保障才不会流为空谈一样。

然而，正如卢梭所说："人的可完善性、社会道德和他的种种潜在的能力是不可能靠它们本身发展的，而必须要有几种或迟或早终将发生的外因的综合作用才能发展；没有这些外因的推动，原始人将永

① ［古希腊］柏拉图：《理想国》，郭斌和、张竹明译，商务印书馆 1986 年版，第 133 页；［法］卢梭：《论人与人之间不平等的起因和基础》，李平沤译，商务印书馆 2007 年版，第 82 页。

远停留在原来那个样子。”[①] 良好的制度正义正是维持和发展个体正义之所需，并以具有良好品性的人民作为依托。良好的社会基本结构下的制度正义与个体正义是双向良性循环的。甚至在更为深层的意义上可以说，道德最深的根绝不是扎在制度、社会结构及国家体制里，而是扎在个人那里，制度本身的伦理在其最深的一点上与个人道德相接，它的根深深地扎在人作为人的一些最基本的权利与义务中。

人们不同的社会地位、社会生活前景等都是由社会政治体制、经济体制、社会条件等决定的。在既定的社会基本结构下，一些人的权利起点比另一些人的权利起点有利，影响到人们最初生活的发展机会。这些不平等在任何社会基本结构中都是不可避免的，正是因为如此，才需要制度正义原则加以调节。制度正义原则调节着对一种政治宪法和主要经济、社会体制的选择。一个社会体系正义与否，本质上依赖于如何分配基本的权利义务、依赖于在社会的不同阶层中存在着的经济机会和社会条件。

制度正义内含着制度所承担的责任。责任是处理制度正义与个体正义问题的基本原则。责任更多地意味着为了他人至少是不单纯为了自己，如果说正义是一个多种利益倾向的综合体，那么责任便是其中更为利他的一种因素，也就是说如果正义是社会体制的第一美德，那么责任便是正义的第一美德。如果说正义是社会利益矛盾的根本协调原则，那么责任便是正义起这一作用的最基本理由。制度正义内含着政治责任的含义。该政治责任须由国家来承担。也正是基于此意义，罗尔斯提出了对权利起点较低的人进行救济的诉求，比如说，为权利起点较低的人提供教育方面的福利等。当国家选择用宪法规定公民受教育的基本权利时，也就意味着一切人均具有法定的受教育权利。相应地，国家应该承担的义务包括消极义务和积极义务。国家的消极义务就是不得忽视和侵犯某些人的受教育权利；国家的积极义务就是努力创造条件让每一位公民都能实际享受到受教育的权利。由此我们看

---

① ［法］卢梭：《论人与人之间不平等的起因和基础》，李平沤译，商务印书馆 2007 年版，第 82 页。

出，在教育体制改革中一切举措都是为了实现公平。

在当今的信息化时代，受教育权利不能被平等享有往往引起热议，如弱势群体子女的受教育权利遭到质疑，再如高考移民向教育体制提出的挑战。诸如此类问题早已是引起过热议的问题。众人热议往往会引起人们对立法者产生质疑，让人们询问起立法的合法性问题，让人们反向争议其制度本身的问题。“在信息的视角下，如果立法者的信息能力不能有效应对现代法律规制活动的知识挑战，那么将无法抵御媒体话语的过度渗透，导致立法与媒体之间的关联过于紧密，形成一种一旦媒体热议、立法积极跟进的压力型立法现象。法律制度是具有恒常性的规则，而压力型立法往往失却应有的冷静、客观、慎重与全面，展现出背离理性立法的内在机理的决策特点，引发一系列既不公平也无效率的再分配效应。压力型立法凸显了信息能力在公共政策选择和制度设计中的重要性，应当实施立法绩效评估制度，以此为立法者重塑信息能力提供充分的激励，促成立法者积极转变信息获取模式，确保立法的科学性与合理性。”① 之所以会有反向对制度本身产生的质疑，自然是因为人们秉持着一种与制度本身表现出来的极为不同的价值判断。

实现社会制度的正义安排并不一定会确保社会普遍正义的真正实现。显然，社会基本制度的正义安排以及建构可普遍化的社会正义原则体系的确是实现社会普遍正义、确保良序社会长治久安的必要条件，但这些仍然不足以构成实现社会普遍正义并长久确保社会之正义秩序的充分条件。无论是从国家政治层面来看，还是从整个社会公共生活系统来看，国家或社会普遍正义的实现与维持，不仅需要设计、选择和建构一套正当合法和普遍有效的正义原则，并按照这套正义原则完成社会基本制度的正义安排，也不仅需要全体社会公民具备承诺、遵循和实践正义原则规范的行为动机，而且需要公共管理和管理者群体在运作过程中具备相应的政治伦理。毫无疑问，任何一个社会的正义秩序及其长久维护，需要首先建构一整套健全的正义制度。但

① 吴元元：《信息能力与压力型立法》，《中国社会科学》2010 年第 1 期。

是，要建构一套健全而正义的社会基本制度，除了制度设计、制度选择和制度安排之外，还有一个极为重要的方面，那就是制度的正义运作。换言之，社会的正义问题不仅是一个制度的设计、选择和安排问题，也是一个制度实践和制度操作的正义问题。于是，就有了改革的需要和必要。受教育权利的公平实现自然在其意义之内。能不能让所有人真正享有受教育权利，法律给出的答案是肯定的，但在社会生活中，总会因为某种原因，使一些人的受教育权利被忽视。改革绝非一劳永逸的，改革之后再改革，因为改革本身绝非自足的。

作为社会体制的美德，正义及其实现像是一条道路，它绵延伸向远方。作为教育体制改革的价值趋向，公平就像是一盏盏路灯，我们能够走到现在有赖于来时路上的路灯的照耀，我们要继续向前走，依然需要前方的路灯照亮我们的道路。美德与价值同时被我们所需要，正如路与路灯同时被我们所需要。那么，美德与价值何以被我们所需要呢？我们说，那是因为它们对于我们的生活来说是有一定价值的。那么，正义具有怎样的价值呢？公平又具有怎样的价值呢？我们需要再把它们提高一个层次来加以探讨。

三 受教育权利及其法律价值

要探讨社会体制的美德与教育体制改革的价值趋向问题，我们借助于受教育权利与受教育义务来谈。受教育权利与受教育义务何以公平实现，何为公平，何为不平，都是在具体的语境中才能得以言说的，该具体语境便是某人跟某人做比较，凡是比较便出现相对性，与某人相比较，相对来说，某人的受教育权利与受教育义务未能得以公平实现，在做比较的两者之间出现了谁的受教育权利与受教育义务得以实现而谁的受教育权利与受教育义务没有得以实现的结果，以及谁的受教育权利与受教育义务实现的程度比较高而谁的受教育权利与受教育义务的实现程度比较低的结果，亦即是否得以实现以及得以实现的程度如何的问题。而在此进行比较时，公平便具有了两层含义，首先是指某人与某人的受教育权利与受教育义务都得到了实现，其次两者的受教育权利与受教育义务得以实现的程度相当。做出如此分析的前提有如下几个方面：第一，要有比较的主体，亦即受教育权利的享有者和受教育义务的承担者；第二，要有比较的客体，亦即受教育权利与受教育义务；第三，要有比较的情景，亦即受教育权利与受教育义务得以实现的程度的相互比较关系；第四，要有比较的标准，亦即作为标杆的公平；第五，要有比较的结果，亦即两者相比较而出现了有无及高低的结果。在此，公平本身具有三层内涵：第一层，公平意指某种关系；第二层，公平意指某种标准或者说是尺度；第三层，公平意指某种目标或者说是应然状态，与实然状态相对。这正是作为法律价值的公平的含义及其在受教育权利与受教育义务上的体现。

正义本身“有着一张普洛透斯似的脸（a Protean face），变幻无常、随时呈现不同形状并具有极不相同的面貌”[①]。而作为法律价值的正义则是“一种规范，一种对主题的精神和行为都予以调整的规范”，“一种伦理规范，一种以观念化的形态存在的体现应然性的理想化规范”，“一种高层次伦理规范，一种以诸多美德或善为主要内容的规范和境界的最高的规范”，“一种理性伦理规范，一种以理性为基础并以理性保障其实现的规范”。[②] 同样是作为法律价值，正义与公平在某些方面具有相同点，然而，两者有着本质上的区别。这便是，什么是公平、公平与否、如何评价公平与否、如何改进现状而达致更高程度的公平等问题都要放在某人与某人相比较的维度上。而正义正如前文所述，它更多的是在强调社会体制、社会结构、社会制度等方面。如果说脱离开社会体制谈论公平问题没有意义的话，那么我们在谈论公平问题之前必须先将该问题置于社会体制之中。从这个角度讲，公平问题得以探讨依赖于正义的限定，公平问题能够得以解决有赖于正义的型构，公平问题如何解决有赖于从正义角度入手，公平问题所要解决的正是正义问题，公平问题最终得以解决正是遮盖在背后的正义问题；反之亦然，公平与正义须臾不可分离，抛开其中之一而谈及另一都将没有意义，所得到的或许只能是不结果实的花。

---

① ［美］E. 博登海默：《法理学：法律哲学与法律方法》，邓正来译，中国政法大学出版社2004年版，第261页。

② 周旺生：《法理探索》，人民出版社2005年版，第110—114页。

价值本身“是对主客体相互关系的一种主体性描述，它代表着客体主体化过程的性质和程度，即客体的存在、属性和合乎规律的变化与主体尺度相一致、相符合或相接近的性质和程度”①。法律价值自然也是主体对客体的一种主体性描述，它同样代表着客体主体化过程的性质和程度，即客体的存在、属性和合乎规律的变化与主体尺度相一致、相符合或相接近的性质和程度。

在受教育权利与受教育义务问题上，公平与正义作为法律价值仅仅是法律价值中的一部分。虽然只是其中的一部分，但我们不能否认它的重要性，原因有如下几个方面：第一，受教育权利涉及基本人权问题；第二，在受教育权利与受教育义务之间，我们更多地强调了受教育权利，高扬权利旗帜，彰显了法治社会的基本特征；第三，受教育权利的实现遮蔽着社会体制问题；第四，受教育权利是否得以实现以及实现的程度限定着国家公民对人生的规划，甚至是限定着某人成为国家公民的某种姿态。对于第四个方面的强调，我们不得不提及起卢梭曾经说过的话：“如果你能够使年轻人在进入人生的一个新阶段以后，仍然不忘记他们所经历的前一个阶段；使他们养成新习惯以后，仍然不抛弃他们原来的旧习惯；使他们自始至终都喜欢做善良的事情，而不管他们是从什么时候开始的，如果你能够做到这几点，你就能够保持你的事业的成果，而且，一直到他们死的时候，你都可以放心他们不至于做坏事情，因为，最令人害怕的变化，正是你现在所密切关注的年龄的变化。有些人因为在以后不容易改掉他们所保持的童年时期的习惯，反觉歉然，其实，要是一旦把它们都改掉了的话，他们这一辈子也就再也培养不成那些习惯了。”② 如果我们把其中的那个“你”理解为国家，那么这段话的意义将会大放异彩，最起码其意义将会得到更大程度的张扬。

公平只是我们考虑受教育权利与受教育义务问题的切入点，而正义则是提出、分析、求证、论述、解答该问题的大背景。其中，更为

① 李德顺：《价值论》（第二版），中国人民大学出版社 2007 年版，第 79 页。

② ［法］卢梭：《爱弥儿——论教育》下卷，李平沤译，商务印书馆 1978 年版，第 657 页。

关键的是，该问题的分析进路，即分配正义与补偿正义都是正义的下位概念，同样会成为法律价值上的概念。那么，在法理的视野中，提出了分配正义与补偿正义的概念，也就意味着将社会体制一分为二，把社会体制分成了分配型的社会体制与补偿型的社会体制。受教育权利与受教育义务如若不能得到公平实现，要追究社会体制的话，分配型的社会体制与补偿型的社会体制都难逃其咎，其中任何之一都不能被免除责任，而需要它们同时面对问题。

另外，制度正义与个人正义同样都是正义的下位概念，同样会成为法律价值上的概念。那么，在法理的视野中，提出了制度正义与个人正义的概念，也就意味着将社会体制在更高的程度上一分为二，将国家公民作为面对国家的个人与国家相对。而“人之所以合群，是因为他的身体柔弱；我们之所以心爱人类，是由于我们有共同的苦难；如果我们不是人，我们对人类就没有任何责任了。对人的依赖，就是力量不足的表征：如果每一个人都不需要别人的帮助，我们就根本不想同别人联合了。”① 对于此点的认识，催发了现代人权观念的产生及发展。以现代人权为立足点，现代法治理念强调，国家对公民是否享有人权及其享有的程度承担着政治责任。公民享有受教育权利，国家则必须保障公民能够切实地享受到该权利，并且还要达致在人与人之间能够得以平等实现受教育权利的程度。

当然，我们说，权利平等与否的决定因素在于经济，而决定性条件则在于经济的极大发展。面对当下问题，权利得以平等实现还需要在立法模式和立法权的配置方面做出相应的措施，并且在权利的配置方式上还需要探讨一种更为有益且有效的方式。需要说明的是，本书所探讨的问题属于与教育体制改革相关的受教育权利的法哲学问题。而我国《宪法》所规定的受教育权利与受教育义务问题，以及政治实践中所出现的教育问题完全可以在该框架内进行探讨。比如说，在当代中国，总体来说，与城市学校的师资力量相

① ［法］卢梭：《爱弥儿——论教育》下卷，李平沤译，商务印书馆1978年版，第303页。

比，农村学校的师资力量比较稀疏；东部沿海省份学校的师资力量远远比西北部省份学校的师资力量要集聚。可见，受教育权利与受教育义务能否得以公平实现可在本书进路的基础上继续探讨。当然，“和平与平等是使中国人思想与理想社会的观念永远结合在一起的两个动因。”[①] 教育体制改革中的一体同构问题所折射出来的体制本体问题与价值趋向问题对于我国来说或许具有更为根本的意义，或者说我们可以把与教育体制改革相关的所有问题全都归咎于体制本体问题与价值趋向问题上。

---

① ［德］鲍吾刚：《中国人的幸福观》，严蓓雯、韩雪临、吴德祖译，江苏人民出版社 2004 年版，第 120 页。

第五章　教育与思想政治教育的普泛性发展空间

教育与思想政治教育自身所具有的指引性和导向性，决定了它对于教育本身所具有的巨大意义，也决定了其并不只是作用于这一特定的教育领域，而是在许多与之看似无关的领域都发挥着巨大作用。

对于其本职工作——教育领域而言，高校的教育与思想政治教育的影响力已是不言而喻，通过开展被学生们戏称的“马列恩”、“毛中特”的一系列课程，对于学生们的基本素质有很大的帮助。

近些年，随着我们大力宣传文化软实力，我们对于文化对于社会发展的作用已是非常熟悉，而教育与思想政治教育正是文化软实力的重要表现。比如在本章中要谈到的教育与思想政治教育对于企业而言，其主要作用也是体现在对于企业文化的构建之中。而且通过思想政治教育对于企业职工的传播，还可以促进整个社会的风气转变。

第一节　思想政治工作作用于企业文化建设

随着企业文化建设的不断发展，作为传统企业管理手段之一的思想政治工作开始受到冷落，有人甚至认为可以取消思想政治工作了，即使主张保留思想政治工作的人也大多困惑于其在新形势下的有效性。那么，到底应当如何认识思想政治工作与企业文化建设呢？下面笔者就谈谈自己的看法。

一　公私有别——思想政治工作与企业文化建设的根本区别

思想政治工作与企业文化建设是两个独立的概念，二者有着诸多的不同。

第一，性质不同。思想政治工作是国家及政党进行社会整合、动员、控制与引导的重要方式，本质上属于政治学范畴。而企业文化建设作为企业管理的一种手段，具有明显的经济性，其概念本身表征着企业管理理念的发展与转换，本质上属于管理学范畴。

第二，职能不同。思想政治工作的主要职能是传达党的路线、方针和政策，使所主导的主流意识形态能够成为人们思想和行为的指南，使人们对现行政治系统具有认同感。而企业文化建设的职能则是培育企业员工共同的价值观念和行为方式，使之产生深厚的亲和力与归属感，从而增强企业的凝聚力，调动企业员工的积极性和创造性。

第三，行为主体不同。思想政治工作的行为主体是各级党组织，具有严密的组织性和系统性。而企业文化建设的行为主体是企业主及其经营管理人员，具有“私人性”和个体性。

第四，内容不同。思想政治工作的内容是国家政策、法律制度、价值观念、社会公德、理想信念和爱国主义教育等公共利益的教育，它是从社会整体利益的角度出发来提高全社会公民素质的，适合于每一个企业和公民，以普遍性和共同性为特点。而企业文化建设的内容是培育企业精神、张扬企业个性、选择经营理念、确定管理模式、确立企业目标、建设企业道德、制定企业纪律、树立企业形象，其着眼点在于体现企业个性，以特殊性和独立性为特点。

第五，目标不同。思想政治工作的目标是培育公民对执政党的政治认同感和社会责任感，尽管也承认和支持个人利益，但最终目的是整个国家的政治稳定、经济发展和文化进步，以社会性为根本标志，是为“公”。而企业文化建设的目标则主要是培育企业员工对本企业的认同感与归属感，虽然并不排斥社会利益和社会发展，但其根本目标是为本企业获取最大利益，为了这一目标，企业文化有时会和社会利益相冲突，甚至会完全背离社会利益，因此，企业文化建设的目标以个体性为其明确特点，是为“私”。这是思想政治工作与企业文化建设的根本区别。

二 以人为本——思想政治工作与企业文化建设的共同核心

尽管思想政治工作与企业文化建设有许多不同之处，但二者也具有许多共性。

首先，二者的研究对象相同。思想政治工作是促进社会发展过程中人的思想观念的转化，企业文化建设是研究企业发展过程中人的情感、态度和行为方式对物质生产所发生的作用，尽管二者研究的对象存在着数量和范围的不同，但就其研究对象的本质而言是共同的，都是做人的教育转化工作。

其次，二者的基本原则相同。思想政治工作的基本原则是以人为本，胡锦涛同志在全国宣传工作会议上曾指出：“思想政治工作说到底是做人的工作，必须坚持以人为本。”企业文化建设的实质在于吸收职工主动参与管理过程，运用文化因素凝聚人，提高人的劳动积极性以创造更多的经济效益，因此也必须坚持以人为本。

再次，二者的工作任务相同。思想政治工作的任务是统一思想、提高认识、增强凝聚力，为社会发展提供精神动力和安全保证；而企业文化建设则用共同的价值观念、行为准则和企业精神统一职工的思想认识，增强企业活力和凝聚力，其作用也是为企业生产经营提供精神动力和安全保证。

最后，二者的工作方法相近。思想政治工作采用的教育、引导、鼓励、鞭策、尊重、理解、关心、帮助等工作方法和手段同样适用于企业文化建设，而企业文化建设的许多工作方法也同样适用于思想政治工作，例如开展活动、树立典型、学习榜样、召开会议、媒体宣传等。

三 相辅相成——思想政治工作与企业文化建设的相互作用

思想政治工作和企业文化建设在统一思想认识、调动积极性，增强凝聚力，保证社会和谐这一目标的实现上相互渗透、相互促进、交叉互补，起着相辅相成的作用。

首先，思想政治工作能够保证企业文化建设的发展方向。思想政治工作的特点是与时俱进，反映时代精神，使人的思想跟上时代的脉搏。如果企业文化建设把思想政治教育内容转化为企业的价值观念、企业精神、经营理念，就可以使职工自觉遵守政策、法规、制度、纪律，与社会发展方向保持一致。大量事实表明，凡是企业文化建设得好的企业，都非常重视思想政治工作和企业文化建设的结合。

其次，企业文化建设为思想政治工作注入新内容，是思想政治工作的新载体。我国长期以来一直存在着物质文明与精神文明、经济工作与思想政治工作相脱节的现象，而企业文化建设正是二者结合的最佳形式。将思想政治工作融入相应的企业文化建设中，比较贴近职工实际，有利于对职工做深入细致的工作，因为人们的思想问题大多与工作有关，如果思想政治工作能够结合业务工作、结合企业精神、结合企业规章制度、结合职业道德教育进行，就能及时地发现各种思想问题及其产生的原因，并有针对性地采取措施解决问题，这不仅能克服思想政治工作的空洞现象和克服物质文明建设与精神文明建设“两张皮”现象，而且还能提高职工积极性，使思想政治工作起到事半功倍的效果。把思想政治工作渗透到企业文化建设中去，是思想政治工作获得新生的有效方式。

第二节　先进文化建设与高校思想政治教育

随着经济全球化的不断发展，人类社会出现了文化全球化的发展趋势。对于中国这样一个发展中国家而言，要想在文化全球化的进程中保持本民族文化的独立性和先进性，并使中国文化走向世界，成为世界文化多样性中一颗璀璨的明珠，就必须把握当代先进文化的本质特征，进行先进文化建设。高等学校既是科学知识和科学技术产生和传播的摇篮，也是思想品德和道德修养培育的基地，对先进文化建设起着非常重要的作用。高等学校的思想政治教育怎样才能不负党和人民的重托，如何当好先进文化建设的排头兵，如何担当起先进文化建设中的重任？

一　当代中国先进文化的特征和要求

对于文化的含义，不同的学者有不同的认识。我国最早论述文化问题的《易经·贲卦》中曾有“观乎人文，以化天下”的说法，认为文化是“以文化人”的过程；20 世纪的西方学者 R. 里顿认为文化是“某特定社会的成员共享并相互影响的知识、态度、习惯、行为模式的总和”；还有人认为文化就是文明，是人类社会所有物质文明和精神文明的总和。而笔者以为，文化本身有两种含义：静态的文化是人类的各种精神活动及其产品的总称，它既包括人们在生产中所产生的知识、经验、技术、艺术，又包括人们在生活中所形成的信仰、道德、法律、风俗，以及其他行为模式和习惯；动态的文化是指用当前的文化成果教育驯化社会成员，使之具备一定的知识修养以适应社会满足社会公共要求的过程，也就是教育过程。我们所说的先进文化建设既包括对先进文化内容进行创造的成果，也包括利用先进的文化内容对社会成员进行的教育引导。

所谓先进文化，就是符合文化发展规律和社会发展的本质要求，代表未来社会发展方向、推动社会历史不断前进的文化。判断一种文化是否属于先进文化，必须坚持历史尺度与道德尺度的辩证统一，即生产力标准与价值标准的统一。一方面，要坚持历史的尺度或称生产力标准，看它是否适应或促进社会生产力的发展；另一方面，还要坚持道德尺度或称价值标准，看它能否引导人们积极、健康、自由、全面的发展，是否有利于人的自我完善和社会的凝聚力和创造力的增强，是否有利于社会文明的进步。

在当代中国，先进文化是符合人民群众的根本利益、充分反映文化发展规律和社会主义本质要求的文化，即江泽民在十六大报告中所说的“面向现代化、面向世界、面向未来的，民族的、科学的、大众的社会主义文化”。

面向现代化是指文化要符合社会主义和谐社会建设实践的要求，要反映时代发展的特征。

面向世界是指文化要具有开放性。作为先进文化，不但要有选择地借鉴学习西方发达国家的先进经验，促进我国文化的发展，而且要适应经济全球化和文化一体化的客观要求，促进中国先进文化的广泛传播，使中国的文化逐步走向世界。

面向未来是指文化要具有创新性。创新是文化生命力的源泉，是当代中国文化始终保持先进性的内在要求。先进性不是一个凝固不变的概念，在不同的社会发展时期，其具体表现和要求是不同的，再先进的理论，如果不能结合时代的要求进行创新，也会变成僵死的教条。

民族性是指当代中国的先进文化是在中华民族优良传统的基础上产生的。文化的发展是一个历史的、连续的过程，民族文化作为一种历史的积淀和社会意识潜流，同一个民族的生活方式、思维模式、行为标准、道德情操、审美情趣、处世态度以及风俗习惯融为一体，成为一个民族濡染其间的精神家园。无论文化全球化发展到何种程度，先进文化的民族特色都永远不会消失，并且能否保持文化的民族特色将成为判定文化先进性的一个标准。

科学性是指先进文化为人们确立了一种正确的价值观和一套合理的、先进的价值体系，不断促进全民族思想道德和科学文化素质的提高，能够增强社会成员的凝聚力，激发人们的创造性和积极性，引导人们形成团结紧张、积极向上的精神风貌，为经济发展和社会进步提供精神动力和智力支持，确保文化的发展与人类社会历史的进步同向。

大众性是指文化的社会性，文化源于广大人民群众的社会实践，因此必须代表人民群众的希望和要求，必须为人民大众谋利益，始终把人民群众作为自己的服务对象，坚持为人民服务、为社会服务。

总之，当代中国先进文化渊源于中华民族五千年文明史，根植于中国特色社会主义实践，具有极强的民族性和鲜明的时代特点，它反映我国社会主义经济和政治的基本特征，又对经济和政治的发展起巨大促进作用，是凝聚和激励全国各族人民的重要力量，是综合国力的重要标志。

二 高校思想政治教育必须体现先进文化的发展要求

高等学校曾经是中国新文化运动的中心、五四运动的发源地和最早传播马克思主义的基地，在中国先进文化的发展中曾起到过重大历史作用。在我国当前的先进文化建设中，高等学校仍然是先进文化建设的生力军，作为文化建设主阵地的高校思想政治教育必须体现先进文化的发展要求，担当起先进文化建设排头兵的重任，这是由高校思想政治教育的性质和先进文化建设的发展要求决定的。

（一）高校学生思想政治教育的性质决定了高校学生思想政治教育必须当好先进文化建设的排头兵

高等学校既是先进文化的摇篮，又是先进文化传播的主阵地，高校思想政治教育则担负着建设先进文化的关键——世界观、人生观、价值观、方法论的建设问题。在多种文化交融、各种思想激荡的高等学校，思想政治教育能否弘扬先进文化建设的主旋律，能否用先进文化思想占领高校的思想教育阵地，能否用先进文化思想去武装学生的头脑，能否用马克思主义的世界观、人生观、价值观和方法论取代封建迷信、封建思想和资产阶级生活理想和观念，是关系到高校的办学方向问题，也是关系到国家和民族命运的问题。因此，体现先进文化的发展要求是高校学生思想政治教育必须始终坚持的一个原则性问题。胡锦涛同志在全国加强和改进大学生思想政治教育工作会议上指出：“高校是培养人才的重要基地，必须把培养中国特色社会主义事业的建设者和接班人作为根本任务。办好高校，首先要解决好培养什么人、如何培养人这个根本问题。全国高校都要始终不渝地全面贯彻党的教育方针，坚持学校教育、育人为本，德智体美、德育为先，充分发挥高校作为大学生思想政治教育主阵地、主课堂、主渠道的作用，全方位推进大学生思想政治教育，多方面促进大学生全面发展。”从其讲话可以看出，胡锦涛同志对于高等学校的思想政治教育在寄予厚望的同时也提出了极高的要求，同时也为高校的先进文化建设指明了方向。

（二）当前的新形势、新问题决定了高校学生思想政治教育必须体现先进文化的发展要求

首先，随着我国对外开放的扩大，国外敌对势力加快了“和平演变”的步伐，加紧了对我国的文化渗透。西方国家通过多种途径加紧进行思想和文化渗透，利用所谓的人权、民权、自由、宗教等问题对青少年特别是对大学生进行“西化”和“分化”，并利用各种手段与我们争夺思想阵地，同党和政府争夺青少年，高校中意识形态领域的斗争越来越复杂。

其次，随着改革的进一步深入，校园文化呈现出多元化的趋势，不少落后的文化思想在高校中有所抬头。近几年来，随着改革的不断深入和利益结构的不断调整使一些新矛盾和新问题困扰着青年大学生。特别是大学生就业方式出现的新变化，使许多大学在校生特别是大专生感到前途渺茫，学习积极性不高，政治热情下降。各种社会丑恶现象和落后的文化思想则乘虚而入，给青年大学生带来许多消极影响。目前，不少非马克思主义甚至反马克思主义的思想在高校中都有所表现，自由主义、拜金主义、极端个人主义、享乐主义等资产阶级思想在高校中有所抬头；各种封建迷信也在高校中蔓延；各种宗教文化和消极落后的占卜文化、追星文化、课桌文化、厕所文化、暴力文化、色情文化、痞子文化等不良文化思想在大学校园中也有一定的市场。这种思想混乱的状况使得许多大学生意志消沉、人心涣散、纪律松弛、凝聚力下降，甚至导致大学生凶杀、情杀、自杀现象频繁出现，不但对大学生的思想、学习和生活造成了严重的不良影响，也极大地危害着社会主义和谐社会的建设。高等学校的思想政治教育必须响应胡锦涛同志的号召，体现先进文化的发展要求，以“三个代表”重要思想为指导，大力提倡爱国主义、集体主义、社会主义；要紧跟时代发展，体现时代精神，讴歌时代的真、善、美；要努力净化校园环境，抵制拜金主义、享乐主义和极端个人主义等消极腐朽思想的渗透和影响；要抵制课桌文学、厕所文学等低俗文化趣味和非理性文化倾向；要提高学生对是非、荣辱、美丑的辨别能力，培养青年学生积极进取的意识、坚忍不拔的精神，使校园文化建设沿着健康、高雅的

方向发展。

三 高校学生思想政治教育适应先进文化建设的新举措

为了承担起先进文化建设主力军的重任，当好先进文化建设的排头兵，高等学校的思想政治教育必须依据和谐社会建设新形势的变化，根据《中共中央、国务院关于进一步加强和改进大学生思想政治教育的意见》的要求，从指导思想、教育内容、教育方式的各个方面做出调整和改革，各个高校的思想政治教育部门都要根据本校的具体情况做出适应先进文化建设要求的新举措。

（一）思想政治教育指导思想的转变

在指导思想上，必须贯彻《中共中央、国务院关于进一步加强和改进大学生思想政治教育的意见》的指示精神。

在以往的高校思想政治教育工作中，有的高校的指导思想不够明确。在对学生教育的首要目标是成才还是成人的问题上比较模糊，即使是从事思想政治教育的人员也不能理直气壮地将成人作为教育的首要目标，从而导致高校思想政治教育工作的软弱无力，也导致大学生思想的混乱、理想的缺失、意志的消沉、积极性和创造性的低落，并进而影响到社会风气的转变和社会的发展进程。

党和国家领导人敏锐地注意到这一问题的严重性，为了使高等学校的思想政治教育与当前经济、社会发展相适应，《中共中央、国务院关于进一步加强和改进大学生思想政治教育的意见》也明确提出了加强和改进大学生思想政治教育工作的四项主要任务：第一，要以理想信念教育为核心，深入进行正确的世界观、人生观和价值观教育；第二，要以爱国主义教育为重点，深入进行民族精神教育；第三，要以基本道德规范为基础，深入进行公民道德教育；第四，要以大学生全面发展为目标，深入进行素质教育。胡锦涛同志“学校教育、育人为本，德智体美、德育为先”的指示和《中共中央、国务院关于进一步加强和改进大学生思想政治教育的意见》（以下简称《意见》）提出的四项主要任务为高校的思想政治教育和先进文化建设指明了方向。因此，高校的思想政治教育在先进文化建设过程中必须以胡锦涛同志的指示和《意见》为指导思想。

（二）思想政治教育内容的改变

在先进文化建设的过程中，高等学校的思想政治教育应当根据胡锦涛同志的指示、《意见》的要求、社会的变化和学生的实际，调整思想政治教育的内容。在调整教育内容的过程中既要注意对以往思想政治教育中优秀文化内容的继承，又要进行大胆的创新。

思想政治教育是我国高等教育的特色，也是我国高等教育的优良传统，在以往的思想政治教育内容中有许多优秀的文化内容值得当前先进文化建设工作借鉴和继承。如《意见》中提及的理想信念教育，世界观、人生观和价值观教育，爱国主义教育，民族精神教育，公民道德教育等，都是我们应当继承的内容。特别是马克思列宁主义、毛泽东思想以及邓小平理论和“三个代表”重要思想，更应当作为先进文化的灵魂加以学习和应用，从而引导学生学会用先进的思想武器对各种纷繁复杂的文化思潮做出分析、鉴别、判断和选择，做到去其糟粕、取其精华。

先进文化是“面向现代化、面向世界、面向未来的”，毛泽东在《新民主主义论》中也曾指出：“一定的文化（当作观念形态的文化）是一定社会的政治和经济的反映……一定形态的政治和经济是首先决定那一定形态的文化的。”作为当代中国的先进文化，绝不是一成不变的，而是随着社会的发展和变革不断丰富、完善和发展的，因此，在先进文化建设过程中，高等学校思想政治教育的内容也必须随着社会的发展、时代的变迁和教育对象的变化进行变革和创新。目前，高校的思想政治教育除了《意见》中规定的内容以外还要增加以下教育内容：

首先是以亲情、友情、爱情、师生情为内容的情感教育。通过情感教育，使大学生做到以下几点：第一，感悟亲情。理解父母、关心父母、回报父母，使得家庭和睦、温馨、幸福。第二，懂得爱情。尊重对方、理解对方、关爱对方，为将来婚姻家庭的美满打下基础。第三，注重友情。同学之间、朋友之间相互尊重、相互理解、相互关心、相互帮助，建立团结向上、真诚友爱、富有凝聚力的班集体。第四，理解师生情。尊敬老师、理解老师、关心老师，建立尊师爱生、互帮互学、平等互助的新型师生关系。

其次是以回报父母、回报社会为内容的感恩教育。不管是“天之骄子”的大学生还是平凡的老农民，都离不开土地、山川、河流、阳光、空气等自然条件，离不开国家、法律、军队、学校的保护和教育，离不开父母的关心、老师的教诲、同学朋友的帮助和其他社会成员的关注。因此，大学生必须懂得感恩和报恩。作为新时代的大学生，不但要关注自己的利益，也要关心父母、关心同学、关心班集体、关心国家和民族，做到尊重人、关心人、爱护人、帮助人，同时要学会个人与企业的互惠双赢、社会与自然的和谐相处，在自我发展和完善的同时承担起家庭、企业和社会的责任。

最后是以文化比较分析为内容的文化批判教育。目前，高等学校是一个多种思想激荡、各种学说共存、不同学派并立的思想熔炉，大学校园内藏书丰富、网络通畅、媒体众多，再加上大学师生在国家、民族、地域、种族上的复杂多样，同一个学校会有多种文化思想相互激荡，如果大学生没有一定的文化批判能力，仅靠“开卷有益”的古训将很难获得先进的文化和思想。为此，高等学校的思想政治教育应当将文化批判作为一项重要内容，使大学生掌握比较、分析、鉴别文化先进与否的能力，在众多的思想流派和文化成果中找出优秀的、先进的文化作为学习对象。

除以上内容以外，高等学校的思想政治教育还应当进行挫折教育、自我约束和自我管理教育、创新和创业教育，通过这些教育使大学生开拓视野、更新观念、提高能力、陶冶情操，使当代大学生能够积极主动地接受先进的文化思想，成为思想先进、知识渊博、技术全面、能力突出的优秀人才。

（三）思想政治教育方式的改革

以往高校的思想政治教育的途径比较少，主要有课堂教学、学术报告、电影电视、报纸杂志、政治学习等几种方式。除课堂教学和政治学习是有组织有计划地集中进行以外，其他途径都是放任自流的，再加上思想教育主要以灌输为主，内容陈旧重复，方法简单生硬，很难收到良好的教育效果。目前，不论是社会环境还是校园环境都已变得复杂化、多样化，不论是大学教授还是青年大学生，其知识结构、思想观念、心理状况都发生了巨大变化，因此，在先进文化建设过程中绝不能仅仅采取传统的思想教育方式，必须要有所创新和改革。笔者认为，高校的思想政治教育方式改革应根据先进文化建设的要求，从以下几个方面进行：

第一，融思想政治教育于校园文化活动之中。校园文化是师生在特定环境中创造的一种与社会、时代密切相关，具有校园特色的人文氛围、校园精神和生存环境。集思想性、趣味性、知识性、学术性、科技性于一体，内容丰富多彩、形式灵活多样的校园文化活动是对大学生进行思想政治教育的重要途径和有效载体，它对陶冶学生的道德情操、提高学生的全面素质发挥着难以替代的作用。同时，校园文化活动也为大学生自我认识、自我表现、自我教育提供了广阔的空间，对大学生有着很强的吸引力，能够极大地调动和激发大学生参与校园文化建设的积极性、主动性和创造性。因此，高校学生思想政治教育要体现先进文化的发展要求，就不可忽视校园文化建设。构建积极向上的校园文化环境，开展丰富多彩、形式多样的校园文化活动，是高校思想政治教育的良好途径。

第二，组织大学生假期科技、文化、卫生三下乡活动及各种社会实践活动，让学生走出课堂，融入社会。通过三下乡和各种社会实践，可以使大学生深入社会、了解社会、认识社会，有助于大学生改变观念、提高认识、丰富思想、增长才干；可以使大学生在与社会各阶层的接触中通过潜移默化受到良好的思想政治教育；给学生提供了各种锻炼自我、展现自我的舞台，对于培养学生的竞争意识、奋斗意识、互助合作的团队精神，以及锻炼学生的独立思考能力、社会实践能力起到很大作用。

第三，开展思想政治教育进网络、进公寓、进社团活动，用先进文化占领学生学习生活的主要空间。

首先，针对当前学生上网人数越来越多，网络文化对学生思想影响日益增大的特点，思想政治教育工作者应主动出击，用先进文化占领网络阵地。比如，可以针对大学生的知识结构和心理特点，更多地发布一些为他们所关注、所接受的信息资源，以吸引更多学生热心参与，并在参与中接受教育；可以通过编发校园新闻，引导学生关心身边的人和事；还可以组织热点讨论，引导学生进行网上交流，如结合《公民道德建设实施纲要》，组织网上道德大讨论，引导学生了解道德规范；可以开展网上调查，引导学生对有关问题进行思考判断，引导学生参与校园文化建设；可以利用网络的互动性，通过辅导员信箱、校园论坛等栏目进行道德规范教育、意见收集和思想交流，随时掌握学生的思想动态和文化需求，关注学生在日常学习生活中遇到的各种困惑和问题，等等。

其次，随着高校后勤社会化改革的推进，学生公寓和社区将成为学生学习和生活的主要场所。高校应该在学生社区中坚持管理育人、服务育人、环境育人的宗旨，用先进文化占领这块阵地，积极发挥社区文化建设和公寓文化建设在学生思想政治教育中的积极作用。可以在公寓中开展创建文明公寓、文明社区活动；可以在公寓中开展丰富多彩的公寓文化活动；可以在公寓中设立党团活动室、辅导员工作室等。通过这些措施切实加强思想政治工作进公寓的工作。

最后，应加强对学生社团的扶持和引导。学生社团是大学校园中的非正式组织，如老乡会、诗友会、读书会、文学社等都属于这类组织。学生社团多是自发性组织，其规模一般不大，人数也不多，但各个成员之间联系密切，具有很强的凝聚力，再加上大学中学生社团的数量众多，因此，学生社团是大学校园先进文化建设和高校思想政治教育不可忽视的对象。如果思想教育工作者能够结合学生社团的特点进行鼓励和引导，帮助学生社团开展一系列丰富多彩、积极向上、富有时代气息的校园文化活动，就可以为大学生搭建更多锻炼和成长的舞台，同时可以使先进文化建设和思想政治教育达到事半功倍的效果。

第六章　教育与思想政治教育的专业性发展空间

在认识到了教育与思想政治教育的先进性与导向性作用之后，我们要在对其重视的基础上加以完善，以求能更好地发挥思想政治教育的作用。

而面对如此专业性的课题，其发展空间也必然是专业性的。在本章中，笔者从教育与思想政治教育的主体——教师方面入手，论述教师在思想政治教育中的重要性，并且对教师如何进行思想政治教育，即从教学论的角度出发，征引国内外的优秀教育家的有关思想政治教育的言论，又结合我们自身实际，对于教育与思想政治教育的专业性发展提出了一些建议。

第一节　思想政治学科教学论教师的示范性探析

教师是一个特殊的职业，教师在三尺讲台上的一言一行、一举一动都是学生活生生的榜样，都是重要的教育因素。特别是思想政治学科教学论教师，由于培养的学生将来要成为中学政治教师，从职业上讲，学生未来的工作与老师的性质相同，学生所学专业的知识范围、所使用的工作方法也大致相同，因此，教师的言行举止、仪表风度、人格魅力、思维方法、处世风范等能更直接、更广泛地对学生产生潜移默化的影响。这就要求教师不能局限于在语言层面上宣讲新课程，而应在教学中率先垂范，践行新课程倡导的理念和模式，充分发挥教师的示范作用，激发和引导师范生对新理念加以关注、对新内容进行研究、对新模式不断探索。“你希望未来的师范生怎样去做，在培养时你就应该怎么去教他们。”师范生在校的学习方式将直接影响其未来的教学方式。从这个意义上说，思想政治学科教学论教师的示范性具有更加特殊的重要意义。

一 坚定信仰的示范性

思想政治课是一门德育学科，具有鲜明的政治倾向，它担负着引导青少年树立坚定的马克思主义信仰、为中国特色社会主义建设培养合格的建设者和接班人的任务。为此，这门学科要求政治教师要坚定地信仰马克思主义，热爱社会主义，拥护中国共产的领导。因为政治教师只有自己首先坚定信仰，才能不断用中国化的马克思主义理论丰富自己，才能在教学中充满激情，才能用真实的情感和生动的事例去感染和引导学生，使学生愿意听，愿意接受，政治课的理论魅力方能显现，德育效果方能奏效。为使未来的政治教师能够树立起坚定信仰，思想政治学科教学论教师首先要以身作则，怀着坚定的信心和信念从事学科教学论的教学。一旦教师言不由衷，或对信仰不够坚定，就会在言谈举止中有所流露。对于思想敏锐的大学生而言，对教师流露出的任何情感都不会错过，学生一旦发现教师的讲授言不由衷，就会怀疑教师所传授的理论，不仅影响了学生对知识的学习效果，也会影响学生的情感、价值观，直至动摇他们对未来所从事职业的信念和信心。

二 敬业精神的示范性

随着就业压力的加大，师范生不认为自己一定会走上中学教师的岗位，也有的学生认为教师岗位不是自己的首选，因此越来越多的师范生把考研和考公务员或从事其他职业作为自己的目标，对实现与自己目标关联度较小的学科漠不关心，思想政治学科教学论这门以培养学生教学实践能力的必修课对有些师范生来说，变得似乎可有可无，也就使得许多老师不愿从事这门学科的教学，反过来又使这门学科的实际效用受到了影响，进而又影响了这门学科在高校的地位，这种状况打击了学科教学论教师的教学热情。然而，真正能够改变这一学科状况的不是别人，而是担任该学科教学的教师，是教师内在的敬业精神所散发的魅力。敬业就是爱学生、爱教育、爱自己所从事的学科教学，想方设法把这门课的功能效用发挥出来，为学生的未来着想，让学生真正学到将来工作的本领。思想政治学科教学论教师首先要让学生认识到该学科对于他们将来就业、考研以及从事其他工作的必要性，让学生从教师那里获得学习该学科的充分理由和从教的坚定信心，这就要求思想政治学科教学论教师首先自己要爱自己从教的学科。教师只有发自内心地爱自己所从教的学科，才能不断地充实自己，改变教学方法，提高学生学习积极性，使这门课有趣；才能想方设法增加实践性教学，培养学生的实践能力，使这门课有用；才能钻研新课标，领会新教育理念，掌握新的教学方法，贴近基础教育实际，使这门课具有时代性。教师这种严谨的作风、勤恳的态度、敬业的精神不仅能做好传道、授业、解惑之事业，而且可以成为师范生的表率。学生经常从自己身边的榜样那里懂得该如何做，教师是学生模仿最直接、最有效、最生动的榜样。学生不仅能从教师的教学行为中受到教益，而且能从教师的敬业精神中激发起从教的热情，坚定从教的信心，进而把三尺讲台当作实现人生价值的大舞台，自觉投身于这种平凡的工作。教师爱学生，坚守着“捧着一颗心来，不带半根草去”的执着与奉献，师范生会体会到爱的力量，将来也会把这种爱倾注在自己的学生身上，使政治课活起来，如果政治课教学中忽略了这种情感的关爱，就等于抽掉了政治课教学的灵魂；师范生会从老师那里懂得该如何把爱传递下去，把敬业精神传递下去。

三　求知精神的示范性

对于教师，我们经常用“一桶水”和“一碗水”来说明教师应该博学。然而，随着科学技术的突飞猛进，知识发展和更新的速度也越来越快，“一桶水”为人师已不足够，教师的知识应该是活水，源头就是树立终身学习的理念，不断提高和完善自己，实现知识的更新。作为立志于从教的师范生希望将来自己是一名受学生爱戴的教师，在校学习期间自己尊敬喜欢的老师就是他们学习的榜样。师范生喜欢博学的教师，如果说其他学科教师博学能激起学生自己成为博学教师的欲望，那么学科教学论教师的博学则能直接给予学生理想前进的方向。因为作为教师不仅要具有专业理论知识，还要有广博的人文和自然科学知识，更为重要的是要有深厚的教育教学理论知识。作为思想政治教育学科教学论教师，在教学过程中不但要教给学生教学理论和教学方法，还要引导学生通过试讲和说课发现自己的缺陷和不足，体会到书到用时方恨少的真谛，更要注重与学生一起学习教育家的教育思想和教学理念，注意和学生一起探讨新的教育方法的利弊得失，和学生一起交流和总结对教育的感悟与对理性的思考，和学生一道品味永无止境的求知乐趣和更上一层楼的敞亮胸怀。通过教师的示范，使师范生明白博学的基础来自学习，坐得冷板凳，踏踏实实学习，不虚度光阴。只有通过不断地学习、充电，才能适应各种变革给教学工作提出的新要求，才会成为博学的老师，才能当好学生的良师益友。

四　创新、实践精神的示范性

创新是政治课永葆生机和活力的源泉。勇于求变、善于求新是讲好政治课的根本所在。教师的工作是创新性工作，教师备课、设计教学方法、钻研教材、批改作业、与学生谈心，都包含着教师的创造性劳动。师范生要想缩短从学生到教师的转变过程，也必须创造性地展开实践性教学。目前，虽然大学也在进行教学改革，但幅度远远低于中学。中学从课程标准到理念到教学方法到教师的培训进行了全方位的改革与创新，而大学课堂仍以讲授为主，对研究性教学、合作教学、讨论教学、案例教学的开展远远不够。如何让学生在现实氛围中习得自己将来运用于课堂教学的教学方法，学科教学论教师首先应作出表率。在思想政治学科教学论教学过程中，教师应当尽量把各种教学方法都加以使用，并对各种教学方法进行创新和改进，虽然有的教学方法使用起来可能不顺手，但通过创新和实践不仅会使这种教学方法更加完善，还会使师范生在共同创新和改善教学方法的过程中学会实践和创新的理念和方法，促使学生不断探索更好的教学方法进行教学。比如组织大家对“高考制度改革”这一热点问题进行讨论，运用讨论式教学使学生在争论中辨伪存真，养成敢于挑战权威、善于论证推理的学术品格和学术素养，这不仅提高了学生的学习兴趣，发挥了学生的主体作用，而且使教师的教学方法也具有了示范效应，学生学到的不仅是知识，而且也学到了将来他要运用于中学政治课堂的教学方法。教师的探索精神对学生的影响是巨大的，倘若教师说着一些新课程理念的话，却仍原地踏步地走着老路，学生就会觉得教师在讲一些与他们无关的话题，从而不热心、不参与，学生的创新、实践精神将无从谈起，教师所讲授的方法也会变成没有感性认识的程式化的记忆与背诵，从而影响该课程的教育教学效果。

五　时代精神的示范性

没有哪一门课能够像政治课那样及时捕捉时代气息，缺乏时代性政治课就失去了灵性。与改革同步，与时代同行，党的创新理论每前进一步，政治课堂的内容就要跟进一步，实现党的创新理论进教材、进课堂、进头脑。做好党的创新理论三进工作，教师要及时学习党的创新理论，使党的创新理论先进自己的头脑，才能把它融进课堂，滋润学生心灵。教师不能“两耳不闻窗外事，一心只教圣贤书”，而是应该积极投身于各种社会实践活动，接触各方面的人和事，即所谓“家事国事天下事，事事关心”。思想政治学科教学论教师所做的三进工作，对学生的影响巨大，一方面树立起师范生的时代意识，从教师的课堂分析中及时领会党的创新理论，增强政治敏锐性和判断分析能力，这正是政治课所追求的教育目标。另一方面师范生将会把自己喜欢的课的教学模式应用于未来的课堂教学中，把政治课与社会、与生活、与时代紧密联系，从而增强政治课的时代性。满足学生获取新知识、跟上时代的需求，发挥政治课的特色，上出政治课的精彩，打出政治课的品牌，这样就可以从根本上改变因政治课不是主课，而不被学生重视的局面。

六 研究精神的示范性

新课程提出研究性教学、研究性学习，首先要求教师具备研究的素养和能力，教师不再只是教书匠，而是向学者型、研究型、专家型的教师转变。教师不能只满足于知识丰富，还要有科学的头脑和科学的研究方法，探讨育人规律、反思自身的教育实践而成为教育的研究者。由教书匠到研究者，这是一个质的飞跃。

大学生喜欢有思想的教师，有思想才见深度，有思想才显特色。教师有思想，讲课时闪耀着理性和思想的光辉，使学生感受到理论之美。而只有善于思考和总结、善于将实践经验进行理性升华的老师才会成为有思想的老师。师范生会把自己心中认可的老师作为偶像学习，学习他们的思考精神、钻研精神、科学研究精神。思想政治学科教学论教师从事教学研究，一方面可以促进自身的专业发展，另一方面是对学生的一种言传身教。虽然研究型教师的素养有待于在实践中生成和升华，但作为师范教育，必须把师范生研究素质的培养作为一项重要任务来抓。因为一位没有研究意识和研究方法的师范生要想成为一位合格的中学政治教师，还有很长的路要走。为使师范生尽早适应新课程的要求，就需要在大学期间进行研究性的学习与实践，接受有关研究的意识，获得研究的方法。虽然大学期间师范生主要进行教育教学规律的学习与探索，实践的相对缺乏使研究有一定难度，但完全可以就某一学习内容进行研究，也可以根据教育见习进行教育调查。例如，就某一教育家的思想进行研究，就中外思想政治教育的方法和理念进行总结，就某一教学案例进行评析，就某一教学现状进行调查分析等。师范生还是很愿意做这样的工作的，从中他们学习了很多知识和方法。当然，思想政治学科教学论教师不只是把研究工作当作任务布置给学生，还要带头做这些工作，并有相应成果发表，才有说服力。

第二节 思想政治学科教学论“教以致用”问题

思想政治学科教学论是政教专业学生由理论知识学习向教学实践能力转化的课程，具体研究中学政治教学中的为什么教和为什么学，教什么和学什么，怎么教和怎么学等理论与实践问题，其重要性是不言而喻的。但在实际运作过程中却面临两大问题：一是教人如何上好课的“思想政治学科教学论”却不能解决自身的上课问题，受到冷落，得不到师范生的喜爱；二是教人如何教学的“思想政治学科教学论”不能有效解决学生教学能力培养问题，致使毕业生不能学以致用，“师范院校的学生一毕业就不合格，一毕业就得拿钱再参加课程改革培训”①，造成用人单位的不满和学生自己的窘境。这些情况的出现总的来说是由教育自身的“缺陷”造成的，“就是大学的‘教不致用’，才导致广大毕业生未能学以致用”②。具体来说是由“思想政治学科教学论”的教学仍然沿袭自己原有的教学套路，对基础教育改革没有作出相应的变化造成的。“理论上讲，教师教育改革相比基础教育课程改革而言应该具有适度的超前性。只有这样，师范院校毕业的学生才能适应基础教育课程改革的要求。”③ 退一步讲，超前性做不到，高等教育至少也应该跟上基础教育改革的步伐。但现实中，有的教师没有认真研究基础教育新课程的变化，使教学落后于基础教育改革。缺乏现实性和针对性，师范生觉得没用，不感兴趣，即使有的学生想学，也只学得一些教学技巧，当面对新课程，还是无从下手。因此，认真研究“思想政治学科教学论”“教以致用”的问题，使师范生既喜欢上该课，又能真正学以致用，是摆在教师面前的

---

① 秦克铸、庞云凤：《我国教师教育现存的问题及对策》，《教育探索》2006年第9期。

② 叶花果：《教不致用，怎能学以致用?》，《中国青年报》2008年5月10日第002版。

③ 秦克铸、庞云凤：《我国教师教育现存的问题及对策》，《教育探索》2006年第9期。

一个十分紧迫的课题。

一 思想政治学科教学论“教不致用”的表现

“思想政治学科教学论”教学落后于基础教育课程改革，使教学不能满足学生的各种需要，主要表现在以下几方面：

（一）“思想政治学科教学论”理论体系不利于学生实际能力的培养

首先，“思想政治学科教学论”内容过于庞杂，在一定程度上制约了对学生能力的培养。“思想政治学科教学论”过多地吸纳了教育学、心理学和教学论的理论体系，“在不少地方存在过分融合相关学科基本理论和观点的现象”。[①] 过度庞杂的理论体系使得许多教师不得不把大部分精力放在理论的教学上，从而影响了实践教学的开展和学生能力的培养。其次，“思想政治学科教学论”理论体系没有及时、充分地吸收中学思想政治课程改革的新理念，出现滞后性，难以跟上不断改革的中学政治课实践。“思想政治学科教学论”理论体系与新课程所倡导的“以学论教”的理论是相悖的。现有的“思想政治学科教学论”中有关实践方面的理论仍旧沿袭济旧套路，教学论课程基本上是“教论”，主要讨论的是教学方法、教学模式、教学策略，对于学生主体学习方式的研究和探讨不够，“就像课程论中的‘学程’一样，教学论中的‘学论’始终不能落实”[②]。无法与当前的研究性学习、创新学习、自主学习、合作交流、探索性学习、问题解决等新教学和学习方式相衔接。这与新课程所倡导的“以学论教”理念明显相悖。

（二）“思想政治学科教学论”教学方法缺乏应有的示范效应

威迪恩等人对20世纪90年代以来的25项研究进行了回顾，认为教师获得有关教学知识之后并不能保证其能自发地成功运用于实践。然而，许多教师都认为，教学的智慧和方式是可以由理论教学传

① 胡田庚：《关于思想政治学科教学论课程体系与教学内容改革的基本构想》，《高等函授学报》（哲学社会科学版）2000年第1期。

② 杨启亮：《反思与重构：学科教学论改造》，《高等教育研究》2000年第5期。

递给学生的，期望他们在实习中和以后的工作中自觉并有效地将所学知识与教学实践很好地结合。因此，“思想政治学科教学论”的课堂教学重“知”不重“行”，教学仍以讲授为主，教学过程中缺乏学生的自主探究和主动参与，缺乏师生间有效的合作与交流，即使有教学双边活动，也是“教师当主演，少数学生当配角，多数学生做观众”。于是，课堂教学多成为“一言堂”。教师一方面在讲“教学做合一”、“启发式教学模式”、“探究式教学模式”、“情感式教学模式”等先进的教学模式，另一方面却在实实在在地搞“一言堂”，对学生的教育与自己的实际做法不一致，“所倡导的理论”与“所使用的理论”相背离。这种教学方法显然不具有“思想政治学科教学论”教学应有的示范效应，有悖于教学规律，不能满足中学政治课堂教学方式多样化的要求。

（三）思想政治学科教学论的教学实践环节过于简化，难以培养师范生的教育能力

“思想政治学科教学论”是一门实践性很强的学科，必须通过多种形式的实践才能达到培育师范生教育能力的目的。然而，目前多数师范院校的教学实践活动过于简化，仅限于教育实习，而其他形式的教学实践，如教学观摩、教育见习、模拟教学、教育调查、班主任能力训练等实践环节则被忽略或流于形式。即使在教育实习中，教学技能的训练也仅限于在指导教师帮助下根据教参备课、上课，帮助指导教师批改作业，而教育管理等职业素质和技能，均得不到培养和锻炼。这使师范生产生错误的判断，认为只要有指导教师的指导、有教参就可以进课堂教书，使师范生对政治教学工作的复杂性、丰富性和创造性认识不足。我们大都有这样一个体会，在工作生活中用得着的知识我们会感觉它重要，不用强调它的重要性，我们自然愿去掌握它，而有些理论，虽然我们知道它重要，但由于离我们的现实生活较远，我们的兴趣也不大。对于没有教育实践经验的师范生而言，倘若不让他们实际体验一下各项实践教育环节的难处，就不知道所学理论的重要性。缺乏实践，“思想政治学科教学论”就缺乏生命的力量，就难以培养师范生基本的教学能力、应变能力、发现问题和解决问题的能力及创新精神，就无法满足复杂的中学政治教学工作的要求。

（四）思想政治学科教学论注重知识性评价，不能激励学生不断进步

目前，“思想政治学科教学论”的考评仍然过于注重知识性评价。考查的仅仅是学生在课程教学结束后对理论知识的记忆和理解，无法反映学生在学习过程中的不断进步和提高，也无法反映学生的真实教学能力。这种考评方式一方面使学生忽视实践训练，从而导致实际能力不足；另一方面使学生为了得到一个好成绩搞考前突击，考什么就学什么，考试成绩无法反映学生的真实水平。

这些问题的存在，造成多数师范生因实践环节薄弱而缺乏教学能力和教学经验，在走上教学岗位后，教学能力不能满足中学教学需要，缺乏实践和创造能力，阻碍了进一步的专业发展。

二 思想政治学科教学论“教以致用”的途径与方法

舒尔曼认为，教师需要一种在真实教学中使用的、有别于纯粹的学科知识和一般教学知识的知识，他称之为学科教学知识，它被视为教师专业所必须具备的知识。“我们需要这样操作以使学习者能够锻炼从事服务、获得理论理解、发展实践能力、培养实践判断的智慧、从经验中学习，并且在职业人士的团体中发挥积极的作用。”①

为了帮助学生获取这种学科教学知识，使思想政治学科教学论得以“教以致用”，我们根据自己多年来的教学实践和其他同人的教学经验，针对思想政治学科教学论教学过程中存在的问题，做了以下探索：

（一）精简思想政治学科教学论理论体系，使理论精要管用

“思想政治学科教学论”的教学时间有限，要想加强实践环节就必须缩短理论教学的时间，为此精简“思想政治学科教学论”理论体系就成了教学改革的第一步。为了使“思想政治学科教学论”理

① 易凌峰编译：《职业领域中的教学和教师教育——舒尔曼在38届 Charles W. Hunt 纪念会上的讲演》，《教育发展研究》2000年第3期。

论体系精简、精要、管用，我们对于教育学、心理学和教学论已经讲过的内容作了删减，对本课程特有但论述面面俱到过于详细的内容作了精简，改变《思想政治学科教学论》教材体系臃肿、内容庞杂，“光讲也讲不完，没有时间训练”的现状，强化了“思想政治学科教学论”的应用和实践特色。

为了使“思想政治学科教学论”理论体系更适应中学政治课的教学需要，在精简理论体系的过程中，我们特别注意中学政治教师对新课程的教学目标、课程实践、学习方式、实践操作等问题进行分析和思考而升华成的理论。由此构成的理论体系根植于教学一线，与实践高度契合，内容丰富、方法独特、形式新颖、事例鲜活，不仅实现了“瘦身”节时的目标，而且增强了实践性和可操作性，为实现《思想政治学科教学论》的“教以致用”提供了理论基础。

（二）以身示范，身体力行，增强“思想政治学科教学论”的示范效应

“你希望未来的师范生怎样去做，在培养时你就应该怎么去教他们。”师范生在校的学习方式将直接影响其未来的教学方式和生活方式。在提倡自主学习的今天，讲授法仍然是不可放弃的重要教学模式，但绝不是唯一的最好的方式。为了增强“思想政治学科教学论”的示范效应，我们在精讲的同时，还根据不同的教学内容运用教材中涉及的启发式教学、探究式教学、讨论式教学、案例式教学、情感式教学等各种教学模式，通过教师以身示范，身体力行，学生亲临其境、心领神会来引导学生体验、分析和比较各种教学模式的特点和效果。比如，组织大家对“高考制度改革”这一热点问题进行讨论，运用讨论式教学使学生在争论中辨伪存真，养成敢于挑战权威、善于论证推理的学术品格和学术素养，这不仅提高了学生的学习兴趣，发挥了学生的主体作用，而且使教师的教学方法也具有了示范效应，学生学到的不仅是知识，而且也学到了将来他要运用于中学政治课堂的教学方法。

（三）强化实践环节，使学生学以致用

“纸上得来终觉浅，绝知此事要躬行。”要想使“思想政治学科教学论”中的理论知识转化成学生的实际能力，也必须让学生做到“躬行”。为此，我们从以下两个方面加强引导和训练：

首先，强化直观教学环节。在“思想政治学科教学论”理论教学中，难免会存在远离实际、抽象深奥、难以把握的弱点，为了弥补目前“思想政治学科教学论”存在的这一缺陷，教师在讲授过程中，应当有计划、有目的、有针对性地强化直观教学环节。直观教学的方式有两种：一是充分利用教学录像；二是组织教学见习和教学观摩。

教学录像是优秀教师长期进行教学改革的成果，是教改经验的结晶，也是指导教改的示范课。安排学生观看和评析优秀政治教师的课堂教学实况录像是将教学理论转化为师范生实际课堂教学能力的桥梁、纽带和媒介。师范生由于没有教学经验和独立的教学能力，模仿借鉴他人的教学经验是必要的。学生们在学过教学理论之后，再以一个准教师的身份来观看优秀教师的教学录像，能够从中揣摩体会出新的课程理念，能够对优秀教师成熟的教学方法、教学语言、举例、手势、语调加以模仿。在观看完录像之后，教师要及时引导学生对录像进行分析评价，各抒己见，把自己的听课感受讲出来，一方面，可以调动学生的积极性，引导学生深入思考；另一方面，可以培养学生的分析能力、评价能力以及运用理论阐释实践和升华经验的能力，真正做到学有所得。实践证明，虽然学生们观看的是名师课堂实录，但他们仍然用一种批判性思维看待，或质疑，或赞同，或批判。在思维的相互碰撞中，认识了新的课堂教学模式。建构了一个师生间、生生间相互讨论、相互对话、相互提升的开放课堂。

俗话说，百闻不如一见，学生虽然能够从教学录像中获得课堂教学的感受，但还不是真正的身临其境。为了能让学生亲身体会教学环境和课堂气氛，教师还应当组织和安排师范生到中小学进行教学见习和教学观摩。通过教学见习和教学观摩，能够真切感受新课改之后的教学实况，获得直观生动的亲身体验；通过教学见习和教学观摩，学生还可以在实践中加深对课堂和书本上所学到的教法理论知识的理解，提高理论运用能力。在见习听课时，老师引导学生仔细观察教师如何组织课堂教学，如何处理突发事件，如何驾驭课堂，如何指导学生学习、练习，如何启发、提问，如何在知识点之间过渡，如何板书，并注意观察教师的教仪、教态、语言表达，观察学生的学习情绪、学习方法、课堂纪律、质疑善问所表现出来的思维能力。见习后，要组织引导学生运用教学理论进行评议。最后，教师还要进行总结评价，从而使理性认识和感性认识相结合，让学生对教学理论的认识更加深刻、完善、系统、明晰。

其次，加强教学实践，提高学生应用能力。要想真正提高学生的教学能力，不能只满足于学习、研究现成的理论，或只去看看、听听别人的讲课，还需要投身进去试一试、讲一讲。教师角色的最终塑造必须在实践磨炼中进行，事实证明，高师生在模拟讲课、说课、评课活动中受到的锻炼和考验，是其他方式所不能替代的。为了让所有的学生都能够走上讲台，我们在三个方面做出了努力：每个学生都行动起来，做好讲课、说课准备，并组织课下讲练小组模拟讲课；提前通知某些学生上台“实战”，体验教师角色，展现教师风采；组织学生讲课、说课比赛，调动学生积极性。通过讲课和说课，用学生的范例去教育引导学生，使教学论更具有了教育的实效性。

在指导学生讲课过程中，我们一直注意做好以下五个环节的工作：第一，加强对试讲学生的鼓励和引导。对学生来说，第一次上讲台是一次突破。因为面对的是自己的同学和老师，有的学生会有心理障碍，所以教师要鼓励学生人人上讲台，帮助学生减轻不必要的心理负担，树立自信心，勇于走上讲台，实现自我超越。第二，加强教法指导。从教学设计到教学方法，教师都要悉心指导，要求学生做好充分准备，熟悉教案，脱稿讲授，还要求学生实施微笑教学，以饱满的教学热情和良好的精神状态进入课堂。第三，组织和引导学生互评。在讲课前就要引导学生学会如何听其他同学讲课，如何分析评价其他同学的讲课。注意引导学生从仪表、语言、内容、讲解、重难点、板书、知识过渡、方法、理念等各个方面进行评价；学生评课时，要允许学生自由、充分地发表个人见解，分析该同学课堂教学的优、缺点，并提出建设性意见。同学的评价往往更能贴切地指出一些缺点和不足，使试讲者容易接受。第四，引导学生及时总结自己的教学体会，进行自评。每个学生试讲完之后，自己的体会是最深刻的，如果能让他们及时地对自己的教学进行评价，可以帮助学生审视自己，发现自己的优点和不足，养成反思的习惯，获得明显的进步。第五，做好综合评述。学生比较看重教师的评价，所以教师总结评述时一定要注意保护学生的自尊心和积极性，要肯定学生在学习过程中所做出的一切努力，再用鼓励性的语言指出需要加以改进之处。这样就能有效地做到“学”中有“教”，“教”中有“学”，使教学成为师生共同合作的双向行为。

最后，创设德育情境，训练学生的创造性德育能力。政治课是德育的重要途径，但德育绝不能仅限于在课堂进行，因为生活处处是德育。作为正处在青春期的中学生，既有成长的快乐也有成长的烦恼，既想宣泄内心又想粉饰自己，因此总有一些事情不愿轻易跟别人说：或许是秘密，或许是烦恼，或许是建议，或许是不满，或许是思想问题，或许是情绪问题，或许是心理问题……这些问题，如果疏通不及时或方法不对，就会造成不良后果。这就要求教师要学会与各种性格的学生交流，使所有学生都能向老师敞开心扉。做到这点单靠思想政治学科教学论的理论是远远不够的，还必须使师范生创造性地运用各种知识和能力找到这个突破口。为了引导师范生切实提高德育教育能力，我们把一线教育中出现的难以解决的或有争议的德育问题，设置成不同情境，让师范生来解决，并将自己的做法在班级内进行交流。由于每个中学生面临的问题具有独特性，师范生处理这些问题时无例可循，就只能够靠自己的知识和能力创造性地解决。对于同一个问题，往往会有不同的解决方法，师范生通过交流这些方案，得以相互学习，集思广益，有效地提高了他们解决实际问题的能力与德育创新能力，同时培养了师范生的爱心、同情心和责任心，使其体会到人类灵魂工程师的意境与快乐。

（四）改革教学评价方式，实现以评促学

为了使教学评价更加体现思想政治学科教学论课程的特点并调动学生学习的积极性和主动性，我们依据建构主义“评价的目的是激励学生进步发展”这一教育理论改革了思想政治学科教学论的评价方式。

改变传统的考核办法，以“过程式”评价替代过去单一的知识性考核方式，把学生平时的教学设计、模拟试讲、说课、评课、讨论表现、调查报告、德育设计等均计入总成绩，所占比例与期末考试平分秋色。由于把实践环节列入了考评范围，学生们改变了原来“上课做笔记、考试记笔记、考完全忘记”的学习三步曲，养成了“课堂学理论、课下练技术、师生同切磋、比赛显本领”的学习习惯。同时，由于每一次实践环节都进行一次考评，每一个学生的每一次进步和提高都会得到老师和同学们的认可，学生们的成就感得到了强化，学习的积极性、主动性和创造性有了空前的提高。学生受这种评价方式的引导，不仅注意知识体系的系统化、层次化和规范化，更重视平时的学习参与和能力训练，为他们将来在教学过程中充分发挥评价的诊断、激励、发展功能打下基础。

第七章　教育与思想政治教育的思想史及其具体理论

理论指导实践，最终还要归于理论的层面方是我们对这一事物的深刻认识。所以，在上述各章中对于教育与思想政治教育的理论阐述以及对思想政治教育在实践中所发挥的巨大作用，都是我们对于这一理论的浅薄认知。笔者也曾试图对其理论进行完整化、综合化，但奈何笔力有限，所以只能在本书的结尾对我们的思想政治教育史进行一个梳理。

我们国家现在的思想政治教育体系都是在毛泽东思想的基础上建立起来的，因此，以我们的伟人思想作为总结的着眼点，来梳理出一个完整的脉络，总结历史，站在历史的高度，立在伟人的肩膀上，去瞻瞩未来。

第一节　专题一：毛泽东早期学校教育思想探源

毛泽东早期学校教育思想是指毛泽东在成为职业革命家之前形成的有关学校教育的思想。毛泽东早期学校教育思想主要包括以下内容：学校教育应当德、智、体三育重，使受教育者在德育、智育、体育几方面都得到发展；学校教育应当学习与生产相结合、学习与实践相结合、学校与社会相联系；学校教育的根本方法应是“启发式”而不是“注入式”；学校教育中的师生关系应当是平等的，在教学过程中学生是主体，教师是指导；学校应当根据现实情况和教育的需要进行教材、教法、课程设置和考试制度的改革；教育对象应当扩大，不应只是有钱人；高等教育应当平民化。毛泽东早期学校教育思想中的许多观点对我们今天的教育改革有着重要的指导意义，科学分析和深入研究毛泽东早期学校教育思想形成和发展的轨迹，对今天的教育改革有着非常重要的理论意义和现实意义。

“人的正确思想是从哪里来的？是从天上掉下来的吗？不是。是自己头脑里固有的吗？不是。人的正确思想，只能从社会实践中来……”①毛泽东的学校教育思想同样也离不开社会实践，是毛泽东在多年的学习和教学实践中形成和发展的。

一 毛泽东的学习经历与其早期学校教育思想的形成

毛泽东1893年12月26日出生于湖南湘潭韶山冲，从1896年到1902年，毛泽东寄居在湘乡县大坪乡唐家圫外婆家，并在其八舅开设的私塾做“陪读郎”，接受了长达六年的启蒙教育。在这六年的学前教育中，毛泽东的八舅文正莹不但教他学习《三字经》《百家姓》《千字文》《六言杂字》《神童诗》等启蒙文学，教毛泽东背诵许多适合儿童兴趣的古诗，还经常给毛泽东讲“岳飞大破金兀术”、“林则徐虎门销烟”等古今中外英雄豪杰们的故事，并用文氏家训《家范箴言》教育毛泽东“干正事、走正道、成大器”。由于毛泽东一直作为“陪读郎”学习，老师就是他的亲舅，因此，毛泽东没有受到一般学子的严厉管束和斥责，而是舅父对外甥的无尽关爱和循循诱导，这种教学方式培养了毛泽东的学习兴趣，养成了毛泽东的学习习惯，并引导他初步学会了自我管理和修身立志，为毛泽东早期学校教育思想的形成起到孕育作用。

毛泽东在少年时代曾受过六年的私塾教育，这些私塾和当时大多数旧式学校一样，奉行封建“正统”教育：在教学目的上，信奉“学而优则仕”，渴求学生“名登高科，光宗耀祖”，成为封建统治阶级的一员；在教学内容上，四书五经具有至高无上的地位，不容有丝

① 《毛泽东文集》第8卷，人民出版社1999年版，第320页。

毫异端学说，连《三国演义》《西游记》《水浒传》这样的古典小说也被列为禁书；在教学方法上，采取枯燥单一的“填鸭式”教学，让学生“鹦鹉学舌”般死记硬背晦涩难懂的经书，却不作讲解；在管理模式上，信奉“不打不骂不成材”、“棍子底下出孝子”的教育理论，动辄对学生施以打板子、打手心、罚站、罚跪等体罚；在师生关系上，讲究“一日为师，终身为父”的师道尊严，学生必须循规蹈矩，不得对老师有丝毫的顶撞和冒犯。这种教育方式引起了富有个性的少年毛泽东的反抗：为了能和老师一样坐着背书，他和老师据理力争；为了逃避老师的体罚，他曾逃学；他不愿读四书五经就和小同学串通起来反对背书……这一时期的学习和“斗争”，是毛泽东反对旧的教育方式的开始，为日后毛泽东的学校教育思想的形成埋下了伏笔。

1910 年秋到 1918 年 6 月是毛泽东接受新式教育的时期，也是毛泽东学校教育思想初步形成的时期。这一时期，毛泽东先后在六所新式学堂学习，这些学校都是具有维新思想的人士开办的新式学校，这些学校借鉴国外的办学经验，开设的课程一扫过去仅有经学课的单调枯燥之风，除国文、算术、历史外，增设修身、地理、物理以及体操、音乐、图画等新科目；学校的图书馆藏书丰富，有的还收藏着许多中外书刊，特别是东山高等小学堂，不但订购了《新民丛报》等反映维新变法进步思潮的书刊，还允许学生借阅被列为禁书的梁启超所著的《饮冰室文集》和古典文学《西游记》《水浒传》等杂书。最为难得的是，几乎每个学校都有几位对毛泽东非常赏识和关爱的老师，黎锦熙、徐特立、杨昌济都是这一时期的老师，他们具有维新意识和渊博的知识，能与学生推心置腹、平等交流，治学态度严谨，教学方法科学，在他们的启发和引导下，毛泽东的思想、胸襟、学识都有了很大的提高。这些改革措施和教学方式为毛泽东学校教育思想的形成提供了经验。

但是，这些学校中封建思想仍然很浓，尽管课程设置比较新，但大多数老师的教学方式依然机械、呆板，学校规章制度烦琐、专制，大大压抑了学生学习的积极性、主动性和创造性，阻碍了学生的全面发展。毛泽东以其切身体会，痛切感受到：旧的学校教育制度压制学生，限制自由，脱离实际，脱离社会，割裂德、智、体，使学生畸形发展。他言辞激烈地批判旧的学校教育制度：针对旧学校校规烦琐、专制的问题，1915 年毛泽东在给他的师友黎锦熙的信中发出感慨，他说："弟在学校，以兄所教言，孳孳不敢叛，然性不好束缚，终见此非读书之地，意志不自由，程度太低，侪侣太恶，有用之身，宝贵之时日，逐渐催落，以衰以逝，心中实大悲伤。"① 针对学校课程繁重、考试艰深的现象，1917 年他在《体育之研究》中指出，"吾国学制，课程密如牛毛"，"设此繁重之课以困学生，蹂躏其身而残贼其生，有不受者则罚之。智力过人者，则令加读某种某种之书，甘言以饵之，厚赏以诱之"②。

这些弊端的存在，迫使他独辟蹊径地探索和实践新的学习方法，思考改革旧的学校教育制度思路。他大量地阅读宣传新思想的报纸杂志来了解社会；他退学到定王台图书馆自修，丰富知识、开拓视野、陶冶情操；他和各位具有维新意识和进步思想的老师利用课余时间进行思想交流、切磋学术见解、交换对政治形势的看法、探索人生与救国的道理。他不断地进行新的实践和探索：针对学校重智育轻体育的现象，他提出"文明其精神，野蛮其体魄"的主张，不但自己采取各种方法加强锻炼，还组织同学一起游泳、野足；针对学校和社会脱离、学生闭门求学的现象，他提出"闭门求学，其学无用。欲从天下国家万事万物而学之，则汗漫九垓，遍游四宇尚已"③。毛泽东身体力行，先后三次游学，利用假期遍游湖南各地，深入考察了解。

经过长期的学习和实践，毛泽东逐渐形成了自己的学校教育思想，提出了学校教育要德、智、体"三育并重、身心并完"的观点。1916 年 12 月，毛泽东在给黎锦熙的信中写道："古称三达德，智、仁与勇并举。今之教育学者以为可配德智体之三言。"④ 1917 年 4 月，

---

① 《毛泽东早期文稿》，湖南出版社 1995 年版，第 30 页。

② 同上书，第 67 页。

③ 同上书，第 587 页。

④ 同上书，第 59 页。

毛泽东又在《体育之研究》中系统地阐述了德、智、体三者之间的关系，他说："体育一道，配德育与智育，而德智皆寄于体，无体是无德智也。顾知之者或寡矣，或以为重在智识，或曰道德也。夫知识则诚可贵矣，人之所以异于动物者此耳。顾徒知识之何载乎？道德亦诚可贵矣，所以立群道平人己者此耳。顾徒道德之何寓乎？体者，为知识之载而为道德之寓者也，其载知识也如车，其寓道德也如舍。体者，载知识之车而寓道德之舍也。"① 毛泽东强烈批评当时学校对体育重要性认识不足，并指出其危害，"今人则多偏于智"②，"三育并重，然昔之为学者详德智而略于体。及其弊也，偻身俯首，纤纤素手，登山则气迫，涉水则足痉。故有颜子而短命，有贾生而早夭，王勃、卢照邻，或幼伤，或坐废。此皆有甚高之德与智也，一旦身不存，德智则从之而隳矣"③。为此，毛泽东特别强调体育的重要性，他说："人独患无身耳，他复何患？求所以善其身者，他事亦随之矣。善其身无过于体育。体育于吾人实占第一之位置，体强壮而后学问道德之进修勇而收效远。"④ 对于德、智、体在学校教育中的位置，他认为，根据年龄长幼和文化程度高低不同，教育的重点也应有所不同："儿童及年入小学，小学之时，宜专注重于身体之发育，而知识之增进、道德之养成次之；宜以养护为主，而以教授训练为辅。今盖多不知之，故儿童缘读书而得疾病或至夭殇者有之矣。中学及中学以上宜三育并重，今人则多偏于智。中学之年，身体之发育尚未完成，乃今培之者少而倾之者多，发育不将有中止之势乎？"⑤《体育之研究》一文的发表，标志着毛泽东学校教育思想的初步形成。

二　毛泽东的教学和办学实践与其早期学校教育思想的发展

毛泽东在湖南第一师范上学时就开始了他的教学实践。1917 年，

---

① 《毛泽东早期文稿》，湖南出版社 1995 年版，第 66—67 页。
② 同上书，第 67 页。
③ 同上书，第 68 页。
④ 同上书，第 67 页。
⑤ 同上。

湖南一师学友会改选，毛泽东被选为总务兼教育研究部部长，开创了学生担任总务职务的先例。毛泽东担任总务以后，开始实施他的德、智、体“三育并完”的学校教育思想。针对当时学校重德、智，轻体育，气氛压抑、沉闷的现象，他积极组织自由演讲辩论、乒乓球比赛等课余的学术活动和体育活动，从 1917 年 10 月 15 日到 11 月 16 日的 32 天内，学友会各部的活动达 64 项之多，使学校的课外活动开展得生气勃勃，促进了一师同学德、智、体的全面发展。当时的学校与社会脱离，针对这种现象，他指出，“现时学校大弊，在与社会打成两橛，犹鸿沟之分东西。一入学校，俯视社会犹如登天；社会之于学校，亦视为一种神圣不可捉摸之物。相隔相疑，乃成三弊：一为学生不能得职业于社会，学生近之，社会远之，学生亲之，社会离之，永无联结契合之日。……学校之人与社会之人，自来不通情愫，不相告语”[①]。为改变一师学习和实践相脱离、学校和社会相隔离的状况，毛泽东组织主办了“工人夜学”，让一师三、四年级学完教学理论的学生来教。毛泽东亲自教授历史，他密切联系工农学生的实际，自编教材，内容少而精，目的是“教以历代之大势及近年关系最巨之事迹，所以粗养其历史的观念及爱国心”[②]。“工人夜学”解决了第一师范只学理论不能实践的弊端，建立了学生和工农群众、学校和社会之间的联系，消除了学校和社会之间的鸿沟，并帮助失学的工人学习了国语、数学、历史等基本知识。

1920 年，毛泽东就任一师附小“主事”，开始进行全面的教学实践，并对学校进行了一系列的改革：他以才、德为标准，并根据学生的意见，调整了教职员队伍，提高了教师水平；他放宽了招生年龄，改革了招生制度，并创办了“成年史学补习班”，扩大了学校教育的对象，方便失学的工农子弟上学读书；他关心爱护学生，禁止动辄开除学生，他强调，开除学生必须取得广大学生的同意，并让学生监督食堂，提高了学生在学校中的地位；他重视教学内容和教学方法的改

---

① 《毛泽东早期文稿》，湖南出版社 1995 年版，第 97 页。

② 同上书，第 100 页。

革，注意给学生灌输进步思想和新的科学知识，并要求学生关心时事，关心社会，尊重劳动人民，学习新思想、新道德，反对封建制度；他主张教育和生产劳动相结合，在一师附小开设了劳动课，规定以班为单位，每周搞半天劳动，学生自己动手开辟菜园、种植蔬菜，还养了20多头猪，既减轻了学生的家庭负担，又逐步养成了热爱劳动的习惯，使学生从劳动中体会到了创造的乐趣。这些改革强化了教师的作用、提高了学生的地位、扩大了教育的对象、更新了学生的思想，并第一次使教育和生产劳动相结合，丰富和发展了毛泽东的学校教育思想。

1921年8月，毛泽东创办了湖南自修大学，他创办自修大学的宗旨是“采取古代书院与现代学校二者之长，取自动的方法，研究各种学术，以期发明真理，造就人才，使文化普及于平民，学术周流于社会”①。为阐释这一宗旨，毛泽东亲自起草了《湖南自修大学组织大纲》和《湖南自修大学创立宣言》。在该宣言中，毛泽东对古代书院和当时高等学校的利弊进行了详尽、透彻的对比和分析。他认为，书院和学校各有利弊。书院的弊端在于研究的内容太陈旧，不适于社会的发展。他说：“书院研究的内容，就是‘八股’等等干禄之具，这些只是一种玩物，哪能算得上正当的学问；就这一点论，我们可以说书院不对得很！”② 但书院也有好处：“一来，是师生的感情甚笃；二来，没有教授管理，但为精神往来，自由研究；三来，课程简而研讨周，可以优游暇豫，玩索有得。故从‘研究的形式’一点说，书院比学校实在优胜得多。”③

同样，学校好处很多，坏处也不少。学校的弊端有三：“学校的第一坏处，是师生间没有感情。先生抱一个金钱主义，学生抱一个文凭主义，‘交易而退，各得其所’，什么施教受教，一种商行行为罢了！学校的第二坏处，是用一种划一的机械的教授法和管理法去戕贼

---

① 张允侯等：《五四时期的社团》（一），生活·读书·新知三联书店1979年版，第75页。

② 同上书，第72页。

③ 同上书，第73页。

人性。人的资性各不相同，高才低能，悟解迥别，学校则全不管究这些，只晓得用一种同样的东西去灌给你吃。人类为尊重人格，不应该说谁'管理'谁，学校乃袭专制皇帝的余威，蔑视学生的人格，公然将学生'管理'起来。自有划一的教授，而学生无完全的人性。自有机械的管理，而学生无完全的人格。这是学校最大的缺点，有心教育的人所万不能忽视的。学校第三坏处，是钟点过多，课程过繁。终日埋头于上课，几不知上课以外还有天地，学生往往神昏意怠，全不能用他们的心思为自动自发的研究。……他坏的总根。在使学生立于被动，销磨个性，毁掉灵性，庸懦的随俗浮沉。高才的相与裹足。"[①] 学校也有特长，"就是他'研究的内容'专用科学，或把科学的方法去研究哲学和文学，这一点则是书院所不及学校的"[②]。

《湖南自修大学创立宣言》还指出学校和书院共存的三种弊端：一是入学程限太严，仅凭一张试卷界定学生能否入学，"书院和官式大学均有极严峻的程限，不及程限的不能入学固不待言，实及了而偶不及，既有本为优才，经入学考试而见遗的，便从此绝其向学的路。现在确实有好些有志青年，没有得到求学的机会，实在可叹可惜!"[③]；二是"书院和官式大学，将学术看得太神秘了，认为只有少数特殊人可以来学，多数平民则为天然的不能参与。从此学术为少数'学阀'所专，与平民社会隔离愈远，酿成一种知识阶级奴使平民阶级的怪剧"[④]，使学术与平民社会隔绝；三是学费昂贵，只有权贵富人子弟才能上大学，穷人子女则与大学无缘，导致高等教育的两极分化，"书院非赤贫的人所能入，官式大学更非阔家不行。欲在官式大学里毕一个业，非千余元乃至两千元不可，无钱的人之于大学，乃真'野猫子想吃天鹅肉'了"[⑤]。鉴于上述三种高等学校模式的弊端，毛

---

① 张允侯等：《五四时期的社团》（一），生活·读书·新知三联书店 1979 年版，第 72 页。

② 同上书，第 73 页。

③ 同上。

④ 同上。

⑤ 同上。

泽东扬长避短，以现代科学为内容，汲取中国传统教育形式的优点，创造了一种全新的教育形式：自修大学。在《湖南自修大学创立宣言》里，毛泽东指出："自修大学之所以为一种新制，就是取古代书院的形式，纳入现代学校的内容，而为适合人性便利研究的一种特别组织。"①

在创办湖南自修大学的过程中，毛泽东提出并实践了多种具有独创性的学校教育思想。一是高等学校教育平民化的思想。在《湖南自修大学创立宣言》里，毛泽东历数旧式学院和当时学校的弊端后指出："自修大学力矫这些弊病。一则除住校学生因房屋关系须稍示限制外，校外学生则诸凡有志向学以上均可入学。二则看学问为粗茶淡饭，肚子饿了拿来就吃，打破学术秘密，务使公开，每人都可取得一份。三则自修大学在现在这'金钱就是生命'的时代，固不能使所谓'无产阶级'的人，人人都有机会得到一份高深学问，但心里则务必使他趋向'不须多钱可以求学的'路上去。"② 毛泽东在《湖南自修大学组织大纲》中规定："凡中等以上学校毕业学生，不分男女长少，具有自修能力，志愿用自修方法以研究高深学术者，经本大学证明认可，得报名入学。非中等以上学校毕业，而具有与之相等之学科根柢者，经本大学证明认可，亦得入学。"③ 由此可以看出，毛泽东创办的湖南自修大学是对所有有志青年敞开大门的平民主义的大学，打破了少数"学阀"对学术的垄断。

二是理论与实际相联系，教育与生产相结合，脑力劳动与体力劳动相结合。毛泽东在《湖南自修大学组织大纲》中规定："本大学学友为破除文弱之习惯，图脑力与体力之平均发展，并求知识与劳力两阶级之接近，应注意劳动。"④ 要求学生研究致用的学术，注意劳动，使脑力劳动与体力劳动平均发展，并求知识与劳动能力共同提高。

---

① 张允侯等：《五四时期的社团》（一），生活·读书·新知三联书店 1979 年版，第 73 页。

② 同上。

③ 同上书，第 77 页。

④ 同上书，第 79 页。

三是学生为主体、教师为指导的思想。毛泽东在《湖南自修大学创立宣言》中说："第一，自修大学学生研究学问的主脑是'自己看书，自己思索'。自修大学里面的'图书馆'就是专为这一项用的。第二，自修大学学生于自己看书自己思索之外，又有'共同讨论共同研究'。各种研究会的组织，就是专为这一项用的。第三，自修大学虽然不要灌注食物式的教员，但也要有随时指导的人做学生自修的补助。"① 由此可以看出，自修大学教育方针的核心是变被动的、灌输式的教育为主动的、讨论型的教育，以学生自学为主，教师辅导为补助；要求学生自己看书，自己思考，变被动求学为主动求学；教员要注重言传身教，要采取启发式教学；师生要共同讨论、共同研究，经常开展一些生动活泼的共同活动。

四是把思想教育列为教学目标。毛泽东在《湖南自修大学创立宣言》中说："自修大学学生不但修学，还要有向上的意思，养成健全的人格，煎涤不良的习惯，为革新社会的准备。"② 毛泽东注重马克思主义思想的灌输，特别重视德育，为加强对中国革命问题的研究和系统地宣传马克思主义，并为这种研究和宣传提供一块阵地，湖南自修大学除了购置订阅包括《共产党宣言》《马克思〈资本论〉入门》《新俄国之研究》《共产党》《新青年》等进步书籍期刊外，并选聘有共产主义远大理想的爱国志士为学生辅导，引导学生结合中国当时的社会现实，运用所学知识进行探讨，用理论与实际斗争经验教育学生，引导学生树立马克思主义世界观与共产主义远大理想。毛泽东不仅注重在课堂内外宣传马克思主义先进思想，而且努力把这些思想及对中国革命道路的思考付诸笔端，1923 年春创办了"有一定主张和一定宗旨"的月刊《新时代》，该刊以湖南自修大学学校月刊的形式向湖南和全国人民灌输新思想，为新式教育探索新道路。这些高等学校改革的思想进一步丰富和发展了毛泽东的学校教育思想，从而使毛泽东的学校教育思想成为涵盖各个教育阶段、多种教育形式的完

---

① 张允侯等：《五四时期的社团》（一），生活·读书·新知三联书店 1979 年版，第 74 页。

② 同上。

整体系。

从毛泽东早期教育思想的形成和发展过程可以看出，毛泽东早期学校教育思想是在对当时学校教育存在的各种弊端的批判和反思中形成的，这些思想既有对传统教育思想的继承，也有对外来教育思想的吸收，而更多的是毛泽东根据自己的学习和教学实践，为满足社会发展和变革的需要而创造性地提出的。由于当时正处于军阀混战、民不聊生的动荡年代，这些思想没能在全社会发挥其应有的作用，但对根据地、解放区和陕甘宁边区的教育发展却起了巨大的推动作用，特别是对新中国成立后的教育改革，起了巨大的推动和指导作用。毛泽东勇于探索、勇于实践的精神，也为目前的教育改革树立了榜样。

第二节 专题二：毛泽东宪政思想作为思想政治教育的内容

20 世纪上半叶，以毛泽东为首的党的第一代领导人完成了我国的革命事业，为社会主义建设奠定了基础。新中国成立前我们党的主要任务是革命，在全国各地燃起星星之火并形成燎原之势，工作方针是“兵力集中使用者甚大”；新中国成立后我们党的主要任务是建设，发动群众大搞经济建设，工作方针是“既不能保守也不能冒进，在综合平衡中稳步前进”。作为一个连续的历史发展过程，其中最重要的指导思想是毛泽东的“宪政就是民主的政治”思想，也即宪政思想。毛泽东的宪政思想像一条红线始终贯穿于革命和建设之中，描绘出了共和国宪政建设的图景，开拓出了一条具有中国特色的社会主义宪政之路。

我国当前的政治制度建设是在以毛泽东为核心的第一代领导集体的政治制度建设探索的基础上进行的，从某种程度上说，后者对前者甚至具有决定意义。从比较的角度说，中国的社会主义道路具有中国特色，中国的社会主义宪政之路也必然具有中国特色。毛泽东的宪政思想是对新民主主义革命时期和社会主义建设时期政治制度建设经验的总结，是那个时期政治制度建设思想的精华。就政治制度建设而言，继承本国优秀传统与借鉴外国先进经验所具有的同样重要的意义是不言而喻的，尤其是这些我国历史上曾经行之有效的政治制度。所以总结毛泽东宪政思想，深刻领会其深刻含义，对于指导当前的政治制度建设具有重要意义。更何况，我们始终沿着具有中国特色的社会主义宪政之路继续开拓。

一 民主是宪政的灵魂

从一般意义上讲，宪政一词描述的是这样一种权利和权力的分配形态及政治组织形式，在一个主权国家，就像宪法赋予人民以权利并限制其权利一样，宪法也赋予政府以权力并限制其权力。毛泽东从宪政与民主的关系角度指出："宪政是什么呢？就是民主的政治。"① 政治是指动态的政治活动和静态的政治体制。而民主是政治活动和政治体制的精神意蕴。具体来说，民主描述的是政治活动中在充分听取民众意见的基础上，遵循多数服从少数的行动规则；政治体制的组建在充分体现分权的基础上，各个政治组织应当具有相对独立性。在政治活动中，只能听到一种相同的声音和只能看到一种思想的表达形式；在政治体制中，只能听到一个政治组织的声音和只能看到一个政治组织的活动，都算不得民主。可见，民主是宪政的灵魂。

那么，作为宪政灵魂的民主是一种什么样的民主呢？毛泽东给予了清晰的回答。

第一，"政治，不论革命的和反革命的，都是阶级对阶级的斗争，不是少数个人的行为"②。那么，"我们现在要的民主政治，是什么民主政治呢？是新民主主义的政治，是新民主主义的宪政。它不是旧的、过了时的、欧美式的、资产阶级专政的所谓民主政治；同时，也还不是苏联式的、无产阶级专政的民主政治"③。这种民主体现在具有中国特色的新民主主义政治中。

第二，毛泽东指出，面对救国的形势"中国必须立即开始实行

---

① 《毛泽东选集》第 2 卷，人民出版社 1991 年版，第 732 页。

② 《毛泽东选集》第 3 卷，人民出版社 1991 年版，第 866 页。

③ 《毛泽东选集》第 2 卷，人民出版社 1991 年版，第 732 页。

下列两方面的民主改革。第一方面，将政治制度上国民党一党派一阶级的反动独裁政体，改变为各党派各阶级合作的民主政体。这方面，应从改变国民大会的选举和召集上违反民主的办法，实行民主的选举和保证大会的自由开会做起，直到制定真正的民主宪法，召集真正的民主国会，选举真正的民主政府，执行真正的民主政策为止”①。这种民主是“真正的”民主。

第三，“第二个方面，是人民的言论、集会、结社自由。没有这种自由，就不能实现政治制度的民主改革。……”②“政府给予人民以全部必需的政治自由，特别是组织、训练和武装自卫的自由。”③毛泽东在《向国民党的十点要求》中指出，国民党“‘训政’多年，毫无结果。物极必反，宪政为先。然而言论不自由，党禁未开放，一切犹是反宪政之行为。”④这种民主是充分体现自由的民主。

第四，“人民是什么？在中国，在现阶段，是工人阶级，农民阶级，城市小资产阶级和民族资产阶级。这些阶级在工人阶级和共产党的领导之下，团结起来，组成自己的国家，选举自己的政府，向着帝国主义的走狗即地主阶级和官僚资产阶级以及代表这些阶级的国民党反动派及其帮凶们实行专政，实行独裁，压迫这些人，只许他们规规矩矩，不许他们乱说乱动。如果乱说乱动，立即取缔，予以制裁。对于人民内部，则实行民主制度，人民有言论集会结社等项的自由权。选举权，只给人民，不给反动派。这两方面，对人民内部的民主方面和对反动派的专政方面，互相结合起来，就是人民民主专政”⑤。“全世界将来都要实行社会主义的民主。”⑥这种民主包括对人民内部的民主和对反动派的专政两个方面。

第五，在这个国家，“有一个独立的民主的政府，有一个代表人

① 《毛泽东选集》第1卷，人民出版社1991年版，第256—257页。
② 同上书，第257页。
③ 《毛泽东选集》第2卷，人民出版社1991年版，第383页。
④ 同上书，第722页。
⑤ 胡乔木：《胡乔木回忆毛泽东》，人民出版社1994年版，第121—123页。
⑥ 《毛泽东选集》第2卷，人民出版社1991年版，第732页。

民的国会，有一个适合人民要求的宪法”[①]。“改革国内政治之所以非常重要，是因为敌人在目前，主要的是政治进攻，我们就要特别加强政治抵抗。这就是说，民主政治的问题，应当快点解决，才能加强政治上的抵抗力，才能准备军事力量。”[②]“关于军事民主，必须在练兵时实行官兵互教，兵兵互教；在作战时，实行在火线上连队开各种大、小会，在连队首长指导下，发动士兵群众讨论如何攻克敌阵，如何完成战斗任务。”[③]这种民主的任务是要建立一个自由平等的民主国家。

二　宪法作为根本大法是宪政制度的法律表现形式

毛泽东说：“一个团体要有一个章程，一个国家也要有一个章程，宪法就是一个总章程，是根本大法。”

第一，“世界上历来的宪政，不论是英国、法国、美国，或者是苏联，都是在革命成功有了民主事实之后，颁布一个根本大法，去承认它，这就是宪法”[④]。宪法中记载了革命成功后的民主事实。

第二，“中国是革命尚未成功，国内除我们边区等地而外，尚无民主政治的事实。……所以现在的宪政运动是争取尚未取得的民主，不是承认已经民主化的事实”[⑤]。宪法中记载的内容激励人们去争取尚未取得的民主。

第三，“宪法，中国已经有过了，曹锟不是颁布过宪法吗？但是民主自由在何处呢？大总统，那就更多，第一个是孙中山，他是好的，但被袁世凯取消了。第二个是袁世凯，第三个是黎元洪，第四个是冯国璋，第五个是徐世昌，可谓多矣，但是他们和专制皇帝有什么分别呢？他们的宪法也好，总统也好，都是假东西”[⑥]。“他们口里的

① 《毛泽东选集》第 4 卷，人民出版社 1991 年版，第 1475 页。
② 《毛泽东选集》第 2 卷，人民出版社 1991 年版，第 588 页。
③ 《毛泽东选集》第 4 卷，人民出版社 1991 年版，第 1272 页。
④ 《毛泽东选集》第 2 卷，人民出版社 1991 年版，第 735 页。
⑤ 同上。
⑥ 同上。

宪政，不过是‘挂羊头卖狗肉’。他们是在挂宪政的羊头，卖一党专政的狗肉。”① “在我后方，必须迅速地认真地实行政治改革，结束国民党一党专政，召集真正代表民意的有权力的国民大会，制定宪法，实行宪政。”② 宪法必须体现人民的，而且是全国人民的意志。

第四，“全国人民及各党派的爱国分子，必须抛弃过去对于国民大会和制定宪法问题的冷淡，而集中力量于这一具体的带着国防意义的国民大会运动和宪法运动，严厉地批判当权的国民党，推动和监督国民党放弃其一党派一阶级的独裁，而执行人民的意见”③。“真正的宪政决不是容易到手的，是要经过艰苦斗争才能取得的”④。宪法是全国人民在争取宪政的艰苦斗争中达成的。

第五，宪法“通过以后，全国人民每一个人都要实行，特别是国家机关工作人员要带头实行，首先在座的各位要实行。不实行就是违反宪法”。“用宪法这样一个根本大法的形式，把人民民主和社会主义原则固定下来，使全国人民有一条清楚的轨道，使全国人民感到有一条清楚的明确的和正确的道路可走，就可以提高全国人民的积极性。”宪法为全国人民确定了一条明确的和正确的宪政之路。

作为国家根本大法的宪法，它的正面写满了全国人民争取宪政的意志，它的背面渗透着全国人民争取宪政的浴血奋战历程。宪法是静态的宪政，宪政是动态的宪法。宪法中不仅记录了革命成功后的民主事实，而且记载着一条明确的和正确的宪政之路。在历史维度上，宪法犹如一个路标，不仅让人们看到了过去的宪政之路，也让人们看见了未来的宪政之路。

三 人民代表大会是宪政制度的基本政治组织形式

毛泽东在领导革命运动不断取得胜利的过程中，建立了相应的人民政权，在不同的历史时期，采取了不同的形式。早在 1927 年的

① 《毛泽东选集》第 2 卷，人民出版社 1991 年版，第 736 页。
② 同上书，第 617 页。
③ 《毛泽东选集》第 1 卷，人民出版社 1991 年版，第 257 页。
④ 《毛泽东选集》第 2 卷，人民出版社 1991 年版，第 736 页。

《湖南农民运动考察报告》中，毛泽东就指出农会是唯一的权力机关，“地主权力既倒，农会便成了唯一的权力机关，真正办到了人们所谓‘一切权力归农会’”[①]。在第二次国内革命战争时期，毛泽东强调国民大会的作用，“‘为什么强调国民大会?’因为它是可能牵涉到全部生活的东西，因为它是从反动独裁到民主的桥梁，因为它带着国防性，因为它是合法的”[②]。在抗日战争时期，为了动员全国各族人民参加抗日救国运动，中国共产党和各民主党派及人民团体强烈要求国民党结束党治，实行宪政，给人民以充分的抗日民主与自由，对此，毛泽东主张建立真正人民代表的国民大会，“召集真正人民代表的国民大会，通过真正的民主宪法，决定抗日救国方针，选举国防政府”[③]。“公平合理地用政治方式解决国共关系问题，诚意实行真正民主自由的宪政，废除‘一个党，一个主义，一个领袖’的法西斯独裁政治，并在抗战期内召集真正民意选举的国民大会。”在第三次国内革命战争时期，毛泽东指出人民代表大会制是中华人民共和国的权力机关，边区参议会制其实就是人民代表大会制。“中华人民共和国的权力机关是各级人民代表大会及其选出的各级政府。”[④]“边区参议会是边区民主政治的一个重要体现，它同由国民党召集的国民参政会和国统区的省市参议会具有根本性质的区别，它不是由一个党选定的单纯咨询机构，而是经人民普选产生的，包括各党派各阶级在内的边区全体人民的代表机关和边区最高权力机关，边区是参议会制，实即人民代表大会制，它保证了边区各抗日阶级、阶层人民去实现自己的民主权利。”[⑤] 由于革命和建设过程中的某些原因，在中国特色社会主义宪政之路的开拓过程中，政治组织形式不得不依次采取了这些名称和表现形式。这些政治组织形式虽然名称和表现形式不同，但实质上都是为了实现民主的政治，实质上都是人民代表大会的前身。从另

---

① 《毛泽东选集》第1卷，人民出版社1991年版，第14页。

② 同上书，第275页。

③ 《毛泽东选集》第2卷，人民出版社1991年版，第355页。

④ 《毛泽东选集》第4卷，人民出版社1991年版，第1272页。

⑤ 胡乔木：《胡乔木回忆毛泽东》，人民出版社1994年版，第121—122页。

一个角度说，这些名称和形式各异的政治组织形式逐步完善，人民代表大会才得以产生、形成和确立。沿着这样一条具有中国特色的社会主义宪政之路，人民代表大会并非政治组织形式的终结形式，在今后的宪政建设过程中，它可能采取其他形式。在这个意义上，人民代表大会是宪政制度的基本的政治组织形式。人民代表大会的实质决定了这一点。

第一，毛泽东说，“连两公婆吵架的小事，也要到农民协会去解决。一切事情，农会的人不到场，便不能解决”①。他多次提到孙中山先生在《中国国民党第一次全国代表大会宣言》中的一句话，即“近世各国所谓民权制度，往往为资产阶级所专有，适成为压迫平民之工具。若国民党之民权主义，则为一般平民所共有，非少数人所得而私也”。并说，“这是孙先生的伟大的政治指示”。“我们的这种主张，是和孙中山先生的革命主张完全一致的。”②人民群众积极参与是人民代表大会的特征，解决人民群众的具体生活问题是人民代表大会的主要职能。

第二，“人民的国家是保护人民的。有了人民的国家，人民才有可能在全国范围内和全体规模上，用民主的方法，教育自己和改造自己，使自己脱离内外反动派的影响（这个影响现在还是很大的，并将在长时期内存在着，不能很快地消灭），改造自己从旧社会得来的坏习惯和坏思想，不使自己走入反动派指引的错误路上去，并继续前进，向着社会主义社会和共产主义社会前进”③。人民代表大会集中体现了“在民主基础上的集中，在集中指导下的民主”④。人民群众通过人民代表大会参与宪政制度的建设，国家通过人民代表大会保障人民群众参与宪政制度的建设。

① 《毛泽东选集》第1卷，人民出版社1991年版，第14页。
② 《毛泽东选集》第3卷，人民出版社1991年版，第1056—1057页。
③ 《毛泽东选集》第4卷，人民出版社1991年版，第1476页。
④ 《毛泽东选集》第3卷，人民出版社1991年版，第1057页。

四 政府是宪政建设的关键所在

在我国百年浴血奋战争取民主、努力实现宪政制度的历史过程中逐步建立了各级政府，它们在宪政建设中起关键性作用。“中华人民共和国的权力机关是各级人民代表大会及其选出的各级政府。”“现在时期，在乡村中可以而且应当依据农民的要求，召集乡村农民大会选举乡村政府，召集区农民代表大会选举区政府。县、市和县市以上的政府，因其不但代表乡村的农民，而且代表市镇、县城、省城和大工商业都市的各阶层各职业人民，就应召集县的、市的、省的或边区的人民代表大会，选举各级政府。在将来，革命在全国胜利之后，中央和地方各级政府，都应当由各级人民代表大会选举。”① 由各级人民代表大会选举成立的各级政府，确定了政府成立的合法性与合理性，显示了政府在宪政建设中的意义。

然而，政府成立的合法性与合理性并不能确保其运行的合法性与合理性，这就提出了建立怎样的政府才适合于宪政建设的问题。政府在运行过程中表现出了一系列问题，如人民群众缺乏民主观念与民主意识、极端要求民主、残留封建独裁专政的恶习等。

首先，毛泽东指出了人民群众缺乏民主观念和民主意识与极端民主化两种现象并存。“况且无论什么情况，民主的口号都能适应，民主对于中国人是缺乏而不是多余，这是人人明白的。”② 人民群众缺乏民主的观念与意识无疑不能保证宪政制度实现的高质量。然而，走向另一个极端，与其说是极端地要求民主，不如说是对民主的理解已经走偏。毕竟“极端民主化的根苗还深种在许多同志的思想中。例如对于决议案的执行，表示种种勉强的态度，就是证据”③。针对这种情况，毛泽东指出了其危害及来源，“首先，要指出极端民主化的危险，在于损伤以至完全破坏党的组织，削弱以至完全毁灭党的战斗力，使党担负不起斗争的责任，由此造成革命的失败。其次，要指出

---

① 《毛泽东选集》第4卷，人民出版社1991年版，第1272—1273页。

② 《毛泽东选集》第1卷，人民出版社1991年版，第275页。

③ 同上书，第88页。

极端民主化的来源，在于小资产阶级的自由散漫性。这种自由散漫性带到党内，就成了政治上的和组织上的极端民主化的思想。这种思想是和无产阶级的斗争任务根本不相容的"①。所以，既要"从理论上铲除极端民主化的根苗"，又要"在组织上，厉行集中指导下的民主生活"②。我们要民主但不要极端的民主，必须弄清民主与集中的关系，即在民主基础上的集中，在集中指导下的民主。

其次，毛泽东还指出了一些常见的封建时代独裁专政的习惯现象的存在。如果"一些地方有了代表会，亦仅认为是对执行委员会的临时选举机关；选举完毕，大权揽于委员会，代表会再不谈起。名副其实的工农兵代表会组织，不是没有，只是少极了。所以如此，就是因为缺乏对于代表会这个新的政治制度的宣传和教育。封建时代独裁专断的恶习惯深中于群众乃至一般党员的头脑中，一时扫除不净，遇事贪图便利，不喜欢麻烦的民主制度"③。"委员会也很少开全体会，遇事由常委处决。区乡两级政府则常委会也少开，遇事由主席、秘书、财务或赤卫队长（暴动队长）各自处理决定，这四个人是经常驻会的。"④ 然而，"民主集中主义的制度，一定要在革命斗争中显出了它的效力，使群众了解它是最能发动群众力量和最利于斗争的，方能普遍地真实地应用于群众组织"⑤。可见，要建设适合于宪政的政府必须首先解决这些问题。

要为宪政建设铺平道路，最重要的是如何把以上问题解决掉。对该问题的解决，毛泽东至少从四个紧密相连、层层递进的方面作了探讨。

第一，"这个人民大众组成自己的国家（中华人民共和国）并建立代表国家的政府（中华人民共和国的中央政府），工人阶级经过自

① 《毛泽东选集》第1卷，人民出版社1991年版，第88—89页。
② 同上书，第89页。
③ 同上书，第72页。
④ 同上。
⑤ 同上。

己的先锋队中国共产党实现对于人民大众的国家及其政府的领导”[①]。从宪政建设与党的领导角度看，要建设适合于宪政的政府，就得实现党的领导。

第二，“以后党要执行领导政府的任务；党的主张办法，除宣传外，执行的时候必须通过政府的组织。国民党直接向政府下命令的错误办法，是要避免的”[②]。从党的领导方式上看，党的领导并不是直接隶属的领导，而是通过政府的组织进行领导。

第三，“这个政府将是一个在中国共产党领导之下的、有各民主党派各人民团体的适当的代表人物参加的民主联合政府”[③]。同时，“我党同党外民主人士长期合作的政策，必须在全党思想上和工作上确定下来。我们必须把党外大多数民主人士看成和自己的干部一样，同他们诚恳地坦白地商量和解决那些必须商量和解决的问题，给他们工作做，使他们在工作岗位上有职有权，使他们在工作上做出成绩来”[④]。从党的领导形式上看，党的领导不是一党专政。

第四，“这个政府是人民自己的政府。这个政府的工作人员对于人民必须是恭恭敬敬地听话的。同时，他们又是人民的先生，用自我教育或自我批评的方法，教育人民”[⑤]。“所谓领导权，不是要一天到晚当作口号去高喊，也不是盛气凌人地要大家服从我们，而是以党的正确政策和自己的模范工作，说服和教育党外人士，使他们愿意接受我们的建议。”[⑥] 其实，最重要的是“它应该受人民的监督，而决不应该违背人民的意旨。它的党员应该站在民众之中，而决不应该站在民众之上。”[⑦] 从党的领导与政府职能角度看，党的领导和政府建设的最终目标都是为人民服务。

笔者对毛泽东的宪政思想作了系统考察，旨在了解我国当前宪

---

① 《毛泽东选集》第 4 卷，人民出版社 1991 年版，第 1272 页。

② 《毛泽东选集》第 1 卷，人民出版社 1991 年版，第 73 页。

③ 《毛泽东选集》第 4 卷，人民出版社 1991 年版，第 1379 页。

④ 同上书，第 1437 页。

⑤ 同上书，第 1503 页。

⑥ 《毛泽东选集》第 2 卷，人民出版社 1991 年版，第 742 页。

⑦ 《毛泽东选集》第 3 卷，人民出版社 1991 年版，第 809 页。

政建设的前阶段，把握毛泽东宪政思想的活的灵魂以指导今天的宪政建设。唯此，我们的宪政建设才不是一个孤立的历史阶段，如今只是走入了一个新的历史阶段。千里之行始于足下，宪政建设亦如此。始于足下意味着，必须对过去走过的和正在走着的道路有充分认识和理解，在此基础上，未来的道路才能把握得住。自中国踏上社会主义宪政之路那一刻起，中国的社会主义宪政之路必然地具有了中国特色。只有充分认识到这一点，我们才能开拓出宪政建设的新局面。

参考文献

一　经典文献

《马克思恩格斯全集》第1—4卷，人民出版社1995年版。

《马克思恩格斯选集》第1—3卷，人民出版社1972年版。

《马克思恩格斯文选》（两卷本）第1卷，人民出版社1958年版。

《列宁全集》第20卷，人民出版社1958年版。

《毛泽东选集》第1—4卷，人民出版社1991年版。

《毛泽东文集》第6—8卷，人民出版社1999年版。

《邓小平文选》第3卷，人民出版社1996年版。

《毛泽东著作选读》下册，人民出版社1986年版。

二　中文著作

张文显：《二十世纪西方法哲学思潮研究》，法律出版社2006年版。

余英时：《中国思想传统的现代诠释》，江苏人民出版社2006年版。

李德顺：《价值论》（第二版），中国人民大学出版社2007年版。

吕会霖主编：《新世纪思想政治工作》，上海人民出版社2005年版。

李维昌：《当代中国思想政治教育主导性建设的利益分析》，中国社会科学出版社2011年版。

龙凯：《思想政治工作原理》，中央编译出版社2011年版。

田鹏颖、赵美艳：《思想政治教育哲学》，光明日报出版社2010年版。

❈ 参考文献 ❈

廖志诚：《思想政治教育创新动力论》，社会科学文献出版社 2012 年版。

罗洪铁等：《思想政治教育学学科理论体系演变研究》，中国社会科学出版社 2012 年版。

许启贤主编：《中国共产党思想政治教育史》，中国人民大学出版社 1999 年版。

李合亮：《思想政治教育探本：关于其源起及本质的研究》，人民出版社 2007 年版。

李合亮：《解析与建构：当代中国思想政治教育的哲学反思》，人民出版社 2010 年版。

王礼湛主编：《思想政治教育学》，浙江大学出版社 1989 年版。

宫义、陈兴道、罗启荣：《高等学校学生思想政治教育工作改革概论》，广西师范大学出版社 1989 年版。

苏振芳主编：《思想政治教育学》，社会科学文献出版社 2006 年版。

孙正聿：《哲学通论》，复旦大学出版社 2011 年版。

张文显：《法哲学范畴研究》，中国政法大学出版社 2001 年版。

张文显主编：《法理学》，高等教育出版社 2003 年版。

舒国滢：《法哲学沉思录》，北京大学出版社 2010 年版。

徐国亮：《思想政治教育——基于新视野下的系统分析》，山东大学出版社 2007 年版。

祖嘉合：《思想政治教育方法教程》，北京大学出版社 2004 年版。

田曼琦、白凯：《思想教育系统工程学》，人民出版社 1989 年版。

陈秉公：《思想政治教育学原理》，高等教育出版社 2006 年版。

王敏：《思想政治教育接受论》，湖北人民出版社 2002 年版。

张耀灿、陈万柏主编：《思想政治教育学原理》，高等教育出版社 2007 年版。

曹日昌主编：《普通 心理学》，人民教育出版社 1980 年版。

费孝通：《乡土中国生育制度》，北京大学出版社 1998 年版。

张鸿雁：《侵入与接替——城市社会结构变迁新论》，东南大学出版社 2000 年版。

程燎原、王人博：《权利及其救济》，山东人民出版社 1998 年版。
周旺生：《法理探索》，人民出版社 2005 年版。
胡乔木：《胡乔木回忆毛泽东》，人民出版社 1994 年版。
张允侯等：《五四时期的社团》（一），生活·读书·新知三联书店 1979 年版。
贺卫方：《运送正义的方式》，上海三联书店 2002 年版。
《牛津法律大辞典》，光明日报出版社 1988 年版。

三 中文译著

马克思：《1844 年经济学—哲学手稿》，刘丕坤译，人民出版社 1979 年版。
[奥] 维特根斯坦：《哲学研究》，李步楼译，商务印书馆 1996 年版。
[美] 艾梅兰：《竞争的话语：明清小说中的正统性、本真性及所生成之意义》，罗琳译，江苏人民出版社 2005 年版。
[美] D. 布迪、C. 莫里斯：《中华帝国的法律》，朱勇译，江苏人民出版社 2004 年版。
[美] 包罗·A. 萨巴蒂尔编：《政策过程理论》，彭宗超、钟开斌等译，生活·读书·新知三联书店 2004 年版。
[英] 弗里德尼希·冯·哈耶克：《法律、立法与自由》第 2 卷，邓正来等译，中国大百科全书出版社 2000 年版。
[美] R. 科斯、A. 阿尔钦、D. 诺思：《财产权利与制度变迁——产权学派与新制度学派译文集》，刘守英等译，上海三联书店、上海人民出版社 1994 年版。
[德] 赫斯：《赫斯精粹》，邓习议编译，南京大学出版社 2010 年版。
[日] 望月清司：《马克思历史理论的研究》，韩立新译，北京师范大学出版社 2009 年版。
[德] 格瓦纳：《并非一切坚固的东西都烟消云散了》，李康译，北京大学出版社 2011 年版。
[法] 蒙田：《蒙田随笔精选》，潘丽珍等译，译林出版社 2005 年版。
[法] 帕斯卡尔：《思想录》，何兆武译，商务印书馆 1985 年版。

[法] 迪韦尔热:《政治社会学——政治学要素》,杨祖功等译,华夏出版社 1987 年版。

[德] 雅斯贝斯:《时代的精神状况》,王德峰译,上海译文出版社 2008 年版。

[意] 克罗齐:《作为思想和行动的历史》,田时纲译,商务印书馆 2012 年版。

[法] 卢梭:《论科学与艺术的复兴是否有助于使风俗日趋纯朴》,李平沤译,商务印书馆 2011 年版。

[美] 悉尼·胡克:《对卡尔·马克思的理解》,徐崇温译,重庆出版社 1989 年版。

[德] 伽达默尔:《赞美理论》,夏镇平译,上海三联书店 1988 年版。

[美] 道格拉斯·C. 诺思:《经济史中的结构与变迁》,陈郁等译,上海三联书店、上海人民出版社 1994 年版。

[日] 青井和夫:《社会学原理》,刘振英译,华夏出版社 2002 年版。

[美] 基思·福克斯:《公民身份》,郭忠华译,吉林出版集团有限责任公司 2009 年版。

[英] 莫里斯·罗奇:《重新思考公民身份》,吉林出版集团有限责任公司 2010 年版。

[加] 克里夫·贝克:《学会过美好生活——人的价值世界》,詹万生等译,中央编译出版社 1997 年版。

[德] 马克斯·舍勒:《知识社会学问题》,艾彦译,华夏出版社 2000 年版。

[美] 奥尔森:《集体行动的逻辑》,陈郁等译,上海人民出版社 1995 年版。

[德] 斐迪南·滕尼斯:《共同体与社会——纯粹社会学的基本概念》,林荣远译,商务印书馆 1999 年版。

[美] 威廉·富特·怀特:《街角社会》,黄育馥译,商务印书馆 1994 年版。

[德] 卡尔·曼海姆:《意识形态与乌托邦》,黎鸣、李书崇译,商务印书馆 2000 年版。

[德] 卡尔·曼海姆:《文化社会学论要》,刘继同等译,中国城市出版社 2002 年版。

[法] 孟德斯鸠:《论法的精神》,严复译,上海三联书店 2009 年版。

[美] 布莱克:《法律的运作行为》,唐越、苏力译,中国政法大学出版社 1994 年版。

[美] E. 博登海默:《法理学:法律哲学与法律方法》,邓正来译,中国政法大学出版社 2004 年版。

[法] 卢梭:《爱弥儿——论教育》下卷,李平沤译,商务印书馆 1978 年版。

[德] 鲍吾刚:《中国人的幸福观》,严蓓雯、韩雪临、吴德祖译,江苏人民出版社 2004 年版。

[美] 约翰·罗尔斯:《正义论》,何怀宏、何包钢、廖申白译,中国社会科学出版社 1988 年版。

[古希腊] 柏拉图:《理想国》,郭斌和、张竹明译,商务印书馆 1986 年版。

[法] 卢梭:《论人与人之间不平等的起因和基础》,李平沤译,商务印书馆 2007 年版。

四 论文

王绍光:《大转型:1980 年代以来中国的双向运动》,《中国社会科学》2008 年第 1 期。

赵野田:《试论思想政治教育的载体》,《思想政治研究》1999 年第 2 期。

吴元元:《信息能力与压力型立法》,《中国社会科学》2010 年第 1 期。

徐向东:《自我决定与道德责任》,《哲学研究》2010 年第 6 期。

徐显明:《人权的体系与分类》,《中国社会科学》2000 年第 6 期。

应飞虎:《权利倾斜性配置研究》,《中国社会科学》2006 年第 3 期。

王庆节:《道德感动与伦理意识的起点》,《哲学研究》2010 年第 10 期。

苏力:《纲常、礼仪、称呼与秩序建构》,《中国法学》2007 年第 5 期。

◈ 参考文献 ◈

［美］罗伯特·德里本：《学校教育对学生规范的贡献》，《哈佛教育评论》1967 年第 37 卷第 2 期。

刘仲玺：《辩证地认识共青团工作中的主客体》，《中国青年政治学院学报》1985 年第 3 期。

张迪：《双向互动的主体客体关系》，《云南财贸学院学报》2002 年第 1 期。

卢岚、徐志远：《思想政治教育客体：思想政治教育学的重要范畴》，《武汉理工大学学报》2006 年第 4 期。

李江凌：《平等式思想政治教育的方法论原则》，《思想政治研究》2006 年第 9 期。

万美容：《论主体道德教育模式的基本特征》，《学校党建与思想教育》2001 年第 10 期。

张建桥：《论思想政治教育客体含义的科学化》，《郑州航空工业管理学院学报》2004 年第 5 期。

祖国华：《试论大学生思想政治教育的主体、客体与载体》，《现代教育科学》2005 年第 6 期。

王黎静：《关于思想政治教育客体的再认识》，《佳木斯大学社会科学学报》2001 年第 3 期。

吴玉平：《析新农村建设中的文化建设》，《德州学院学报》2007 年第 5 期。

邵学伦：《关于中小学教师流动问题的思索》，《山东教育科研》2002 年第 8 期。

东北财经大学经济与社会发展研究院课题组：《农村基础教育的公共投入政策研究》，《经济研究参考》2004 年第 51 期。

梁发芾：《教育公平是正常社会流动的前提》，《中国青年报》2007 年 8 月 12 日 A2 版。

青连斌：《构建和谐社会必须抓住几个着力点》，《科学社会主义》2004 年第 5 期。

明庆华：《论教育中弱势群体子女受歧视问题》，《中国教育学刊》2003 年第 5 期。

李雯：《关于新时期我国弱势群体问题的探讨》，《经济问题》2002年第12期。

田宝军等：《弱势群体教育问题研究》，《社会科学论坛》2002年第11期。

居欣如：《析弱势群体及其成因》，《瞭望新闻周刊》2003年第52期。

陈成文：《论社会弱者的社会学意义》，《电子大学学报》2002年第2期。

封军伟：《弱势群体和社会的稳定与发展》，《湖州师范学院学报》2003年第6期。

吴学军：《社会转型时期弱势群体问题探析》，《华北工学院学报》（社会科学版）2003年第4期。

姚本先、刘世清：《论弱势群体子女的教育公平》，《教育发展研究》2003年第8期。

严书翰：《构建和谐社会是对全面建设小康社会认识的深化和拓展》，《科学社会主义》2004年第5期。

陆学艺：《探寻中国社会阶层的变迁》，《南风窗》2002年第2期。

马慧：《美国择校中的学券制》，《比较教育研究》2001年第1期。

张奇志、柴骥程：《令人耳目一新的教育券》，《瞭望》2002年第48期。

肖勤福：《社会主义和谐社会的基本特征》，《中国青年报》2005年2月28日第B4版。

陈初越：《“教育公平改革”风雷隐动》，《南风窗》2005年4月下。

马皑、乐国安：《弱势群体与心态失衡》，《政法论坛》2004年第3期。

侯才：《“和谐社会”具有深厚的文化底蕴和丰富的内涵》，《科学社会主义》2004年第5期。

马用浩：《弱势群体问题的深层思考》，《广西社会科学》2003年第2期。

秦克铸、庞云凤：《我国教师教育现存的问题及对策》，《教育探索》

2006 年第 9 期。

叶花果：《教不致用，怎能学以致用?》，《中国青年报》2008 年 5 月 10 日第 002 版。

胡田庚：《关于思想政治学科教学论课程体系与教学内容改革的基本构想》，《高等函授学报》（哲学社会科学版）2000 年第 1 期。

杨启亮：《反思与重构：学科教学论改造》，《高等教育研究》2000 年第 5 期。

易凌峰编译：《职业领域中的教学和教师教育——舒尔曼在 38 届 Charles W. Hunt 纪念会上的讲演》，《教育发展研究》2000 年第 3 期。

郑成良：《权利本位论——兼与封日贤同志商榷》，《中国法学》1991 年第 1 期。

郭道晖：《对人权的法哲学沉思》，《中国社会科学》1994 年第 4 期。

徐梦秋：《公平的类别与公平中的比例》，《中国社会科学》2001 年第 1 期。

田成有：《立法：社会转型期的挑战》，《东方》1996 年第 4 期。

郝铁川：《权利实现的差序格局》，《中国社会科学》2002 年第 5 期。

蔡昉、杨涛：《城乡收入差距的政治经济学》，《中国社会科学》2000 年第 4 期。

吴忠民：《公正新论》，《中国社会科学》2000 年第 4 期。

陈端洪：《立法的民主合法性与立法至上》，《中外法学》1998 年第 6 期。

苏力：《〈秋菊打官司〉案、邱氏鼠药案和言论自由》，《法学研究》1996 年第 3 期。

后　记

本书是作者承担的山东省教育科学“十一五”规划课题“农村城市化过程中的教育改革对策研究”（编号 2010GG135）的成果。本书关于教育与思想政治教育的内容是作者在长期的教学实践过程中产生的思考，先由一篇篇论文构建起体系，再码成专著。作为对教育和思想政治教育长期研究积累的成果，书内大部分内容，作者都已发表过论文。第一章第二节的内容“教育与思想政治教育的价值论”的主体内容曾在 2012 年《求是》杂志的第 11 期以《思想政治教育价值论新探》为题发表；第三节的内容“教育与思想政治教育的责任论”曾在 2013 年《求是》杂志的第 9 期以《思想政治教育责任论初探》为题发表。第三章第一节——具体事例一：农村基础教育的困境的主体内容曾在 2006 年《现代教育科学》（普教版）杂志的第 8 期以《关于农村基础教育困境和出路的思考》为题发表；第二节——具体事例二：弱势群体子女的教育的主体内容曾在 2006 年《教育探索》杂志的第 4 期以《和谐社会构建过程中弱势群体子女教育问题探析》为题发表；第三节——具体事例三：高职学校的思想政治教育的主体内容曾在 2005 年《职业时空》杂志的第 22 期以《加强高等职业学校思想政治教育的思考》为题发表；第四节——具体事例四：高考移民现象与教育公平的主体内容曾在 2012 年《前沿》杂志的第 9 期以《高考移民现象与教育公平问题的法学思考》为题发表。第四章第一节——教育均衡发展与政府的政治责任的主体内容曾在 2010 年《中国农业教育》杂志的第 6 期以《教育均衡发展：政府的政治责任》为题发表；第二节——教育体制改革中的一体同构问题的主体内容曾在2010年《西安建筑科技大学学报》（社会科学版）杂志的第5期以《教育体制改革中的一体同构问题》为题发表。第五章第一节——思想政治工作作用于企业文化建设的主体内容曾在2005年《商场现代化》杂志的第9期以《论企业思想政治工作与企业文化的关系》为题发表。第六章第一节——思想政治学科教学论教师的示范性探析的主体内容曾在2009年《成才之路》杂志的第9期以《思想政治学科教学论教师的示范性探析》为题发表；第二节——思想政治学科教学论“教以致用”问题的主体内容曾在2009年《德州学院学报》杂志的第1期以《〈思想政治学科教学论〉如何“教以致用”》为题发表。第七章第一节——专题一：毛泽东早期学校教育思想探源的主体内容曾在2005年《党史博采》（理论版）杂志的第4期以《毛泽东早期学校教育思想探源》为题发表；第二节——专题二：毛泽东宪政思想作为思想政治教育的内容的主体内容曾在2007年《法制与社会》杂志的第2期以《论毛泽东对中国特色社会主义宪政之路的开拓》为题发表。本书第二章的内容由武月刚参与写作，是其硕士毕业论文的主体内容。

赵环秀

2015年12月25日